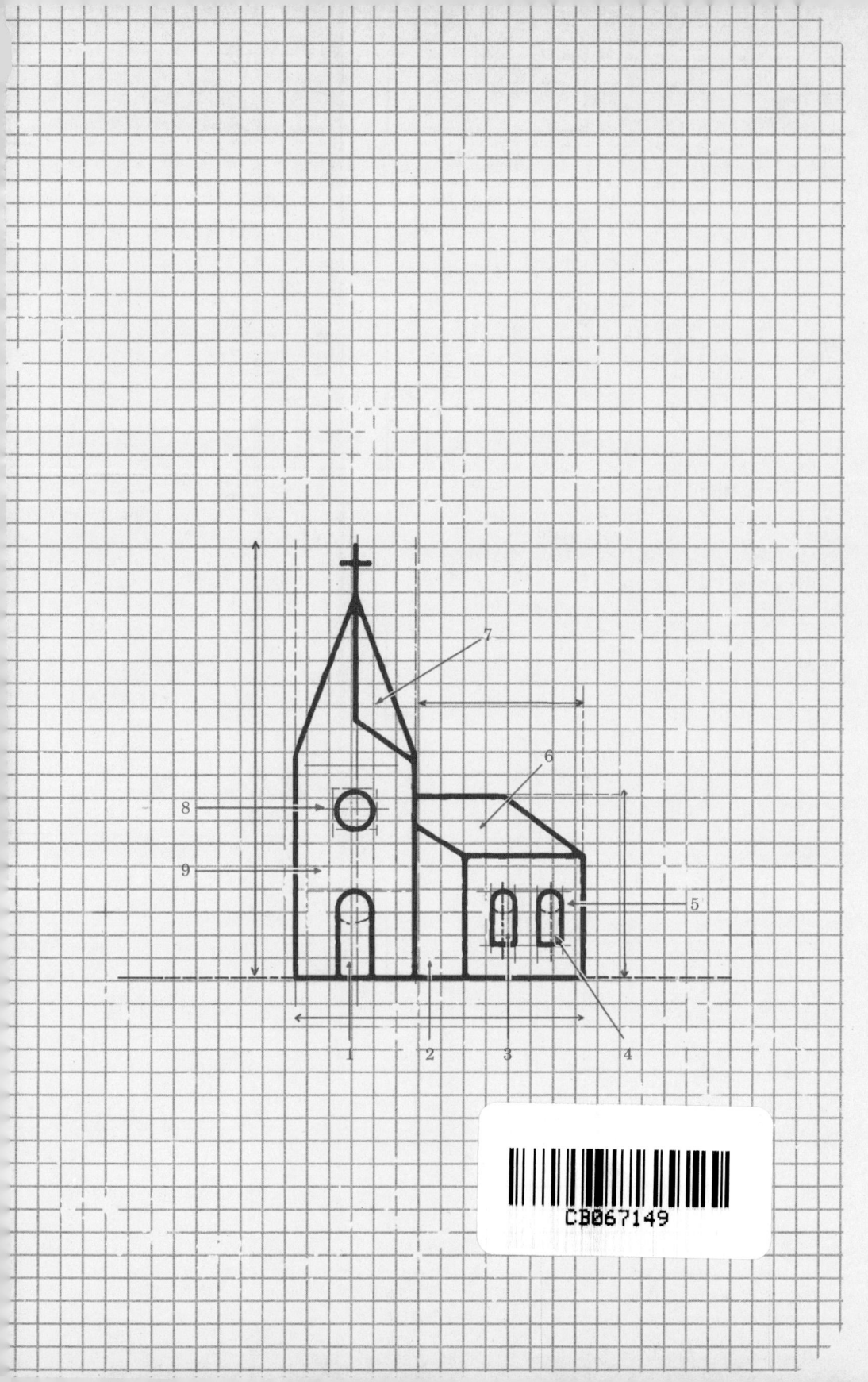

COMO EDIFICAR UMA IGREJA SAUDÁVEL

Um guia prático para liderança intencional

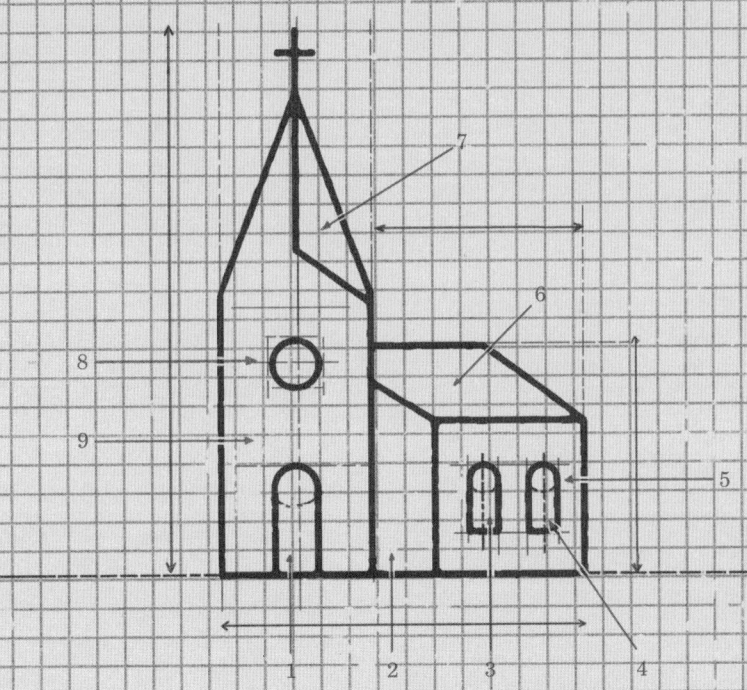

MARK DEVER & PAUL ALEXANDER

Apresentações de Franklin Ferreira e D. A. Carson

No ano 2000, participei de um evento em um fim de semana na Capitol Hill Baptist Church (Washington, EUA). Durante nosso tempo lá, Mark Dever nos permitiu observar como eles vivenciavam o ministério e nos convidou a fazer perguntas. Tudo o que os presbíteros e a igreja faziam era intencional, e tudo o que observamos estava enraizado em convicções bíblicas sobre o que uma igreja é e faz. O Senhor usou aquele fim de semana para moldar minha compreensão de como seria uma igreja bíblica e saudável. O que você tem em mãos é muito parecido com esse fim de semana em forma de livro. Mas não se engane. *Como Edificar uma Igreja Saudável* não é um livro de "como fazer" no sentido comum do termo. Em vez disso, é um livro de "por que fazer". Nele, Mark Dever e Paul Alexander argumentam que, como a igreja é ideia de Deus, devemos organizá-la de acordo com sua Palavra. Nosso Deus determinou a saúde da igreja e revelou em sua Palavra como buscá-la. Portanto, leia este livro, considere o que é uma igreja e, de maneira intencional, conduza sua igreja para esse objetivo, para a glória de Deus.

— JUAN SANCHEZ
Professor adjunto de Teologia Cristã, The Southern Baptist Theological Seminary

Uma coisa é escrever teorias sobre uma igreja viva na comunhão do evangelho, outra coisa é conhecer o autor e ter visto sua prática pastoral. O Dr. Mark Dever vive o que prega e escreve! Este livro não é um conjunto de ideias vazias, mas é a realidade de uma igreja que tem feito diferença na vida de seus membros e daqueles que conhecem o testemunho deles. Nestas páginas, o leitor encontrará a teologia bíblica na vida da igreja e uma igreja viva cheia de teologia bíblica. Leia e aprenda, para o bem da sua igreja e principalmente para a glória de Deus!

— LEONARDO SAHIUM
Pastor, Igreja Presbiteriana da Gávea (Rio de Janeiro, RJ)

Como Edificar uma Igreja Saudável é tão simples quanto bíblico. No centro de sua mensagem está a pressuposição de que a vida cristã deve ser vivida intencionalmente no contexto familiar e comunitário da igreja sob a supervisão dos presbíteros. Dever e Alexander não fornecem soluções rápidas nem novas revelações; eles simplesmente nos chamam ao cristianismo bíblico comum e consistente.

— Chopo Mwanza
Pastor, Faith Baptist Church Riverside (Kitwe, Zâmbia)

Eis uma ideia inovadora: usar a Bíblia como um manual para formar e guiar sua igreja! Este livro é realmente uma ideia inovadora, em meio à enxurrada de manuais que promovem a filosofia da "igreja como empresa e pastores como executivos" e empanturram a vida da igreja. Este é um livro que exala um perfume radical e refrescante das páginas das Escrituras, um perfume que trará vida à igreja. É uma leitura crucial.

— R. Kent Huges
Pastor, College Church (, Illinois, EUA)

Este livro é o exemplo perfeito do que deve ser um livro verdadeiramente prático sobre a saúde e o crescimento da igreja. Traz orientação concreta e exemplos de princípios bíblicos colocados em prática na vida e no ministério da igreja local.

— J. Ligon Duncan III
Chanceler e CEO, Reformed Theological Seminary

Como Edificar uma Igreja Saudável compartilha muitas lições do ministério que o Dr. Dever e seus colegas aprenderam das Escrituras e buscam implementar na vida de sua comunidade eclesiástica. Este livro é para todos os que desejam assumir o compromisso de seguir o padrão bíblico para a igreja e almejam ajuda prática e acessível.

— Philip Draham Ryken
Presidente, Wheaton College

Mark Dever é um dos pastores mais fiéis e perspicazes de nossa época, pois trata em seu livro dos assuntos essenciais sobre a vida da igreja. Ele recusa separar a teologia da vida congregacional, combinando a percepção pastoral com ensino bíblico claro. Este livro é um antídoto poderoso para as abordagens meramente pragmáticas de nossos dias — e uma refutação daqueles que argumentam que a teologia não é algo prático.

— R. Albert Mohler, Jr.
Presidente, The Southern Baptist Theological Seminary

Dados Internacionais de Catalogação na Publicação (CIP) (Câmara Brasileira do Livro, SP, Brasil)

Dever, Mark
 Como edificar uma igreja saudável : um guia prático para liderança intencional / Mark Dever, Paul Alexander ; tradução Francisco Wellington Ferreira. — 3. ed. — São José dos Campos, SP : Editora Fiel, 2024.

 Título original: How to build a healthy church
 ISBN 978-65-5723-371-9

 1. Eclesiologia 2. Igreja - Administração 3. Missão da Igreja I. Alexander, Paul. II. Título.

24-224394   CDD-262

Elaborado por Eliane de Freitas Leite - CRB-8/8415

Como edificar uma igreja saudável: um guia prático para liderança intencional

Traduzido do original em inglês
How to build a healthy church: a practical guide for deliberate leadership
Copyright © 2021 por Mark Dever e Paul Alexander. Todos os direitos reservados.

•

Originalmente publicado em inglês por Crossway, Wheaton, Illionois, EUA.

Copyright © 2023 Editora Fiel
Primeira edição em português: 2008
Segunda edição em português: 2015
Terceira edição em português: 2024

Todos os direitos em língua portuguesa reservados por Editora Fiel da Missão Evangélica Literária.

PROIBIDA A REPRODUÇÃO DESTE LIVRO POR QUAISQUER MEIOS, SEM A PERMISSÃO ESCRITA DOS EDITORES, SALVO EM BREVES CITAÇÕES, COM INDICAÇÃO DA FONTE.

Os textos das referências bíblicas foram extraídos da versão Almeida Revista e Atualizada, 2ª ed. (Sociedade Bíblica do Brasil), salvo indicação específica.

•

Diretor: Tiago J. Santos Filho
Editor-Chefe: Vinicius Musselman Pimentel
Coordenadora Gráfica: Gisele Lemes
Editores: Vinicius Musselman Pimentel e André G. Soares
Tradutor: Francisco Wellington Ferreira
Revisor: Franklin Ferreira, Tiago J. Santos Filho e João Costa
Diagramador: Caio Duarte
Adaptador da Capa: Caio Duarte

ISBN brochura: 978-65-5723-371-9
ISBN e-book: 978-65-5723-370-2

Caixa Postal, 1601
CEP 12230-971
São José dos Campos-SP
PABX.: (12) 3919-9999
www.editorafiel.com.br

A Connie e Laurie,
Nossas companheiras na vida, amor e ministério

SUMÁRIO

Apresentação à edição em português...15
Apresentação à edição otriginal..17
Prefácio de Mark 19
Prefácio de Paul 23
Uma nota ao leitor 25
Introdução 33
O que estamos edificando? 33
Como devemos edificar? 35
Qual será o custo de edificar dessa forma? 38

Seção 1: Reunindo a igreja

1 As quatro virtudes 45
    Pregação 45
    Oração 48
    Relacionamentos pessoais de discipulado 50
    Paciência 52

2 Comece a obra 57
    Esclareça o evangelho 57
    Cultive a verdade 60
    Enxugue o rol de membros 62
    Realize entrevistas com os membros na ordem reversa 64

3 Evangelização com responsabilidade 67
    Inclua o essencial 68
    Faça convites 68
    Evite o entretenimento 71
    Evite a manipulação 72
    Centralize-se em Deus 73
    Treine os membros 74

4 Receba novos membros 77
    Onde achamos na Bíblia o ensino sobre a membresia da igreja local? ...78
    A classe de novos membros 79
    O pacto de compromisso da igreja 81

    Pacto de compromisso dos membros da Capitol Hill Baptist Church..........82
    A entrevista de membresia..........83
    O ministério dos novos membros..........84
    A margem de erro..........85
5 Pratique a disciplina eclesiástica..........87
    Formativa e corretiva..........87
    A função preventiva de relacionamentos de prestação de contas..........88
    O contexto..........89
    A lista de cuidado..........91
    A exclusão de um membro..........91
Leitura recomendada para a Seção 1..........95

Seção 2: Quando a igreja se reúne
6 Entendendo o princípio regulador..........103
    O princípio regulador..........103
    A adoração é o propósito da redenção..........104
    Por que Deus se importa com a maneira como o adoramos?..........106
7 Aplique o princípio regulador..........109
    Leia a Bíblia..........110
    Pregue a Bíblia..........111
    Ore a Bíblia..........112
    Cante a Bíblia..........113
    Veja a Bíblia..........115
    Sobre os cultos múltiplos..........117
8 O papel do pastor..........121
    Praticantes das marcas..........121
    Ensinar é tudo..........122
    O dia a dia..........124
    Os três deveres..........126
9 Exposição evangelística..........129
    O que faz a pregação expositiva..........130
    O que são sermões evangelísticos..........131
    Como pregar sermões expositivos de forma evangelística..........133
10 O papel das diferentes reuniões da igreja..........139
    A classe de educação de adultos..........139
    O culto matinal de domingo..........140
    O culto de domingo à noite..........143
    O culto de quarta-feira à noite..........145
    As assembleias..........147

11 O papel das ordenanças 151
    O batismo... 151
    A Ceia do Senhor... 153
12 O amor mútuo 157
    Uma cultura viva e ativa 157
    Um testemunho corporativo 160
13 Música 163
    O canto congregacional... 164
    Acompanhamento 170
    Variedade — um tempero essencial 173
    Chegando lá... 175
Leitura recomendada para a Seção 2 179

Seção 3: Reunindo os presbíteros
14 A importância dos presbíteros.. 185
    Breve contexto bíblico 186
    O aspecto prático da pluralidade 187
15 Procure homens bons 191
    Reconhecer antes de treinar.. 191
    O que um presbítero não é 193
    O que um presbítero é 195
    Os quadrantes de qualificação 196
16 Avaliação... 199
    Avalie o caráter 200
    Avalie as habilidades 201
    Avalie a aptidão 203
17 Por que o caráter é crucial? 207
    Ser um exemplo 208
    Reuniões.. 209
    A grande reunião... 210
18 Comece a transição 213
    Exposição.. 214
    Reconhecimento 215
    Indicação... 215
    Eleição 216
    Posse.. 217
    Cooperação.. 218
    Rodízio 219
19 O corpo administrativo... 221

    Por que não especializar? 222
    Qual é a alternativa? 226
    Relacionamento entre o corpo administrativo, os presbíteros e os diáconos 229
Leitura recomendada para a Seção 3 233

SEÇÃO 4: QUANDO OS PRESBÍTEROS SE REÚNEM

20 A Palavra e a oração 237
    A Palavra 238
    A oração 240
21 A agenda: sobre o que conversar? 245
    Preparação 245
    Categorias de assunto para conversa 246
    O processo do orçamento anual 254
    Outros na reunião 255
22 Tomar decisões: como conversar sobre isso 257
    O papel do pastor 257
    Fale com amabilidade 259
    Observe a ordem 260
    Votação 262
Leitura recomendada para a Seção 4 263

Conclusão 265
    Uma igreja que olha para Deus 265
    Uma igreja que olha para o mundo 267

Apêndice: Formulários de entrevista com os membros da igreja 273

APRESENTAÇÃO À EDIÇÃO EM PORTUGUÊS

O livro que o leitor tem em mãos é a continuação de *Nove Marcas de Uma Igreja Saudável*, e uma imersão na vida da Capitol Hill Baptist Church. Os autores nos oferecem um vislumbre de como são as reuniões dos presbíteros, as entrevistas pastorais com os novos membros e a estrutura da igreja, tais como a escola dominical, a filosofia de ministério e pregação, a aplicação do princípio regulador ao culto e o programa de evangelização. Também são oferecidos vislumbres do culto de estudo bíblico na quarta-feira à noite, do culto de pregação no domingo pela manhã e do culto de oração, no domingo à noite, assim como das assembleias administrativas dessa igreja.

Em cada página deste livro, vemos a ênfase nas nove marcas que caracterizam uma igreja saudável e também sua ilustração na prática dessa igreja: a prática da pregação expositiva, a ênfase na teologia bíblica, a prioridade do evangelho, a compreensão bíblica da conversão, o entendimento bíblico sobre a evangelização, as implicações de ser parte de uma igreja local, a disciplina bíblica na igreja, o discipulado (e o crescimento) e a primazia do presbiterato.

A partir da compreensão de que as nove marcas que distinguem uma igreja saudável são bíblicas, o que se percebe na Capitol Hill Baptist Church é o tratamento pessoal e particular de Deus com uma comunidade peculiar e particular. Talvez o leitor se sinta desconfortável com algumas peculiaridades dessa igreja, tais como a forma como o presbiterato, o diaconato e a administração são praticados, ou a organização interna desses ministérios. Talvez o leitor se sinta intimidado ou pense que o que é proposto aqui é inviável à realidade brasileira. Mas preciso enfatizar que em nenhum momento é sequer sugerido pelos autores que essa experiência particular deva ser reproduzida ou transplantada a outras realidades sociais ou culturais. Em cada linha, por outro lado, somos estimulados a aplicar aqueles princípios que caracterizam uma igreja local saudável à situação particular e peculiar em que ministramos. Isso exige não apenas conhecer bem o que a Bíblia ensina sobre o que é ser uma igreja saudável, mas implica conhecer com a mesma seriedade — e conhecer bem — a igreja pela qual somos responsáveis e a localidade onde essa igreja está inserida.

Ao enfatizar as marcas bíblicas de uma igreja saudável, temos um corretivo bíblico para a cultura de "defesa da fortaleza" tão presente em várias igrejas históricas tanto nos EUA como no Brasil. Os que estão à frente dessas comunidades muitas vezes são críticos (e com boa dose de razão) dos vários modelos atuais de crescimento eclesiástico. Só que, além de não oferecerem uma alternativa radicalmente bíblica para a edificação e crescimento da igreja, algumas vezes parecem se conformar em pertencerem a igrejas pequenas, sem relevância missionária, social, política e cultural — elementos que sempre foram marcas das igrejas reformadas. Os livros ligados ao Ministério 9Marcas oferecem não apenas uma correção para esse triste estado, como também proporciona um modelo radicalmente bíblico para a revitalização de nossas congregações e o crescimento por meio do discipulado, evangelização e missões.

Pr. Franklin Ferreira
Reitor e professor de Teologia Sistemática
Seminário Martin Bucer

APRESENTAÇÃO À EDIÇÃO ORIGINAL

Uma das mais estranhas dicotomias no evangelicalismo contemporâneo coloca a teologia em contraste ao entendimento prático. Muitos evangélicos se orgulham de quão pouco sabem a respeito de teologia e demonstram, por todos os meios, a fundamentação de seu orgulho, enquanto advogam, obrigatoriamente, um amplo conjunto de métodos práticos para fomentar o crescimento da igreja e o discipulado. Em resposta a isso, muito pastores e teólogos lamentam a falta de profundidade da maior parte do evangelicalismo moderno, reivindicando um retorno sensato às Escritura e uma compreensão abrangente da teologia bíblica. Frequentemente, o primeiro grupo deixa de lado a Bíblia, exceto quanto à busca para achar passos superficiais: nada desafia a hegemonia dos métodos deles. Mas o segundo grupo, cuja teologia pode ser tão ortodoxa como a do apóstolo Paulo, às vezes passa a impressão de que, se conhecer bastante a Bíblia e ler muita teologia, tudo será feito com sucesso — como se não houvesse necessidade de conselhos práticos de pastores tão comprometidos com a teologia como eles e que tomam tempo para refletir sobre os passos a serem tomados, e as prioridades, e as estratégias, e ações semelhantes que devem ser seguidas.

Alguns anos atrás, Mark Dever nos deu *Nove Marcas de uma Igreja Saudável*. Apesar do sentido do seu título, esse livro não apresentava qualquer tipo de análise sociológica popular e avaliação gerencial com as quais somos constantemente bombardeados. Era um livro embebido profundamente na teologia bíblica. Muitos pastores e igrejas têm se beneficiado da fidelidade de suas considerações perspicazes. Mas, suponha que você more em determinado lugar e sirva a uma igreja que não desfruta da proposta saudável desenvolvida em *Nove Marcas*. Então, o que fazer? Falar sobre essas *Nove Marcas* e pensar nos textos bíblicos que as fundamentam constitui, com certeza, uma parte da resposta. No entanto, o livro que você tem em mãos agora vai muito além da simplificação, a fim de ajudar pastores e outros líderes a orientarem a igreja ao crescimento e à saúde espiritual.

Novamente, este livro escrito por Mark Dever e Paul Alexander está saturado com as Escrituras. Também está repleto de sabedoria, anos de experiência pastoral e percepção espiritual. Nenhum pastor que está lutando para "sair daqui para lá" deve ignorar este livro breve, mas precioso.

D. A. Carson
Professor emérito de Novo Testamento
Trinity Evangelical Divinity School

PREFÁCIO DE MARK

Na realidade, foi Paul Alexander quem escreveu este livro. Conversamos sobre o projeto por algum tempo; e, algumas semanas depois, surgiram alguns capítulos em minha escrivaninha. Uau! Nunca tive uma experiência como essa! Paul escreveu um livro — eu pensei. Por que colocar nele o meu nome?

Então, comecei a lê-lo. E pensei: bem, eu disse isso que acabo de ler! Essa é a maneira como eu o diria! Essa é a minha história. Entendi o que Paul havia feito. Ele pegou o que eu ensinara e escrevera, o que falara muitas vezes, perguntas que ouvira de mim e respostas que ofereci a pastores que visitavam nossa igreja — tudo isso — e acrescentou seu tempo, seus dons de organização, redação clara e capacidade de raciocínio — juntamente com algumas de suas experiências de ministério — e produziu o primeiro manuscrito deste livro.

Conversamos sobre todos os assuntos que deveriam constituir um livro como este. Asseguramo-nos de que tínhamos abordado todas as perguntas que ouvíamos frequentemente a respeito da igreja — pelo menos as perguntas sobre as quais tínhamos algo proveitoso a dizer. Trabalhamos juntos no esboço e nos assuntos que seriam abordados.

Na verdade, este livro é uma ideia de minha esposa. Resultou do fato de que ela ouviu repetidas vezes as mesmas perguntas feitas por pastores visitantes e as repostas dadas por mim. Não posso dizer que a sabedoria apresentada neste livro é profunda, mas, pela graça de Deus, parece ter sido proveitosa para muitos pastores.

Para a primeira edição deste livro, pensávamos inicialmente em dar-lhe o título de *Edificando o Corpo*. Contudo, havia tantos debates a respeito de quem estaria na capa! Por isso, determinamos que *Igreja Intencional* seria o título. Tentamos ser intencionais e prudentes no que fazemos, porque compreendemos que estamos envolvidos na mais importante de todas as obras da terra — a edificação do corpo de Cristo, para a sua honra e glória. Para esta segunda edição, os editores sugeriram uma mudança no título, a fim de torná-lo mais obviamente ligado a *Nove Marcas de uma Igreja Saudável*. Assim, alteramos o título para *Como Construir uma Igreja Saudável*.

Se você já leu algum outro livro que publiquei sobre a igreja, compreenderá que este é uma conclusão prática de uma trilogia. O primeiro livro, *Nove Marcas de uma Igreja Saudável*,[1] é meu diagnóstico simples daquilo que deixa enferma grande parte das igrejas evangélicas dos Estados Unidos e uma sugestão de tratamento bíblico. É um livro de abordagem geral e elementar. A fase intermediária do projeto foi a publicação de *Polity*,[2] acompanhado de algumas de suas conclusões práticas para as igrejas contemporâneas em um livro intitulado *Entendendo a Liderança da Igreja*.[3] Nessas obras, explorei mais amplamente os assuntos de filiação de membros, disciplina e governo, oferecendo algumas aplicações práticas. Mas, neste volume, Paul Alexander e eu tentamos delinear algumas "práticas proveitosas" ou "conselhos" para vivenciarmos a eclesiologia apresentada nos outros livros. Uma síntese teológica pode ser achada no que escrevi sobre a doutrina da igreja em um capítulo do meu livro *Igreja: o Evangelho Visível*.[4]

Devo gratidão especial à minha esposa, por sugerir este livro; a Paul Alexander, por gastar tantas horas escrevendo-o e reescrevendo-o com alegria, e aos mantenedores do Ministério 9Marcas, por cooperarem para que o livro se tornasse uma realidade. Paul Alexander é um escritor talentoso e dotado. Os presbíteros e membros da diretoria da Capitol Hill Baptist Church têm sido professores maravilhosos no que diz respeito a muito do que compartilho neste livro.

---

1 Mark Dever, *Nove Marcas de uma Igreja Saudável*, 3ª ed. (São José dos Campos: Fiel, 2024).
2 Mark Dever (ed.), *Polity: Biblical Arguments on How to Conduct Church Life* (Washington: Center for Church Reform, 2001).
3 Mark Dever, *Entendendo a Liderança da Igreja* (São José dos Campos: Fiel, 2019).
4 Mark Dever, *Igreja: o Evangelho Visível* (São José dos Campos: Fiel, 2015).

PREFÁCIO DE PAUL

O propósito deste livro é encorajá-lo. Sabemos que não fazemos tudo corretamente e que as Escrituras podem convencer de modo diferente alguns de meus amigos no que se refere a alguns dos assuntos que consideramos neste livro, especialmente o governo da igreja e as ordenanças. Nesses assuntos, desejamos convidá-lo a considerar a Palavra novamente, conosco, e convencer-se por si mesmo. Também queremos sempre aprender de outros. Por isso, enquanto você lê este livro, talvez já tenhamos mudado algumas das práticas que se encontram aqui. Mas as reconhecemos como úteis para vivenciarmos o ensino bíblico a respeito da igreja e esperamos que você também as veja assim. Almejamos ministrar-lhe instrução; e, onde falharmos em instruir, pedimos a Deus que nos capacite a estimulá-lo a fazer isso, para que você tenha, igualmente, a sua maneira de ajudar os membros de sua igreja a vivenciarem o evangelho, juntos e com mais fidelidade.

Esse é o objetivo para o qual todos nós trabalhamos, e oramos para que você leia e aja tendo em vista esse mesmo objetivo.

PREFÁCIO DE PAUL

Mark Dever foi o verdadeiro autor deste livro. As palavras são minhas, mas as ideias, em sua maioria, são dele. Somente as coloquei no papel.

Ouvi falar de Mark Dever pela primeira vez quando fazia trabalhos de graduação na *Trinity Evangelical Divinity School*, em Deerfield, no Estado de Illinois, preparando-me para o ministério. Eu li *Nove Marcas de uma Igreja Saudável* como parte dos trabalhos. Um de meus professores, chamado Mike Bullmore, encorajou-me a aproveitar o programa de estágio na igreja de Mark Dever. Decidi pensar sobre a sugestão do Dr. Bullmore por algumas semanas. Quando tive a rara oportunidade de falar com ele, telefonando para sua casa, a fim de esclarecer um detalhe, ele me perguntou se já havia preenchido os formulários para o estágio na Capitol Hill Baptist Church. Eu respondi: "não, ainda não". Ele me replicou com palavras que jamais esquecerei: "Paul, busque isso com muito interesse". Ele não precisou falar novamente. No final daquela semana, preenchi os formulários.

Conheci Mark Dever em setembro de 2002, quando visitei a Capitol Hill Baptist Church, para fazer um curso de fim de semana sobre *Nove Marcas* — um longo fim de semana na igreja que ele pastoreia, em Washington. O objetivo do curso era oferecer aos pastores e seminaristas uma visão de como uma igreja saudável é estruturada.[1]

---

1 Se deseja saber mais sobre este curso, acesse www.9marks.org, tecle a guia *Events* e clique no link *9Marks Weekender*.

Isso somente confirmou meu desejo de ir e aprender mais. Naquele mesmo semestre terminei meus trabalhos de graduação na Trinity *School*; em janeiro de 2003, comecei o programa de internato na CHBC.

O estágio foi como um treinamento com esteróides. Meu curso na Trinity *School* exigia 400 horas de estágio. O programa de estágio da Capitol Hill Baptist Church envolvia mais de 1.100 horas! Eu participava de todas as reuniões dos presbíteros; assistia a todos os cultos da igreja. Todas as semanas, eu lia dez livros sobre igreja e escrevia cinco trabalhos de avaliação das leituras. Uma vez por semana, reunia-me com Mark Dever e cinco outros estagiários para discutir assuntos que se referiam à teologia, liderança e vida eclesiástica. Acompanhava os pastores a quase todos os encontros dos quais eles participavam e observava um modelo de pregação expositiva e evangelística que eu jamais tinha visto. Aqueles seis meses transformaram a minha vida. Mudaram o meu entendimento a respeito do que significa ser um pastor e de como pastorear uma igreja com fidelidade. Senti-me como se tivesse sido lançado 20 anos à frente quanto à compreensão de como a teologia bíblica governa a vida e a liderança da igreja local.

Segundo a bondosa providência de Deus, aqueles seis meses também me conduziram a um novo rumo. Durante o estágio, conheci minha querida esposa, que — não se surpreenda — era membro da igreja.

Permaneci ali servindo no Ministério 9Marcas como editor-cooperador e continuei a frequentar a igreja. Deus me permitiu aprofundar nos princípios e práticas que nutrem a saúde e a santidade na igreja local. Também me deu o privilégio de trabalhar lado a lado com excelentes homens, incluindo Mark Dever, o pastor mais fiel que já conheci, e Matt Schmucker, na época diretor do Ministério 9Marcas, o mais notável diretor e administrador de igreja que o mundo poderá conhecer!

Sou profundamente grato por fazer parte deste projeto. Sou muito mais grato pela oportunidade de trabalhar com esses irmãos. Eles têm sido instrumentos de Deus na formação contínua de meu caráter pessoal e entendimento pastoral. Sem a instrução paciente e a amizade leal deles, não seria o que sou hoje.

As ideias apresentadas neste livro reformularam o meu próprio entendimento sobre o que significa ser um pastor fiel. Espero que façam o mesmo por você e, como resultado, que sua igreja se torne crescentemente saudável. *Soli Deo Gloria*.

UMA NOTA AO LEITOR

Por que você começou a ler este livro? O que atraiu sua atenção? Vamos, seja honesto! Ficou com dúvidas por causa da capa? Leu as recomendações na quarta capa? Talvez esteja lendo-o somente porque gosta de ficar atualizado quanto aos últimos assuntos sobre crescimento de igreja e modelos de ministério?

Ou talvez a razão seja mais profunda: você é um pastor que está no ministério há muito tempo e está desanimado pela falta de crescimento em sua igreja. "O que me falta? Por que não estou sendo eficiente como pastor?" Talvez você tenha escolhido este livro para ler apenas porque se cansou de não ser "bem-sucedido" no ministério — o peixe não está mordendo a isca, então, por que não mudar a isca?

Por outro lado, talvez você seja um implantador de igreja que almeja causar impacto a favor do reino de Deus. Provavelmente, está cansado de ver o mundo novo com óculos velhos; quer fazer algo diferente — inovar, ser criativo, experimentar novos métodos, tentar algumas ideias malucas, descobrir o que realmente motiva as pessoas em uma geração pós-tudo.

Ainda, talvez você tenha investido estes últimos cinco anos de sua vida procurando implementar o mais recente modelo de crescimento de igreja, e isso não deu certo. Talvez esteja lendo este livro porque está desiludido com o fracasso de um modelo que parecia promissor e trouxe bons resultados em outros lugares. Por isso, agora você está buscando o próximo modelo — o que chamamos de *igreja intencional*.

Talvez o seu interesse tenha sido despertado por uma nova maneira de edificar a igreja, uma maneira que infundirá vida nova à sua congregação. Talvez você o esteja lendo porque ele se tornará a próxima grande onda no ministério eclesiástico que desencadeará crescimento explosivo em sua igreja e resplandecerá em sua comunidade. Ou talvez você esteja se sentindo um pouco ultrapassado — uma roupa antiquada em uma loja moderna —, de maneira que foi à livraria evangélica para modernizar a roupagem do seu ministério. Examine seu coração. Por que você está lendo este livro? O que deseja?

Antes de você começar a ler com empenho, esclareceremos o que este livro não é. Primeiramente, *ele não traz um assunto novo*, e sim um assunto antigo... *realmente* antigo. Não estamos reivindicando que o seu conteúdo seja original; este livro não é uma "nova ideia" ou uma "abordagem exclusiva" — ele não é inovador. De fato, nem queremos ser inovadores. Em segundo lugar, *este livro não é um programa*. Não é algo que você pode conectar e tocar em sua igreja. Não depende de técnica. Não criamos um plano para a maturidade espiritual ou passos sistemáticos para a edificação da igreja. Não há uma linguagem ostentosa, diagramas profissionais ou comparações interessantes. Em terceiro lugar, *este livro não é uma solução rápida*. Em outras palavras, não espere ler este livro, implementar suas sugestões e observar resultados imediatos e palpáveis. O crescimento saudável exige tempo, oração, trabalho árduo, paciência e perseverança.

"Bem, se não é um novo programa, o que é, então?" Em linguagem simples, é apenas a Palavra edificando a igreja.

É fácil concordar com a nossa cultura quanto ao fato de que o mais novo é sempre melhor. Roupas novas são melhores do que as de segunda mão. Um carro novo é melhor do que o calhambeque do papai. Existe algo no que é novo que nos fascina quase de modo irresistível. Elas nos atraem com seu brilho esplendoroso, seu cheiro de novidade, sua aparência moderna, sua promessa de melhor eficiência e desempenho. Sabemos que isso é tolice, mas, de algum modo, elas nos fazem sentir novos — como se fôssemos renovados com a imagem delas.

No que se refere a ideias a respeito de como edificar a igreja, somos tentados a permitir que nossa fascinação pelo novo direcione os nossos pensamentos e determine nossos métodos. Essa tentação é mais sedutora no contexto de uma cultura evangélica emergente que se distancia, cada vez mais, da proclamação clara das convicções doutrinárias fundamentadas na verdade das Escrituras, transmitidas a nós pelos credos e confissões históricas do cristianismo. Quando nos desarraigamos de nossa preciosa herança doutrinária, o inovador e o criativo começam a parecer mais plausíveis do que aquilo que é provado e verdadeiro; isso acontece em parte porque estamos imersos em uma cultura que aceita, escandalosamente, a sua própria superioridade sobre tudo o que já se passou. Nesta situação, o pragmatismo prevalece. Sem compreendermos ou meditarmos sobre isso, nos sentimos logo empolgados quanto aos mais recentes modelos criativos que prometem resultados imediatos e observáveis, medidos geralmente por estatísticas santificadas.

A raiz de tudo isso é a rápida erosão de nossa confiança na suficiência das Escrituras, para a nossa eficácia no ministério. Paulo instruiu Timóteo a dedicar-se à pregação da Palavra (2Tm 4.2), porque a Palavra de Deus torna o homem de Deus "perfeito e perfeitamente habilitado para toda boa obra" (2Tm 3.17). Timóteo precisava apenas ser guiado, governado e dirigido pela Palavra de Deus.

É claro que ser *intencional* significa "agir de forma bem ponderada ou cuidadosa". Como líderes de igreja, estamos procurando ser cuidadosos sobre como edificar a igreja sobre o evangelho de Cristo. Em termos mais específicos, estamos tentando ser cuidadosos a respeito de edificar a igreja de acordo com o padrão que Deus nos dá em sua Palavra. Em suas melhores atitudes, a igreja *intencional* é cuidadosa em crer na Palavra de Deus, entregue por Jesus, para realizar a edificação da igreja local. É uma tentativa de colocar o nosso dinheiro naquilo que está em nossos lábios, quando afirmamos que cremos na suficiência das Escrituras para a vida, saúde e crescimento da igreja local. Nosso alvo não é ver quão inovadores podemos ser, e sim perceber quão fiéis podemos ser.

O que apresentamos em seguida poderia ser chamado de modelo de ministério. Contudo, é apenas uma tentativa de sermos intencionais em lidarmos com o evangelho bíblico como sendo aquilo que fomenta o governo da igreja, direciona o seu progresso e rege cada aspecto da vida e da liderança da igreja. Em tudo que fazemos, queremos ser criteriosos a respeito de como permitimos que a Palavra de Deus determine nossa trajetória, fortaleça nosso progresso e governe nossos métodos. Desde o ministério de pregação e evangelização até à maneira como recebemos novos membros; desde as nossas práticas de disciplina e discipulado até aos modelos de liderança; desde a estrutura de nossos cultos matinais de domingo até aos detalhes da agenda de nossas reuniões de presbíteros, queremos que nossos procedimentos reflitam confiança no evangelho bíblico, submissão às suas afirmações e consciência de suas implicações para a nossa vida corporativa.

As palavras de Deus, nas Escrituras, são pedras que edificam a igreja. Como pastores e líderes da igreja, nossa maior prioridade é certificar-nos de que o evangelho goza de centralidade funcional na vida da igreja. Ou seja, temos de assegurar-nos de que o evangelho governa a maneira como a igreja funciona. Quando o evangelho goza de centralidade funcional, a igreja exerce influência na cultura, porque o evangelho é o poder de Deus para a salvação (Rm 1.16; 1Co 1.17-18). O evangelho é o instrumento que traz às pessoas o novo nascimento espiritual (Tg 1.18; 1Pe 1.23). O evangelho combate os inimigos da igreja, tais como o erro doutrinário e a impiedade moral (At 6.7; 12.24; 19.20). Em poucas palavras, a Palavra de Deus, estruturada no evangelho, edifica a igreja.[1]

Preservar essa centralidade funcional do evangelho é a razão por que não queremos promover programas, passos e comparações inovadoras neste livro. Para que a centralidade funcional do evangelho seja preservada, o método humano tem de permanecer simples, pois, do contrário, suplantará o papel correto do evangelho. O método em edificar a igreja funcionará em correspondência ao estilo de comunicação do pregador. Um pregador pode ser tão animado e deslumbrante que sua personalidade se torna mais notória e influente do que a mensagem que ele tenta pregar.

De modo semelhante, os métodos dos pastores e líderes eclesiásticos em edificar a igreja local podem se tornar tão proeminentes, que começam a tomar para si mesmos a glória do crescimento da igreja, a glória que pertence legítima e exclusivamente ao evangelho. Nosso alvo como pregadores e líderes é preservar os métodos simples e básicos, de modo que o evangelho seja exaltado em contraste com nossa reconhecida fraqueza.

---

[1] "Agora, pois, encomendo-vos ao Senhor e à palavra da sua graça, que tem poder para vos edificar e dar herança entre todos os que são santificados" (At 20.32).

UMA NOTA AO LEITOR

PENSANDO JUNTOS

1. O evangelho goza de centralidade funcional em sua igreja? Por que sim ou por que não? Existem maneiras pelas quais o seu atual modelo de ministério pode tomar para si a glória do evangelho? Quais?

Intitulamos a edição anterior deste livro de *Igreja Intencional* porque desejávamos um título que nos lançasse no tumulto dos debates sobre a metodologia da igreja. O evangelicalismo contemporâneo está repleto de diferentes tipos de igreja: *igreja emergente, igreja com propósito, igreja que se conecta, igreja que faz discípulos*, bem como uma forma crítica chamada de *igreja com propósito de mercado* e quase todo tipo de igreja que você queira. Pensamos que manter o formato "igreja_____" para o título poderia nos dar algum espaço no debate. "Intencional" é a melhor expressão que achamos para descrever de modo sucinto o assunto do livro. Mas é apenas um título que (conforme esperamos) nos introduzirá no debate, a fim de que apresentemos como modelo uma maneira de recuperar práticas de séculos passados — uma igreja direcionada e governada pelo evangelho. A Capitol Hill Baptist Church, em Washington, D.C., tem sido o laboratório para testarmos estas ideias nos últimos dez anos. O que mostramos em seguida são as aplicações desses princípios que têm se comprovado como frutíferos e encorajadores em nosso contexto. Não têm o propósito de serem exaustivos ou exclusivos; são apenas uma tentativa de reavivar uma conversa estimulante sobre como alimentamos, guiamos e protegemos o rebanho de Deus.

E agora a pergunta que vale um milhão de reais: esse modelo é reproduzível? Você pode implementá-lo em sua igreja? É claro que sim, mas não deve fazê-lo porque é um programa funcional e de resultados imediatos, nem mesmo por causa de nosso brilhantismo pessoal em criar um modelo transferível. É um modelo reproduzível porque é bíblico e simples. Não importa o tamanho de sua igreja, nem o lugar em que ela está localizada, nem o tipo de pessoas às quais você ministra, você sempre pode mostrar determinação em ser direcionado e governado pelo evangelho em tudo o que faz. Não depende de descobrirmos as preferências culturais e espirituais das pessoas que desejamos alcançar. Você não tem de implementar um currículo resumido, nem ser um pensador incrivelmente inovador, nem mesmo ser um líder bastante carismático. Tem apenas de crer que Jesus edificará sua igreja por intermédio de seu Espírito e pelo poder do seu evangelho, sem gastar tempo e dinheiro com o mais recente programa e seguir a tendência mais popular.

Sejamos transparentes. Não prometemos resultados imediatos e observáveis. *Deus* é soberano. Ele determina nosso tempo e lugar, a extensão de nossa vida e o fruto de nosso labor. Deus Pai e o Filho ressurreto decidem soberanamente quando derramar seu Espírito em grande medida.[2] O trabalho que você realiza na vinha de Cristo não será frutífero somente porque você leu este livro ou aplicou este modelo. Uma vez que este livro revela certa medida de obediência e fidelidade à Palavra normativa de Deus, achamos que você perceberá frutos mais duradouros. Contudo, ninguém vem a Cristo se o Pai não atraí-lo, e ninguém obedece ao evangelho se o Espírito não lhe der os dons de entendimento, fé e arrependimento — e somente Deus pode dar o crescimento.[3]

Muitos líderes eclesiásticos contemporâneos estão afirmando que a igreja será introduzida ao futuro somente quando seus métodos se atualizarem à sua época. Estamos dizendo exatamente o contrário. De certo modo, nosso alvo é introduzir a igreja no futuro, lembrando-lhe o que Deus tencionou originalmente que ela fosse. Achamos que a igreja será introduzida ao futuro somente quando o aspecto mais notável de sua vida corporativa for a verdade de que ela é poderosamente direcionada pela antiga Palavra de Deus, que tem se mostrado eficaz através dos séculos.

Você continua interessado? Esperamos que continue. Afinal de contas, a função do evangelho na vida da igreja deveria ser o âmago do interesse dos cristãos, dos pastores e dos líderes da igreja. Se você passar ao último capítulo e rejeitar todo o "modelo", pelo menos seja intencional quanto a isso. Saiba *por que* está rejeitando-o. Mas, se você ler sobre todo o princípio e concordar com ele, terá uma responsabilidade em suas mãos. Não o deixe a acumular poeira — seja intencional em aplicá-lo. Converse sobre ele nas refeições com seus colegas de liderança da igreja. Observe as reuniões e a estrutura de liderança de sua igreja, para saber o que necessita de mudança, a fim de

---

2 Lc 11.13; Ef 1.17, 3.16; Ap 3.1. Ver Iain Murray, *Pentescost — Today?* (Cape Coral: Founders Press, 1998), p. 20-21.
3 Jo 6.44; At 11.18; 1Co 2.14-16, 3.7; Ef 2.8-9; 2Pe 1.1.

INTRODUÇÃO

que essas reuniões se tornem mais governadas e direcionadas pelo evangelho. Ensine às pessoas os princípios bíblicos que fundamentam os métodos práticos, cultivando intencionalmente a unidade em torno desse ensino. Tome atitudes corporativas, conduzindo a mudança junto com os outros, de um modo sábio, paciente e agradável.

INTRODUÇÃO

O QUE ESTAMOS EDIFICANDO?

Seria muito insensato começar a construção de um prédio não sabendo que tipo de prédio planejamos construir. Prédios residenciais diferem de prédios comerciais, que são bem diferentes de prédios para restaurantes. Todos eles têm planta, diferentes tipos de salas, materiais, usos e formas diferentes. Logo, o processo de construir também será diferente e dependerá do tipo de estrutura que planejamos construir.

Isso também é verdade no que diz respeito à igreja. Uma igreja não é uma empresa bem-sucedida. Não é simplesmente mais uma instituição filantrópica, nem um clube social. De fato, uma igreja saudável é bem diferente de qualquer organização que o homem já idealizou, porque não foi o homem quem a idealizou.

Portanto, é sensato lermos novamente a Palavra de Deus para descobrir o que ele deseja que edifiquemos. Somente quando fizermos isso, entenderemos como devemos prosseguir na edificação. Negligenciar isso resultará em futilidade temporal e eterna. No aspecto temporal, a igreja é uma casa espiritual difícil de ser construída, pois tem como objetivo ser usada para promover relacionamentos intensos. Requer materiais fortes, que devem ser colocados nas posições corretas, posições de sustentação de peso especificadas na planta das Escrituras, de modo que a integridade seja criada. Não importa quão bela seja a fachada, nossa estrutura sucumbirá, se a construirmos sobre um alicerce de areia ou usarmos materiais inferiores.

No aspecto eterno, nossa obra resistirá ao fogo do Último Dia somente se edificarmos com "ouro, prata, pedras preciosas", especificados na planta bíblica (1Co 3.12). Edificar sem essa planta garantirá que construiremos com os recursos mais abundantes e mais baratos de "madeira, feno, palha" — todos os quais serão queimados no final (v. 13-15). Ignorar o plano de Deus para a igreja e substituí-lo com o seu próprio plano assegurará a eterna futilidade de sua obra. Portanto, é essencial que, neste início, você pense sobre esta questão fundamental: o que é a igreja local?

Deus tenciona que a igreja local seja uma demonstração corporativa de sua glória e sabedoria, tanto para os incrédulos como para os poderes espirituais invisíveis (Jo 13.34-35; Ef 3.10-11). Em termos mais específicos, somos corporativamente o lugar em que o Espírito de Deus habita (Ef 2.19-22; 1Co 3.16-17), o corpo orgânico de Cristo, no qual ele exalta a sua glória (At 9.4; 1Co 12). A palavra grega traduzida por igreja é *ekklēsia*, que significa uma reunião ou ajuntamento de pessoas.

A singularidade da igreja é a sua mensagem — o evangelho. A igreja é a única instituição que recebeu de Deus a incumbência de anunciar a mensagem de arrependimento e fé em Jesus Cristo para o perdão dos pecados. Esse evangelho é visualizado nas ordenanças do Batismo e da Ceia do Senhor, ambas instituídas por Cristo. Portanto, as marcas distintivas da igreja são a pregação correta desse evangelho e a ministração correta das ordenanças bíblicas que dramatizam o evangelho.

A estrutura que estamos construindo é centralizada fundamentalmente em Deus — é uma estrutura voltada para Deus, uma estrutura cuja intenção é revelar as glórias do caráter de Deus e a verdade de seu evangelho. Também é uma estrutura que olha para o exterior; mas, em sua exterioridade, ela é centralizada em Deus, visto que olhamos para o mundo com o propósito de disseminar o caráter de Deus e o evangelho em todas as nações — a fim ganhar novos adoradores para ele e, deste modo, exaltar sua glória.

Temos um ministério de exaltação — levar a igreja local a uma visão mais nítida e uma melhor percepção da glória de Deus é a maneira de fazer essa glória se manifestar ao mundo com tanta grandeza como ela realmente possui. O que estamos edificando não é apenas mais uma instituição filantrópica ou uma empresa cristã. Estamos edificando uma estrutura orgânica e corporativa que exaltará a glória de Deus e comunicará fielmente o seu evangelho.

INTRODUÇÃO

Em última análise, Jesus é aquele que está edificando a sua Igreja (Mt 16.18). Contudo, ele nos permite, em sua graça, participar do processo de construção. Por conseguinte, temos de edificar, de acordo com a planta bíblica, a estrutura e a vida da igreja. O que você está tentando edificar?

COMO DEVEMOS EDIFICAR?

Então, como edificamos uma igreja saudável? Inúmeras respostas têm sido oferecidas por diferentes segmentos evangélicos. Alguns acham que isso exige conhecer o público-alvo e atraí-lo por satisfazer-lhe as necessidades.[1] Outros propõem que o segredo é ter uma vibrante rede de pequenos grupos, nos quais a "verdadeira comunidade" pode acontecer. Alguns aconselham que precisamos livrar-nos dos métodos "velhos" que foram eficientes há cinquenta anos e usar métodos novos que dão certo em nosso contexto pós-moderno.[2] Alguns advogam um retorno ao símbolos religiosos na adoração, a fim de proporcionar às pessoas a experiência sagrada e a conexão com o passado que eles procuram na igreja.[3] Outros defendem que o avanço se dará por vendermos os prédios da igreja e começarmos a desenvolver reuniões nos lares.[4] E outros afirmam que somos livres para fazer o que quer que seja eficiente em nosso contexto local, contanto que tal prática seja ética.

Então, como navegamos em meio a essa confusão de métodos modernos? Há uma bússola que podemos usar e que nos guiará para fora dessa confusão? Há um meio de nos erguermos acima da floresta de modelos de ministério sintéticos, de modo que obtenhamos, como um pássaro no alto, uma visão do caminho que está adiante?

Este e muitos outros modelos de ministério pressupõem que o método não é realmente importante para Deus. "Se o método traz pessoas à igreja e contribui para que elas se sintam como se tivessem realmente adorado no domingo, deve ser algo bom, não é verdade?"

---

1 Rick Warren, *Uma Igreja com Propósitos* (São Paulo: Vida, 1997).
2 James White, *Rethinking the Church* (Grand Rapids: Baker, 2003).
3 Dan Kimball, *The Emerging Church* (Grand Rapids: Zondervan, 2003).
4 Wolfgang Simson, *Casas que Transformam o Mundo* (Curitiba: Editora Evangélica Esperança, 2001).

No que diz respeito a edificar um povo para o nome e a glória de Deus, ele se importa com a maneira como participamos de seus propósitos redentores. Como veremos no Capítulo 1, o próprio evangelho é o poder de Deus que constrói e edifica o corpo de Cristo (Is 55.10-11; Rm 1.16; 1Pe 1.23-25). A igreja é edificada pela Palavra. Nosso poder não está em multiplicar os grupos pequenos, ou em satisfazer às necessidades de nosso público-alvo, ou em usar o programa de evangelização correto, ou em realizar esquetes engraçadas, ou em prover um amplo estacionamento, ou ter como alvo do ministério as pessoas pós-modernas. Nosso poder está em nossa mensagem singular — o evangelho (no grego, *euangellion*) — e não em nossas inovações. Por conseguinte, nosso método primário tem de ser o comunicar essa mensagem tão amplamente quanto possível. Em termos bíblicos, isso significa que temos de pregar o evangelho (no grego, *euangelizō*), não temendo chamar as pessoas ao arrependimento e à fé como as únicas respostas salvadoras (Mc 1.14-15).

Portanto, antes de começarmos a falar sobre os aspectos práticos da definição da responsabilidade da igreja, devemos ter clareza no que se refere à relação entre o evangelho de Cristo e o método daqueles que o ministram.

1) A teologia direciona o método. Quer compreendamos, quer não, o que pensamos sobre o evangelho molda a maneira como o compartilhamos. Nossa teologia das boas-novas influenciará a maneira como edificamos a igreja.

2) Os métodos de Deus determinam nossos métodos. Os métodos que usamos para plantar e regar na vinha de Deus têm de estar subordinados e em completa harmonia com o método de Deus em realizar o crescimento — o evangelho, pregado com fidelidade pelos servos de Deus. O trabalho feito de modo contrário aos processos de Deus significa agir em contrariedade com seus propósitos.[5]

3) O evangelho capacita e instrui a nossa participação nos propósitos de Deus. Não somos nem mesmo capazes de entrar no reino de Deus e, muito menos, de ministrar no reino, se primeiro o evangelho de Deus não realizar a sua obra em nós;

---

5 Isto não significa afirmar que temos textos que servem de prova para todas as nossas práticas. A entrevista com o novo membro não se encontra nas Escrituras. Contudo, isto é uma expressão metodológica de nosso entendimento do conteúdo e da primazia do evangelho, bem como da importância da pureza dos membros da igreja local e de seu testemunho do evangelho na comunidade que ela está inserida.

INTRODUÇÃO

tampouco sabemos como ministrar no reino de Deus, sem que antes o evangelho nos dê os parâmetros para fazermos isso. Por conseguinte, o evangelho tem de moldar e avaliar o método que usamos.

4) *A fidelidade ao evangelho, e não os resultados, tem de ser a nossa medida de sucesso.* O poder de Deus para a vida espiritual e a verdadeira santidade estão no evangelho. Portanto, a fidelidade é primordial, e não a inovação e os resultados imediatos observáveis. Simão, o mágico, atraía grande multidão — e as pessoas até o chamavam de Poder de Deus; mas o poder, os motivos e a mensagem de Simão eram fraudulentos (At 8.9-11). Nós, porém, somos chamados a nos mostrar fiéis como mensageiros. Somente Deus pode realizar o verdadeiro crescimento (1Co 3.6-7); Ele faz isso por meio do evangelho (Rm 10.14-17; Gl 3.1-5).

O evangelho nos diz que Deus é o Criador perfeito e o justo Juiz. Ele nos criou para glorificá-lo e desfrutá-lo para sempre. No entanto, todos nós pecamos, tanto em Adão, como nosso representante, como em nossas ações individuais (Rm 5.12; 3.23). Merecemos a morte — a separação espiritual de Deus, no inferno (Rm 6.23; Ef 2.1) — e, de fato, já nascemos espiritualmente mortos e sem esperança, em nossos pecados (Sl 51.5; Rm 5.6-8; Ef 2.1); necessitamos que Deus nos transmita vida espiritual (Ez 37.1-14; Jo 3.3). Deus enviou seu Filho, Jesus Cristo, plenamente Deus e plenamente homem (Fp 2.5-11), para sofrer a morte que merecíamos. Ele ressuscitou dentre os mortos para a nossa justificação, provando que era o Filho de Deus (Rm 5.1; 1.14). Se desejamos que a perfeita justiça de Cristo nos seja imputada, e a penalidade de nosso pecado lançada sobre ele, temos de arrepender-nos dos pecados e crer em Jesus para a salvação (2Co 5.21; Mc 1.14-15).

Este é o único evangelho (Gl 1.6-9) que somos ordenados a pregar (2Tm 4.2). Somente este evangelho contém a teologia que deve direcionar nossos métodos de ministério. É somente este evangelho que Deus usa para criar um povo para si mesmo. É somente este evangelho que nos capacita e informa sobre a nossa participação nos propósitos redentores de Deus. Por consequência, somente este evangelho é digno de moldar e avaliar tanto os métodos como o nosso próprio ministério.

QUAL SERÁ O CUSTO DE EDIFICAR DESSA FORMA?

É fácil ser fiel quando você está vendo o sucesso; afinal, o sucesso é o que silencia os céticos. Você pode estar motivado a imitar um modelo de ministério como este não apenas porque é bíblico, mas porque produziu sucesso em outros áreas. No entanto, acabamos de dizer que os resultados visíveis não podem ser a métrica pela qual medimos nossos ministérios, o que suscita uma questão perturbadora: e se os resultados imediatos não forem o que você imaginou? E se, em uma virada sombria da providência de Deus, sua fidelidade começar a parecer o que o mundo chamaria de fracasso? E se, apesar de toda a sua fidelidade e paciência, sua liderança ainda for ignorada, as pessoas ainda estiverem saindo, a igreja ainda não estiver adicionando novos convertidos ao seu número ou o evangelho ainda estiver gerando mais conflitos na igreja do que você esperava? E se esse mesmo líder problemático ainda estiver ameaçando e conspirando para que você seja demitido precisamente porque você está seguindo o conselho deste livro?

Claro, mesmo os líderes fiéis têm espaço para crescer, então provavelmente haverá algum exame de consciência. Nenhum pastor está sem seus pecados. Mesmo assim, se o crescimento numérico, ou mesmo o progresso no evangelho, permanecer indefinido, não se canse e não desista. O evangelho ainda é o poder de Deus para a salvação e ainda está operando em você e nas pessoas ao seu redor. Jesus ainda é seu Sumo Sacerdote, e ele sabe o que é ser fiel sem pecado e ainda assim terminar sua vida terrena com pouco para exibir. Os doze melhores seguidores de Jesus — a dúzia dinâmica! — todos o abandonaram quando a situação se complicou. Um deles o traiu frontalmente, outro negou repetidamente tê-lo conhecido e um realmente fugiu nu (Mc 14.50-52). Jesus morreu a morte de um criminoso condenado.

Não é de admirar que ouçamos o servo sofredor orando: "Debalde tenho trabalhado, inútil e vãmente gastei as minhas forças; todavia, o meu direito está perante o Senhor, a minha recompensa, perante o meu Deus." (Is 49.4). Jesus sentiu, pensou e orou assim — e se você o servir, talvez também o faça. De maneira semelhante, o apóstolo Paulo foi tratado como inimigo por algumas das próprias igrejas que ele plantou (Gl 4.16), e em sua primeira defesa pública, nenhum de seus convertidos apareceu para apoiá-lo — nenhum (2Tm 4.16). No entanto, nenhum de nós pensa em Jesus ou Paulo como fracassados, não é?

Agora, não nos leve a mal. Não queremos que você lidere de uma forma que dê início a conflitos desnecessários. Seja sábio como uma serpente e prudente como uma pomba. Conheça seu contexto e sua congregação e adapte-se de acordo com ela. Não há virtude em sofrer simplesmente porque você falou antes de ouvir (Pv 18.13). A paciência preserva o pastor. Ainda assim, só porque você seguiu todos os conselhos deste livro não significa necessariamente que acabará pastoreando uma igreja de mil membros no coração de uma cidade bacana. Isso não significa que não está funcionando ou que seu ministério falhou! Deus usa todos os tipos de pastores em todos os lugares em igrejas de todos os tamanhos. Além disso, nem todo pastorado — e nem mesmo toda igreja local — é bem-sucedido da maneira que desejamos ou esperamos. Deus nunca promete a seus servos o destaque de uma celebridade ou o que o mundo saúda como sucesso.

Lembra-se do que Deus disse a Baruque em Jeremias 45.5? "E procuras tu grandezas? Não as procures". Baruque queria ser conhecido como o escriba que serviu ao profeta que mudou a maré moral em Israel para que o povo evitasse o exílio, voltasse para Deus e visse a renovação do reino — você pode imaginar ambições piores — mas não era para acontecer. Da mesma forma, Elias pensou que seu próprio confronto com os profetas de Baal poderia ser apenas a grande virada para o povo de Deus, mas ele ficou muito desapontado com a resposta deles ao seu ministério.

Não entenda mal — somos otimistas do evangelho e queremos que você também tenha grandes expectativas em relação a Deus. Seja forte e corajoso! Mas o livro em suas mãos não é um caminho rápido para números explosivos ou estrelato evangélico. Nem pode isentá-lo dos custos da cruz. Se você se compromete a construir uma igreja saudável sobre o fundamento do evangelho, então prepare-se para uma vida e um ministério em forma de cruz, porque o evangelho é o evangelho da cruz. Você está tomando sua cruz e seguindo a Jesus. Aquele que salva sua vida a perderá, mas aquele que perde sua vida por causa de Cristo e do evangelho a encontrará. Um chamado para o ministério é um chamado para morrer — para si mesmo, para o pecado, para a ambição egoísta, para idolatrar seu próprio sucesso e para melhorar sua própria imagem. Se você nunca morreu assim no ministério, é provável que não esteja fazendo isso direito.

Mas vale a pena o custo, porque aqui está a esperança: o chamado para o ministério é um chamado para o tipo de morte que sempre resulta na ressurreição — talvez não de maneira imediata, mas eventualmente. Não há glória na vida ou ministério cristão sem sofrimento primeiro — nem mesmo para o próprio Jesus (Fp 2.5-11). Mas, se sofrermos com ele, então seremos glorificados com ele (Rm 8.17). Ninguém que morre com Cristo e por causa dele jamais será deixado na sepultura. Ele sempre ressuscita seu povo.

Aceite a palavra de um antigo apóstolo: há uma profunda comunhão com Cristo mesmo em meio ao sofrimento, sem falar no poder de sua ressurreição (Fp 3.10, 11). Sofrer com Cristo é um dos grandes privilégios do ministério cristão — é indispensável à semelhança de Cristo e é uma das grandes chaves para nossa própria frutificação (Jo 12.24-26). Nossa morte para o eu no ministério é parte do que Deus usa para criar vida nos outros. Estamos "levando sempre no corpo o morrer de Jesus, para que também a sua vida se manifeste em nosso corpo. Porque nós, que vivemos, somos sempre entregues à morte por causa de Jesus, para que também a vida de Jesus se manifeste em nossa carne mortal. De modo que, em nós, opera a morte, mas, em vós, a vida" (2Co 4.10-12).

Cristão, espere uma cruz, até mesmo múltiplas cruzes, no ministério cristão. E então espere que Deus o ressuscite dos mortos, uma e outra vez. "Contudo, já em nós mesmos, tivemos a sentença de morte, para que não confiemos em nós, e sim no Deus que ressuscita os mortos" (2Co 1.9). Jesus reproduz em nós os seus sofrimentos, para reproduzir em nós a sua ressurreição, para que, quando os outros nos virem, vejam o poder de Cristo crucificado — e ressuscitado. É para isso que Pedro estava preparando as igrejas em sua primeira epístola — sofrimento e, somente depois, glória. Jesus morreu em vergonha para ressuscitar em glória (1Pe 1.18-21) para que possamos morrer para o pecado e viver para a justiça. E ele padeceu, deixando-vos exemplo, para que sigais os seus passos (2.22-24). Esses passos conduzem à cruz; mas louvado seja Deus, eles não terminam lá.

PENSANDO JUNTOS

1. O que impulsiona a sua igreja — o conteúdo da mensagem ou a singularidade da apresentação?
2. O seu método de ministério é dirigido pela teologia bíblica ou por aquilo que produz resultados?
3. Você mede o sucesso pelos resultados ou pela fidelidade à Palavra de Deus?

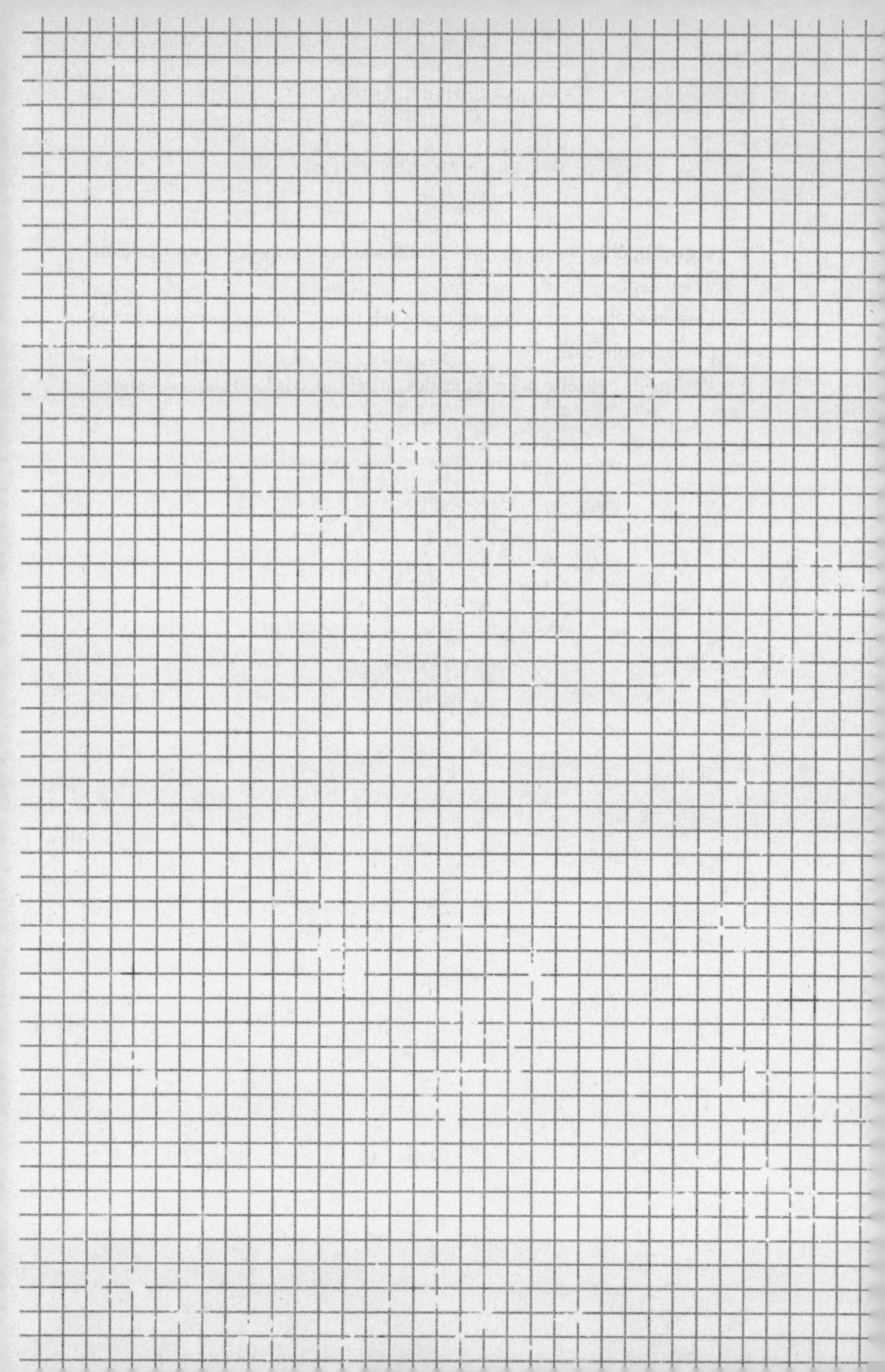

Seção 1:
REUNINDO A IGREJA

1 AS QUATRO VIRTUDES

Quando eu estava sendo entrevistado[1] pela Capitol Hill Baptist Church, antes de ser chamado ao seu pastorado, alguém me perguntou se eu tinha um programa ou um plano a implementar visando ao crescimento da igreja. Talvez essa pessoa tenha ficado surpresa (e provavelmente você também) quando respondi que não tinha grandes planos ou programas a implementar. Estava armado apenas com quatro virtudes — pregação, oração, desenvolvimento de relacionamentos de discipulado e paciência.

PREGAÇÃO

Alguns ficaram ainda mais surpresos quando disse que ficaria feliz se todos os aspectos de meu ministério público falhassem, se isso fosse necessário — exceto a pregação da Palavra de Deus. Ora, esse é o tipo de declaração que um candidato ao pastorado deve dizer a uma igreja? O que eu pretendia comunicar era que há somente um fator que, de acordo com a Bíblia, é necessário à edificação da igreja — a pregação da Palavra de Deus. Outros pastores poderiam cumprir quaisquer outros deveres; mas

---

[1] No restante do livro, os pronomes na primeira pessoa se referem aos autores, Mark Dever e Paul Alexander.

eu era responsável e fora separado, pela congregação, para o ensino público da Palavra de Deus. Esta seria a fonte de nossa vida espiritual, quer como indivíduos, quer como igreja.

A Palavra de Deus sempre foi o instrumento que ele escolheu para criar, convencer, converter e conformar o seu povo. Desde o primeiro anúncio do evangelho em Gênesis 3.15 até à promessa inicial feita à Abraão, em Gênesis 12.13, bem como até à regulação dessa promessa, por meio de sua Palavra, nos Dez Mandamentos (Êx 20), Deus outorgou vida, saúde e santidade ao seu povo por intermédio de sua Palavra. Desde as reformas durante o governo de Josias, descrito em 2Reis 22 e 23, até ao avivamento da obra de Deus, durante o ministério de Neemias e Esdras (Ne 8 e 9), e até à grande visão do vale de ossos secos, descrita em Ezequiel 37.1-14, de acordo com a qual Deus transmite a vida de seu Espírito ao seu povo morto, mediante a pregação de sua Palavra, Deus sempre envia sua Palavra quando deseja renovar a vida em seu povo e ajuntá-los para a sua glória. Ele faz isso por intermédio de sua Palavra. Ele diz isso em Isaías 55.10-11:

> Porque, assim como descem a chuva e a neve dos céus e para lá não tornam, sem que primeiro reguem a terra, e a fecundem, e a façam brotar, para dar semente ao semeador e pão ao que come, assim será a palavra que sair da minha boca: não voltará para mim vazia, mas *fará* o que me apraz e prosperará naquilo para que a designei. (Ênfase acrescentada)

O testemunho do Novo Testamento sobre a primazia da Palavra de Deus em seus métodos é igualmente claro: "Jesus, porém, respondeu: Está escrito: Não só de pão viverá o homem, mas de toda palavra que procede da boca de Deus" (Mt 4.4). A Palavra de Deus nos sustenta: "No princípio era o Verbo... A vida estava nele... E o Verbo se fez carne e habitou entre nós" (Jo 1.1, 4, 14). Jesus, a Palavra que se fez carne, é, em última análise, vida encarnada: "A palavra do Senhor crescia e prevalecia poderosamente" (At 19.20). A Palavra cresce e luta: "Agora, pois, encomendo-vos ao Senhor e à palavra da sua graça, que tem poder para vos edificar e dar herança entre todos os que são santificados" (At 20.32). A Palavra nos edifica e preserva: "Pois não me envergonho do evangelho, porque é o poder de Deus para a salvação de todo aquele que crê, primeiro do judeu e também do grego" (Rm 1.16; cf. 1Co 1.18).

O evangelho, a expressão mais nítida da Palavra de Deus, é o poder de Deus para a salvação:[2] "Assim, a fé vem pela pregação, e a pregação, pela palavra de Cristo" (Rm 10.17). A Palavra de Deus cria a fé: "Tendo vós recebido a palavra que de nós ouvistes, que é de Deus, acolhestes não como palavra de homens, e sim como, em verdade é, a palavra de Deus, a qual, com efeito, está operando eficazmente em vós, os que credes" (1Ts 2.13). A Palavra realiza a obra de Deus no crente: "Porque a palavra de Deus é viva, e eficaz, e mais cortante do que qualquer espada de dois gumes, e penetra até ao ponto de dividir alma e espírito, juntas e medulas, e é apta para discernir os pensamentos e propósitos do coração" (Hb 4.12). A Palavra de Deus convence: "Segundo o seu querer, ele nos gerou pela palavra da verdade, para que fôssemos como que primícias das suas criaturas" (Tg 1.18). A Palavra de Deus nos dá o novo nascimento. Em seguida, Tiago advertiu: "Acolhei, com mansidão, a palavra em vós implantada, a qual é poderosa para salvar a vossa alma" (v. 21). A Palavra nos salva. Pedro também afirmou o poder regenerador da Palavra de Deus: "Fostes regenerados não de semente corruptível, mas de incorruptível, mediante a palavra de Deus, a qual vive e é permanente... esta é a palavra que vos foi evangelizada" (1Pe 1.23, 25).

Há poder criador, conformador, vivificador na Palavra de Deus! O evangelho é o instrumento de Deus para dar vida a pecadores mortos — e a igrejas mortas (Ez 37.1-14). Ele não tem outro instrumento. Se quisermos trabalhar em benefício de vida, saúde e santidade renovadas em nossa igreja, então, devemos trabalhar de acordo com a maneira de agir de Deus, revelada por ele mesmo. Do contrário, arriscamo-nos a correr em vão. A Palavra de Deus é o seu poder sobrenatural para realizar sua obra sobrenatural. Essa é a razão por que eloquência, inovações e programas são muito menos importantes do que pensamos. Essa é a razão por que nós, pastores, temos de nos dedicar à pregação e não a programas. Essa é a razão por que precisamos ensinar a nossas igrejas que a Palavra de Deus é mais valiosa do que os programas. Pregar o

---

2 Quanto a uma defesa simples e bíblica a respeito da permutabilidade das expressões "o evangelho" e "a Palavra de Deus", observe como Paulo as permutou em 1Tessalonicenses 2.9 e 13. No versículo 9, ele disse que proclamara "o evangelho de Deus". No entanto, no versículo 13, Paulo afirmou que eles tinham ouvido e "recebido... a palavra de Deus".

conteúdo e a intenção da Palavra de Deus é o que desencadeia o poder de Deus sobre o seu povo, porque o poder de Deus para edificar o seu povo está na Palavra, especialmente conforme o achamos no evangelho (Rm 1.16). A Palavra de Deus edifica a sua igreja. Portanto, pregar o evangelho de Deus é prioritário.[3]

ORAÇÃO

Muitos homens, especialmente no Ocidente global, são viciados em trabalho. É compreensível — a produtividade oferece uma euforia mais pura do que qualquer droga e sem ressaca. Isso pode ser igualmente (até especialmente) verdadeiro para os pastores, porque temos o devido cuidado de não ser preguiçosos ou infrutíferos no ministério. Queremos provar que somos trabalhadores esforçados na vinha do Senhor, para que possamos ouvir: "Muito bem, servo bom e fiel". No entanto, a oração nem sempre parece tão produtiva para nós quanto nos acorrentarmos ao computador, liderar uma reunião do conselho, aconselhar um membro problemático, ler um bom livro com um aspirante a pastor ou sair e fazer a obra de um evangelista.

A correção excessiva, então, é negligenciar ou subestimar a súplica porque presumimos erroneamente que a oração é de alguma forma semelhante à procrastinação — adiar o trabalho. A verdade é que a oração é uma parte do trabalho. A oração revela a nossa dependência de Deus. Honra-o como a fonte de todas as bênçãos, recordando-nos que converter as pessoas e edificar a igreja é uma obra de Deus, e não nossa (1Co 2.14-16; 3.6-7). Jesus nos garante que, se permanecermos nele, e as suas palavras permanecerem em nós, podemos pedir tudo de acordo com a sua vontade e ter certeza de que ele nos dará (Jo 15.10, 16). Que promessa! Tenho receio de que ela se tornou tão familiar para muitos de nós, que estamos em perigo de ouvi-la como uma trivialidade. Contudo, temos de ouvi-la como aquilo que nos desperta de uma negligente falta de oração e nos mova a nos ajoelharmos com alegria.

---

3 Para saber mais a respeito de como pregar o conteúdo e a intenção de uma passagem das Escrituras, ver John Stott, *Eu Creio na Pregação* (São Paulo: Vida, 2003). Quanto a informações a respeito de como planejar sermões e cultos, acesse o site www.9marks.org, clique na guia *9Marks* e, em seguida, no link *Expositional Preaching*.

1 AS QUATRO VIRTUDES

Então, pelo que devemos começar a orar, quando começamos a trabalhar em benefício da saúde e da santidade da igreja? 1) Existem súplicas mais apropriadas a um pastor que labora em benefício da igreja do que as súplicas do apóstolo Paulo em favor das igrejas que ele havia implantado (Ef 1.15-23; 3.16-21; Fp 1.9-11; Cl 1.9-12; 2Ts 1.11-12)? Permita que essas súplicas sejam o ponto de partida para orar conforme as Escrituras, de modo mais amplo e consistente.[4] Essa é outra maneira como você pode desencadear o poder transformador do evangelho na vida dos membros da igreja. 2) Ore para que sua pregação do evangelho seja fiel, exata e clara. 3) Ore em favor da maturidade crescente da congregação; peça a Deus que a sua igreja local cresça corporativamente em amor, santidade e doutrina correta e que o testemunho da igreja na comunidade seja distintivamente puro e atraente aos incrédulos. 4) Ore em favor dos pecadores, para que eles sejam convertidos e a igreja, edificada por meio de sua pregação do evangelho. 5) Ore por oportunidades para que você mesmo e outros membros da igreja façam evangelização pessoal.

Uma das ações mais práticas que você pode realizar em benefício de sua própria vida de oração, bem como dos outros membros da igreja, é criar um livro de oração dos membros da igreja (com fotos, se possível), para que eles orem uns pelos outros, lendo uma página por dia. O livro de oração dos membros de nossa igreja inclui 27 pessoas em cada página. Incluímos seções para membros que moram na cidade, mas não podem frequentar a igreja, e para os que vivem noutros lugares. Separamos uma página para presbíteros, diáconos, diaconisas, oficiais, diretoria e estagiários. Temos uma seção que inclui os filhos dos membros da igreja, seminaristas ajudados pela igreja, obreiros sustentados (como os missionários), ex-membros da diretoria e ex-estagiários. Encorajamos as pessoas a orarem seguindo o número da página que corresponde ao dia do mês em curso (por exemplo, 1º de junho, página 1; 2 de junho, página 2, etc.).

Seja modelo de fidelidade para a sua igreja ao usar esse livro de oração em seu próprio tempo devocional e os encoraje publicamente a criarem o hábito de orar todos os dias usando esse livro. As suas orações em favor dos outros não devem ser longas — mas, apenas, bíblicas. Escolha somente uma ou duas sentenças das Escrituras para orar

---

4   D. A. Carson, *Um Chamado à Reforma Espiritual* (São Paulo: Cultura Cristã, 2007).

em favor deles; em seguida, formule uma ou duas frases com base naquilo que você sabe a respeito do que se passa com eles no presente. Procure conhecer as ovelhas de seu rebanho, de modo que possa orar mais particularmente por elas. E, quanto àqueles que você não conhece bem, ore por eles apenas com base no que lê diariamente em sua Bíblia. Ser um exemplo desse tipo de oração para os outros e encorajar a igreja a segui-lo pode ser uma influência poderosa para o crescimento da igreja. Desestimula o egoísmo na vida de oração particular dos cristãos, e um dos seus mais importantes benefícios é que fomenta o desenvolvimento de uma cultura de oração que caracterizará gradualmente sua igreja como pessoas que são fiéis em orar.

PENSANDO JUNTOS

1. Por que a pregação do evangelho é importante para a vida da igreja?
2. Quais são três passagens bíblicas que você memorizou com o propósito de orar por sua igreja?

RELACIONAMENTOS PESSOAIS DE DISCIPULADO

Um dos usos mais bíblicos e valiosos de seu tempo, como pastor, será o cultivo de relacionamentos pessoais de discipulado, nos quais você se encontrará regularmente com pessoas, uma a uma, para fazer-lhes o bem espiritual. Uma das ideias é convidá-las para almoçar com você, depois do culto matinal de domingo. Aqueles que expressarem interesse em atender ao convite e ao almoço, estão abertos a se reunirem outras vezes. À medida que você os conhece, pode sugerir-lhes um livro para que leiam juntos, você e cada um deles, e o discutirem ao fim de uma semana, uma quinzena ou conforme lhes for possível. Frequentemente, isso faz que outras áreas da vida da pessoa se tornem acessíveis à conversa, encorajamento, correção, responsabilidade e oração. Contar ou não às pessoas que você as está discipulando é irrelevante. O objetivo é conhecê-las e amá-las de uma maneira distintivamente cristã, por fazer-lhes o bem espiritual. Comece a exercer o interesse e o cuidado pessoal por outros.

1 AS QUATRO VIRTUDES

Esta prática do discipulado pessoal é proveitosa em vários sentidos. Evidentemente, isso é algo bom para a pessoa discipulada, porque ela está recebendo encorajamento e conselhos bíblicos de alguém que talvez esteja um pouco mais à frente, tanto no que se refere às etapas da vida como à caminhada com Deus. Portanto, deste modo, o discipulado pode funcionar como outro canal por meio do qual a Palavra pode fluir no coração dos membros da igreja e ser vivenciada no contexto de uma amizade pessoal. Também é bom para aquele que discipula, quer seja ele um pastor remunerado, quer seja um membro comum da igreja, porque o encoraja a pensar no discipulado não como algo que somente os supercrentes fazem, mas também como algo que faz parte de seu próprio discipulado em Cristo. Essa é, em grande parte, a razão por que você, como pastor, se mostrará sábio ao ponto de encorajar publicamente os membros a se reunirem para uma refeição, durante a semana, com um membro mais velho ou mais novos, e travarem conversas espirituais acerca de livros que abordam a teologia e o viver cristão. Os membros precisam saber que a maturidade espiritual não consiste apenas de horas silenciosas, e sim do amor deles para com o outro crente e das expressões concretas desse amor.

Um resultado saudável de membros comuns discipulando outros membros é que isso promove o cultivo crescente de uma comunidade distintivamente cristã, na qual as pessoas amam uma às outras não somente como o mundo as ama, mas também como seguidores de Cristo que buscam entender e viver, juntos, as implicações da Palavra de Deus para suas vidas. Esse tipo de relacionamento conduz tanto ao crescimento espiritual como ao numérico.

Um resultado saudável de sua atitude pessoal de discipular outros membros é que isso o ajuda a romper resistências defensivas à sua liderança pastoral. A mudança sempre enfrentará resistência. Mas, à medida que você abre a sua vida para outros, e eles começam a perceber que você está realmente interessado neles (2Ts 2.1-12), provavelmente o verão como um amigo interessado, um mentor espiritual e um líder piedoso. E dificilmente interpretarão suas iniciativas graduais que visam mudança bíblica como conquista de poder, engrandecimento pessoal e negativismo exageradamente crítico. Desenvolver esse tipo de relacionamento faz com que eles tenham conhecimento pessoal de você; e esse conhecimento é proveitoso para nutrir a confiança pessoal em seu caráter e motivos, bem como para desenvolver um nível apropriado de confiança em sua liderança entre a congregação. Isso destrói gradualmente a barreira do "eu versus você" que, infelizmente, se mantém com frequência entre uma igreja ferida e o novo pastor. Também é útil para preparar o caminho da mudança e do crescimento bíblico.

PACIÊNCIA

Quando cheguei à Capitol Hill Baptist Church, esperei três meses, antes de pregar meu primeiro sermão no culto de domingo de manhã. Eu apenas assistia aos cultos. Havia pedido esse tempo nas conversas que tivemos antes de minha chegada. Quando expliquei minhas razões, eles concordaram. Essa espera mostrou respeito pela congregação, me deu tempo para aprender com o que eles eram acostumados e lhes mostrou que eu não estava com pressa para mudar tudo. Compreendo que nem todos nós temos esse luxo de esperar três meses para começar a pregar, depois de chegar à igreja. Mas, se for possível tê-lo, eu o recomendo.

A melhor maneira de perder seu lugar de influência como pastor é ser apressado, forçando uma mudança radical (embora bíblica), antes que as pessoas estejam preparadas a seguir você e reconhecer a mudança. Diminuir nossas expectativas e ampliar nosso horizonte de tempo seria prudente para muitos de nós. Realizar nas igrejas mudanças saudáveis para a glória de Deus e a pureza do evangelho não ocorre no primeiro ano depois que o novo pastor chega. Deus está trabalhando em direção à eternidade e tem trabalhado *desde* a eternidade. Ele não está com pressa; também não deveríamos estar. Portanto, é sábio demonstrar cuidado pela igreja e interesse por sua unidade, não correndo tão rápido à frente deles, que comecem a desfalecer atrás de você. Corra a uma velocidade que a igreja possa acompanhá-lo.

É claro que há algumas ações que você precisará mudar imediatamente. Mas, tanto quanto possível, faça isso com tranquilidade e um sorriso encorajador; não o faça com estardalhaço ou com uma carranca de reprovação. De fato, temos de corrigir, repreender e exortar, porém devemos agir "com toda a longanimidade e doutrina" (2Tm 4.2). Assegure-se de que as mudanças a serem implementadas são bíblicas. Em seguida, com base na Palavra de Deus, dê-lhes, pacientemente, instrução sobre as mudanças, antes de esperar que aceitem as mudanças que você está sugerindo. Essa instrução paciente é a maneira bíblica de semear concordância ampla com as recomendações bíblicas entre o rebanho de Deus. Quando essa concordância ampla é semeada, a mudança talvez não cause divisões, e a unidade da igreja fica menos sujeita a rupturas. À medida que você trabalha em favor da mudança, se empenhe também por demonstrar genuína benevolência cristã às pessoas. "O servo do Senhor não viva a contender, e sim deve ser brando para com todos, apto para instruir, paciente, disciplinando com mansidão os que se opõem, na expectativa de que Deus lhes conceda não só o arrependimento para conhecerem plenamente a verdade" (2Tm 2.24-25). Diminua a pressa — e seja cordial.

O segredo para desenvolvermos esse tipo de paciência é possuirmos uma perspectiva correta quanto ao tempo, à eternidade e ao sucesso.

1) *Tempo.* Muitos de nós pensamos somente nos cinco ou dez anos que estão à nossa frente (se realmente pensamos). Contudo, a paciência no pastorado exige que pensemos em termos de vinte, trinta, quarenta ou, até cinquenta anos de ministério. Isso coloca todas as nossas dificuldades na perspectiva correta. Em uma entrevista para o Ministério 9Marcas, John MacArthur fez uma retrospectiva de seus quarenta anos de fidelidade pastoral na mesma igreja, *Grace Community Church*, em Sun Valley, Califórnia.[5] O seu quinto ano de ministério experimentou tumulto e divisão entre os líderes. Mas ele perseverou em todo esse longo tempo e agora está vendo o que acontece quando um pastor permanece trinta e cinco anos além dos anos que ele deveria ter permanecido de acordo com a perspectiva humana — frutos abundantes, graciosidade e regozijo santos. Você está em sua igreja para um ministério de longo tempo — vinte, trinta, quarenta anos — ou está imaginando "ascender" e assumir uma igreja maior, nos próximos cinco ou dez anos? Você está edificando uma igreja ou uma carreira? Fique com eles. Continue ensinando. Continue moldando. Continue liderando. Continue amando.

Se você é um pastor jovem que ainda espera receber um convite para ser o ministro de uma igreja, decida com sabedoria. Ninguém pode prever o futuro nem ver todos os resultados possíveis. Mas seria imprudente aceitar um convite de uma igreja ou localidade na qual você não imagina ficar mais do que poucos anos. Vá àquele lugar

---

5 "Four Decades of Ministry, with John MacArthur", gravada em 12 de julho de 2002. Disponível para ser ouvida online, download ou aquisição em www.9marks.org, sob a guia *Audio*.

em que você pode imaginar, com satisfação, que criará raízes ali, para o resto de sua vida, e assuma o compromisso.

2) *Eternidade*. Como pastores, um dia prestaremos contas a Deus pela maneira como lideramos e alimentamos as ovelhas dele (Hb 13.78; Tg 3.1). Todos os nossos atos estão diante de Deus. Ele sabe se usamos as igrejas apenas para construir uma carreira. Sabe se deixamos os cristãos prematuramente, tendo em vista nossa conveniência e benefício. Sabe se guiamos muito rápido as suas ovelhas. Pastoreie o rebanho de um modo que você não se envergonhe no Dia de prestação de contas. "Tudo quanto fizerdes, fazei-o de todo o coração, como para o Senhor e não para homens, cientes de que recebereis do Senhor a recompensa da herança. A Cristo, o Senhor, é que estais servindo; pois aquele que faz injustiça receberá em troco a injustiça feita; e nisto não há acepção de pessoas" (Cl 3.23-25).

3) *Sucesso*. Se você define sucesso em termos de tamanho, seu desejo por crescimento numérico provavelmente será maior do que sua paciência com a igreja e, talvez, sua fidelidade aos métodos bíblicos. Até o seu ministério entre as pessoas será encurtado (ou seja, você será demitido), ou você recorrerá a métodos que atraem multidões e excluem a pregação do verdadeiro evangelho. Você tropeçará em sua própria ambição. Mas, se você define sucesso em termos de fidelidade, está em condição de perseverar, visto que se libertou da exigência de resultados imediatos e observáveis e se mantém fiel à mensagem e aos métodos do evangelho, deixando os números com o Senhor. A princípio talvez pareça irônico dizer que substituir tamanho por fidelidade, como o critério para o sucesso, é com frequência o caminho para legitimar o crescimento numérico. Deus sente mais prazer em confiar seu rebanho aos pastores que agem à maneira dele.

Nossa paciência floresce quando cultivamos gratidão e contentamento com o lugar onde o Senhor nos colocou. Portanto, se você está em uma congregação menor e está no início de seu ministério, aproveite a simplicidade e a doçura dessa dimensão enquanto durar. Não deixe sua ideia de perfeição se tornar inimiga do que já é bom na igreja que você serve. Ame a congregação como ela é, não como você espera que ela se torne. Recuse-se a comparar sua situação de maneira desfavorável com a de outros ministros que você conhece. E, se possível, procure um grupo de pastores com ideias semelhantes em sua região que possam compartilhar suas alegrias, falar sobre suas tristezas, ajudá-lo a manter suas ações em perspectiva e encorajá-lo ao longo do caminho.

No ministério cristão, a confiança não resulta de competência, carisma ou experiência pessoal. Também não resulta de possuirmos os programas corretos ou de seguirmos a última moda em modelo de ministério. Tampouco resulta de obtermos a graduação "correta". À semelhança de Josué, a nossa confiança precisa estar no poder, na presença e nas promessas de Deus (Js 1.1-9). Ainda mais especificamente, a nossa confiança referente ao pastorado vem de dependermos do poder do Espírito para nos tornarmos adequados por meio do ministério de preparação realizado pela Palavra de Cristo. "É por intermédio de Cristo que temos tal confiança em Deus; não que, por nós mesmos, sejamos capazes de pensar em algo, como se partisse de nós; pelo contrário, a nossa suficiência vem de Deus, o qual nos habilitou para sermos ministros de uma nova aliança, não da letra, mas do espírito; porque a letra mata, mas o espírito vivifica" (2Co 3.4-6). Como o Espírito nos torna adequados? Que instrumento ele usa? Não é um programa. É a Palavra de Cristo. "Toda a Escritura é inspirada por Deus e útil para o ensino, para a repreensão, para a correção, para a educação na justiça, a fim de que o homem de Deus seja perfeito e perfeitamente habilitado para toda boa obra" (2Tm 3.16-17; cf. Jr 1.9; Ez 2.1-7; 3.1-11). A única estratégia necessária é o poder da Palavra de Cristo. Essa é a razão por que a pregação e a oração serão sempre primordiais — não importa que moda produza grandes resultados. Firme o seu ministério no poder do evangelho (Rm 1.16).

PENSANDO JUNTOS

1. Escolha uma pessoa de sua igreja com quem você poderia começar a se reunir, tendo em vista o bem espiritual dela.
2. Escolha um livro, ou mesmo um livrete, que você gostaria de ler e discuta com essa pessoa.
3. Suas ideias concernentes a tempo, eternidade e sucessos poderiam ser cultivadas em um espírito de impaciência para com a igreja que você serve? Se isso é verdade, como poderia ser feito? Em que sentido essas ideias precisam ser reformuladas?

2 COMECE A OBRA

Edificar a igreja local pode ser uma perspectiva desanimadora. Assim como o apóstolo Paulo, sempre queremos perguntar: "Quem... é suficiente para estas coisas?" (2Co 2.16). Então, onde começamos essa tarefa hercúlea? Há outro fundamento além do evangelho? "Porque ninguém pode lançar outro fundamento, além do que foi posto, o qual é Jesus Cristo" (1Co 3.11).

ESCLAREÇA O EVANGELHO

Paciência é uma virtude pastoral. Mas a pregação do evangelho não é uma das ações nas quais você deseja ser vagaroso (1Co 2.1-5; 2Tm 4.1-5). Muitos pastores novos de igrejas antigas supõem que as ovelhas têm compreensão do evangelho e da vida cristã, ainda que tal compreensão seja rudimentar. Contudo, uma suposição errada de nossa parte, frequentemente leva à presunção da parte deles. Ou seja, quando supomos que os outros já conhecem o evangelho e não o esclarecemos, as pessoas que se declaram cristãs, mas não entendem o evangelho, nem lhe obedecem, têm a permissão de presumir sua própria conversão, em vez de examinarem-se a si mesmas em busca de evidências da conversão — o que poderia resultar em nada mais do que uma bendita condenação.

Em última análise, nosso ministério se refere essencialmente à salvação de nós mesmos e daqueles que nos ouvem (1Tm 4.16). Crer no evangelho verdadeiro e responder-lhe com fé e arrependimento é a única maneira de sermos salvos. Portanto, o evangelho e sua resposta inevitável são os últimos elementos que devemos supor que as pessoas sabem — embora insistam no contrário. O coração humano é desesperadamente corrupto (Jr 17.9). O ser cristão apenas nominalmente tem se espalhado como gangrena em nossas igrejas. Entendimentos errados a respeito do evangelho são abundantes entre os cristãos professos, especialmente o entendimento a respeito da relação do evangelho com outras religiões e de suas implicações para nossa vida diária. As pessoas precisam ouvir o evangelho — quer sejam cristãos professos, quer não.

Aquilo *com que* você ganha as pessoas é também aquilo *para o que* você as ganha. Se você as ganha com o evangelho, elas são ganhas para o evangelho. Se as ganha com técnicas, programas, entretenimento e carisma pessoal, você acaba ganhando-as para si mesmo e para seus métodos (e talvez nem as ganhe!). Mas é provável que elas não serão ganhas primordialmente para o evangelho. "Porque não nos pregamos a nós mesmos, mas a Cristo Jesus como Senhor e a nós mesmos como vossos servos, por amor de Jesus" (2Co 4.5). A implicação é esta: uma vez que você tente converter pessoas para o evangelho, usando técnicas, programas e entretenimento, é provável que as perderá ou que elas se converterão a você, e não a Cristo. O evangelho de Cristo jamais necessitou de artifícios humanos para produzir conversão na alma (Rm 1.16; 1Co 2.1-5).

Então, como podemos começar de modo positivo? Para o iniciante, coloque-se em segundo plano e pregue a Cristo crucificado. Esclareça o que é o verdadeiro evangelho, qual a resposta que ele exige e o que significa ser um cristão. Assegure-se de que as pessoas saibam que Deus é o nosso Criador santo e Juiz justo; que todos nós pecamos contra ele, ofendendo o seu caráter santo, alienando-nos dele e nos expondo à sua ira justa; que Deus enviou Cristo para sofrer a morte que merecíamos por nossos pecados; que a morte e a ressurreição de Cristo são o único caminho para sermos reconciliados com o Deus verdadeiro; que devemos responder a estas boas-novas por arrepender-nos de nossos pecados e crer no evangelho, se queremos ser perdoados por Deus, reconciliados com ele e salvos da ira vindoura. Assegure-se de que as pessoas saibam que têm de perseverar em um estilo de vida de arrependimento e fé,

2 COMECE A OBRA

demonstrando um amor crescente e um viver santo que comprova serem elas discípulos de Cristo (Jo 15.8; cf. Mt 7.15-23; 1Ts 3.12-12; 1Jo 3.14; 4.8).

Permita que o conteúdo do evangelho faça a obra. Isso não significa que você tem de ser intencionalmente enfadonho. Mas significa que tem de ser modesto. Ilustrações procedentes de experiências pessoais beneficiam sutilmente a nós mesmos. As pessoas gostam desse tipo de ilustrações porque lhes falam a respeito do pastor. Contudo, é exatamente nesse aspecto que o verdadeiro ministro do evangelho deve manifestar cuidado, quando estiver no púlpito — não porque ele não queira ser autêntico, e sim porque essas ilustrações geralmente atraem a atenção mais para nós mesmos do que para o evangelho. Portanto, se tiver de usá-las, use-as raramente, em especial nos primeiros anos de seu ministério, quando todos somos mais propensos à arrogância da juventude e ao orgulho da popularidade.

Visto que, em última análise, todas as Escrituras se referem a Cristo, você pode pregar o evangelho como uma conclusão natural de qualquer texto bíblico (Lc 24.25-27, 45-47).[1] Mas, no início de seu ministério, seria prudente deixar Jesus falar tanto quanto possível — as pessoas geralmente não discordam dele! Comece com uma exposição sobre o evangelho de Marcos ou de João. Deixe que as pessoas ouçam a Jesus falando as verdades árduas do evangelho. Apresente-as como as palavras dele, e não como as suas. Se os ouvintes são verdadeiros cristãos, as palavras de Jesus causarão mais influência neles do que as suas palavras. Essa é a razão por que a pregação expositiva é tão importante, não somente no início, mas também como uma dieta permanente para a igreja. Esse tipo de pregação apresenta o ensino principal do texto como o foco do sermão, alicerçando a autoridade do sermão na autoridade das Escrituras.

Esclarecer o evangelho é crucial, especialmente no início de um ministério, porque você deseja garantir, tanto externamente quanto possível, a pureza do rol de membros da igreja (ou seja, que todos os membros são verdadeiramente convertidos). Quanto mais a sua igreja for esclarecida a respeito do evangelho, tanto menos

---

1 Para obter ajuda a respeito de como pregar o evangelho com base em qualquer passagem bíblica, ver *Preaching the Whole Bible* (Grand Rapids: Eerdmans, 2000), escrito por Graeme Goldsworthy. Quanto a uma abordagem mais rigorosa da pregação do evangelho com base no Velho Testamento, ver Sidney Greidanus, *Pregando Cristo a partir do Antigo Testamento* (São Paulo: Cultura Cristã, 2006). Ver também o excelente livro de Bryan Chappel, *Pregação Cristocêntrica* (São Paulo: Cultura Cristã, 2002).

ela experimentará a frouxidão nominal ou o divisionismo carnal — e tanto mais você forjará unidade crescente e saudável em torno das boas-novas, aquela unidade que distingue a igreja do mundo.

Mas quando o evangelho é esclarecido, o coração das pessoas é transformado. Sim, o encorajamento acontece — assim como a convicção. Se já faz algum tempo desde que uma igreja local ouviu uma pregação que convence, então espere ser surpreendido por alguém na congregação que não goste desse sentimento (ou talvez não o entenda) e não tenha medo de deixá-lo saber disso!

Se e quando isso acontecer, lembre-se de 2Timóteo 2.24-26: "Ora, é necessário que o servo do Senhor não viva a contender, e sim deve ser brando para com todos, apto para instruir, paciente, disciplinando com mansidão os que se opõem, na expectativa de que Deus lhes conceda não só o arrependimento para conhecerem plenamente a verdade, mas também o retorno à sensatez, livrando-se eles dos laços do diabo, tendo sido feitos cativos por ele para cumprirem a sua vontade."

Essas conversas difíceis não devem ser ressentidas ou evitadas. Nem devemos ficar na defensiva por nós mesmos nesses momentos. Devemos pastorear as ovelhas (e os bodes!) com uma bondade paciente que ajude nossos ouvintes a abandonar sua própria defensiva para que possam se arrepender novamente na verdade do evangelho que estamos trabalhando para restabelecer.

CULTIVE A VERDADE

As pessoas têm de confiar em você, se haverão de segui-lo. Isso significa que você deve facilitar-lhes o conhecê-lo. E deve fazer isso sem manipulá-las. As ovelhas de Deus conheçam a voz dele e são capazes de reconhecer em você a presença ou a ausência dessa voz. Três das principais maneiras pelas quais você pode cultivar a verdade em sua liderança sobre a igreja são a pregação expositiva, relacionamentos pessoais e humildade.

1) *Pregação expositiva*. À medida que as pessoas percebem que você é fiel em apresentar com clareza o ensino principal da Escritura como o foco do sermão (ou seja, quando elas o veem pregando de maneira expositiva), isso as ajudará a crer que você se submete ao texto e à intenção da Bíblia. Sua visão para a igreja será mais bíblica, se você pregar as Escrituras de maneira expositiva. Como resultado, as pessoas talvez observem que você está estabelecendo um curso de vida bíblico para elas e que está sendo cuidadoso em seguir as Escrituras, enquanto lidera a igreja. Quanto mais clareza você demonstrar ao expor a Palavra de Deus, tanto mais disposição o povo de Deus expressará para ouvir a voz do Bom Pastor em sua voz e seguir a você como segue a ele.

2) *Relacionamentos pessoais.* Somos menos dispostos a confiar nas pessoas, se não temos a oportunidade de conhecê-las, especialmente quando escolhemos líderes. Queremos conhecê-los — sua personalidade, motivos, lutas, objetivos e assim por diante. Seja transparente. Um dos maiores erros que pastores cometem é imaginar que uma falsa exigência de "distanciamento profissional" nos impede de ter amigos na igreja. Você também é uma ovelha — precisa de relacionamentos, assim como todas as outras pessoas. Esta é a natureza da igreja: ela é uma rede de relacionamentos familiares mutuamente santificadores. Relacione-se: converse depois do culto, leve as pessoas para almoçar com você durante a semana; exercite a hospitalidade, convidando pessoas à sua casa, para uma refeição juntos; mostre interesse pelas pessoas e esteja aberto a responder as perguntas delas a respeito de você; ofereça-se para ler um livro com um novo crente. Peça a alguém que o acompanhe nas conversas, quando cumpre certos deveres. Ofereça às pessoas um contexto de relacionamentos no qual elas podem desenvolver amor e confiar em você como um companheiro de jornada cristã.

3) *Humildade.* Ao relacionar-se com as pessoas, faça isso com humildade. Duas das maneiras mais piedosas e desconcertantes de revelar humildade é a retidão e o prestar contas aos outros. Seja disposto a prestar contas de seus atos. Peça a alguns homens que se tornem responsáveis por você na área de pureza sexual, ambição ou demais assuntos contra os quais você luta de modo particular. Faça isso não somente porque deseja que as pessoas confiem em você, mas também porque sabe que é pecador e necessita da ajuda de outros cristãos para viver em santidade. E, quando você reconhecer que está errado, admita isso com espontaneidade. De fato, os líderes têm mais oportunidade de cometer erros! Acostume-se a admitir que você está errado. Isto é normal — até para pastores. Quanto mais rápido você se acostumar a isso, tanto mais facilmente a igreja verá a sua integridade e confiará nela. Para incentivá-lo, lembre-se de que, no decorrer do tempo, a igreja a que você serve refletirá as fraquezas das quais você é um exemplo. Um pastor incorrigível gera pessoas incorrigíveis. Você

gostaria realmente de dirigir uma assembleia de uma igreja que tem um partido de pessoas incorrigíveis? A humildade genuína produz confiança autêntica e cristãos que se desenvolvem.

PENSANDO JUNTOS

1. Por que é sábio assegurar-se, logo no início do ministério na igreja, que todo crente conhece o evangelho?
2. Quais são as três maneiras básicas pelas quais você pode nutrir confiança em seu pastorado entre os membros da igreja?
3. Você pode imaginar outras maneiras santas de cultivar confiança?

ENXUGUE O ROL DE MEMBROS

Muitos dos *Rotary Clubs* locais removem o nome de uma pessoa do rol de membros, se ela deixa de participar das reuniões por determinado período. No entanto, muitas igrejas permitem que uma pessoa permaneça em seu rol de membros durante vários anos, mesmo depois que ela deixou de frequentar a igreja! Ser membro de uma igreja deveria significar muito mais do que significa a filiação ao *Rotary Club*. Uma das melhores maneiras de reforçar isso é ensinar por que o ser membro da igreja local é realmente importante.[2] Ninguém é salvo por tornar-se membro de uma igreja local ou por frequentá-la. Contudo, o ser membro de uma igreja local é uma afirmação pública e externa de que a pessoa continua a dar evidência da verdadeira conversão a Cristo.

Segundo o ensino das Escrituras, se um membro demonstra negligência prolongada em reunir-se com o povo de Deus, como ele pode amar esse povo? Se ele não ama o povo de Deus, como pode dizer que ama a Deus (1Jo 4.20-21)? *No*

---

2 Outros argumentos bíblicos em favor da filiação a uma igreja local podem ser achados em meus livros *Nove Marcas de uma Igreja Saudável*, 3ª ed. (São José dos Campos: Fiel, 2024) e *Refletindo a Glória de Deus* (São José dos Campos: Fiel, 2008). Os procedimentos para a remoção de membros serão abordados no Capítulo 5.

aspecto pastoral, se um membro que poderia frequentar a igreja negligencia continuamente o reunir-se com o povo de Deus, os líderes da igreja não têm mais condições de testemunhar os frutos da vida desse membro; por isso, não podem mais afirmar sua conversão por meio da permanência ininterrupta como membro da igreja. *No aspecto evangelístico,* um membro que não acha significativo o ser parte de uma igreja prejudica o testemunho evangelístico da igreja em sua comunidade. Os membros das igrejas geralmente se ausentam por algum tempo, sem deixar a igreja, para encobrir um pecado sério. Mas estão cometendo esse pecado como pessoas que a comunidade talvez conheça como membros da igreja! Em outras palavras, estão pecando de maneira que tornam a igreja local hipócrita aos olhos dos incrédulos de sua comunidade.

E o que é mais sério: quando mantemos no rol de membros os nomes de pessoas que não a frequentam durante muito tempo, realmente estamos enganando-as, ao fazê-las pensar que são salvas, quando seu comportamento está, de fato, levantando dúvidas sobre a sua salvação. Se o tornar-se membro da igreja é a afirmação pública da conversão de uma pessoa, deixar no rol de membros aquele que não frequenta a igreja pode ser terrivelmente enganador. Além disso, se você é o pastor da igreja local, Deus o considerará responsável pelo bem-estar espiritual de cada membro de sua igreja (Hb 13.17). Você quer realmente ser responsável por um membro que há anos você não vê na igreja — ou pior, um membro que você nunca conheceu? Todos perdem quando permitimos que o rol de membros não sofra qualquer avaliação. Isso não é bom para você, nem para os membros não frequentadores, nem para a reputação da igreja, nem para a reputação de Deus. Por todas essas razões, é sábio remover do rol de membros aqueles que têm demonstrado negligência prolongada em se reunir com o povo de Deus.

O teste que revela se a igreja precisa ou não fazer isso é taxa entre os membros arrolados e os que a frequentam semanalmente. Se a igreja a que você serve tem um número de membros arrolados substancialmente mais elevado do que o de membros frequentadores, então, muitos deles estão negligenciando os cultos dominicais. Adiante, discutiremos os detalhes práticos de remover membros que não frequentam a igreja. Agora, basta dizer que, se você tem esse problema em sua igreja, ensine com clareza e paciência o valor bíblico do ser membro da igreja. (Quanto à necessidade de fazer distinção entre o povo de Deus e o mundo, ver 1 Coríntios 5.)

Tente estabelecer contato com os membros negligentes, para instruí-los e deixá-los cientes de sua intenção. Remova-os do rol de membros, se não se arrependerem e não retornarem à congregação do povo de Deus. Enxugar o rol de membros é uma maneira de esclarecer às pessoas o que significa ser um crente e de esclarecer-lhes as implicações do evangelho.

REALIZE ENTREVISTAS COM OS MEMBROS NA ORDEM REVERSA

Outra maneira de esclarecer o evangelho é realizar entrevistas com os membros na ordem reversa.[3] Quando cheguei à Capitol Hill Baptist Church, me comprometi a realizar entrevistas de filiação com todos os membros potenciais da igreja. Fiz isso principalmente para cumprir minha responsabilidade pastoral de assegurar que cada pessoa admitida como membro entendia o evangelho, havia se arrependido de seus pecados, crido em Jesus e, como resultado, vivia de modo diferente do mundo. Também comecei a realizar entrevistas com os membros na ordem reversa. Ou seja, não entrevistei somente os membros potenciais — entrevistei também aqueles que já eram membros da igreja. Eram entrevistas na *ordem reversa* porque eu seguia a ordem contrária em uma lista de pessoas que haviam se tornado membros da igreja. Comecei por aqueles que haviam se filiado à igreja mais recentemente; até hoje estou seguindo a minha lista de membros em ordem cronológica inversa. Fiz isso com o propósito de evitar a suposição de que os membros haviam entendido e respondido ao evangelho de maneira salvífica. Também fiz isso para que não fosse responsável por levá-los a pensar que eram salvos com base tão-somente no fato de que eram membros da igreja. Por último, mas não menos importante, fiz isso com o objetivo de conhecê-los melhor e permitir-lhes que me conhecessem melhor.

---

3 Não descrevi publicamente esses encontros como "entrevistas com os membros na ordem reversa". Apenas visitei aqueles que já eram membros e ouvi sua percepção a respeito dos pastores que ministraram antes de mim, das dificuldades da igreja e do que estava indo bem na igreja. Ao fazer isso, eu ouvia e, às vezes, pedia-lhes uma explicação rápida do evangelho.

Nessas entrevistas, eu peço, entre outras questões, que o membro da igreja dê um testemunho breve; e, durante a conversa, tento achar uma evidência de que ele é conhecido ou não como um crente por seus amigos e companheiros. Também peço a todos os membros e os membros potenciais que façam uma afirmação do evangelho em um minuto ou menos, para achar nessa afirmação um entendimento claro da justificação pela fé somente e as exigências de arrependimento e fé. Eles não têm de usar essas palavras exatas — desejo apenas perceber um entendimento e uma aplicação dos conceitos.

A pregação é a melhor e a mais importante maneira de esclarecer o evangelho, semana após semana. Mas não é a única maneira; também não é a única maneira importante. A maneira como recebemos os membros (e como os vemos sair) pode ser uma lembrança poderosa do que é o evangelho e de suas implicações para o nosso modo de viver. Se você é o novo pastor de uma igreja antiga, comece a realizar entrevistas com os membros na ordem reversa, comece com os membros que foram admitidos poucos antes de você chegar. Isso lhe mostrará, como novo pastor, se as pessoas que se assentam nos bancos entendem ou não o evangelho, bem como lhe dará oportunidade de esclarecer o evangelho para aqueles que são incapazes de afirmá-lo de maneira correta. Isso também lhe indicará aqueles que, em sua igreja, precisam de uma atenção mais focalizada e básica em discipulado; e provavelmente o tornará alerta para com os membros que não são verdadeiramente convertidos. Ainda que você esteja pastoreando há muitos anos a mesma igreja, se nunca realizou esse tipo de entrevista e se pergunta por que as pessoas não entendem o evangelho de Cristo, valeria a pena utilizar esse remédio. Essas conversas em linguagem sincera podem ser um bom caminho em direção a assegurar-se da salvação de seus ouvintes (1Tm 4.16).

PENSANDO JUNTOS

1. Como enxugar o rol de membros pode tornar claro o evangelho?
2. Por que é uma boa ideia realizar entrevistas de filiação em ordem reversa com os membros da igreja?

3 EVANGELIZAÇÃO COM RESPONSABILIDADE

Os prédios são construídos sobre alicerces. Um dos trabalhos de alicerce mais críticos na edificação de uma igreja saudável acontece na evangelização. Tanto naquilo que dizemos como na maneira como o dizemos, estamos afirmando algo a respeito de como entendemos o evangelho e suas implicações para a nossa vida. Olhando de baixo para cima, a maneira como entendemos o evangelho indicará a maneira como evangelizamos. A maneira como evangelizamos mostrará a maneira como nossos ouvintes entendem o evangelho. A maneira como eles entendem o evangelho designará a maneira como o vivem. A maneira como eles vivem o evangelho terá influência direta sobre o testemunho corporativo da igreja local em sua comunidade. Por sua vez, o testemunho corporativo da igreja local tornará a nossa evangelização mais fácil ou mais difícil, dependendo do caráter desse testemunho — se ele é um auxílio ou um obstáculo. E a dificuldade, ou a falta de dificuldade, influirá nos nossos esforços de implantar igrejas; e isso nos leva de volta ao trabalho de lançar os alicerces.

INCLUA O ESSENCIAL

O aspecto mais importante da evangelização é o próprio evangelho — as boas-novas. Se não estamos apresentando o evangelho correto, de conformidade com a Palavra de Deus, então, independentemente do que estamos fazendo, isso não pode ser chamado de *evangelização*. O que é essencial na evangelização? Podemos condensar a resposta em quatro palavras: Deus, homem, Cristo e resposta. Deus é nosso Criador santo e Juiz justo. Ele nos criou para que o glorifiquemos e o desfrutemos para sempre (Gn 2.16-17; 18.25; Mt 25.31-33). Mas a *humanidade* se rebelou contra Deus, ao pecar contra o caráter santo e a lei de Deus (Gn 3.1-7). Todos nós participamos desta rebelião pecaminosa, tanto em Adão, nosso cabeça e representante, como em nossas próprias ações (1Rs 8.46; Rm 3.23; 5.12, 19; Ef 2.1-3). O resultado disso é que nos temos alienado de Deus e exposto a nós mesmo à sua ira justa, que nos banirá ao inferno, eternamente, se não formos perdoados (Ef 2.12; Jo 3.36; Rm 1.18; Mt 13.50). Mas Deus enviou *Jesus Cristo*, plenamente Deus e plenamente homem, para sofrer a morte que merecíamos por nossos pecados — o justo pelos injustos —, para que Deus punisse nosso pecado em Cristo e o perdoasse em nós (Jo 1.14; Rm 3.21-26; 5.6-8; Ef 2.4-6). A única resposta *salvadora* a estas boas-novas é o arrependimento e a fé (Mt 3.2; 4.17; Mc 1.15; Lc 3.7-9; Jo 20.31). Temos de nos arrepender de nossos pecados (converter-nos deles para Deus) e crer em Jesus Cristo, para o perdão de nossos pecados e a reconciliação com Deus.

Deus, homem, Cristo, resposta — lembre-se: não há evangelização sem o evangelho.

FAÇA CONVITES

Sempre que apresentamos o evangelho, quer num culto público aos domingos, quer numa conversa pessoal durante a semana, precisamos convidar as pessoas a que se arrependam e creiam no evangelho, para que a nossa apresentação das boas-novas seja completa. Quão boas são as boas-novas, se nunca digo às pessoas como elas

3 EVANGELIZAÇÃO COM RESPONSABILIDADE

podem responder ao evangelho e o que precisam fazer em relação a ele? Precisamos convidar as pessoas a se arrependerem e crerem.

Mas, quando as convidamos, temos de assegurar-nos de que não confundam qualquer resposta com a única resposta salvadora. Os riscos são elevados neste ponto, porque, se houver ambiguidade, estamos, de fato, cooperando para que as pessoas sejam iludidas quanto ao seu próprio estado espiritual, ao encorajá-las que estão seguramente salvas, quando talvez elas não se tenham arrependido nem cream de maneira alguma. As duas respostas que, em nossos dias, são frequentemente confundidas com o arrependimento e a fé são o fazer uma oração com alguém e o vir à frente no culto de adoração.

Muitas vezes os cristãos compartilham o evangelho com alguém e o estimulam a fazer uma oração previamente escrita. (As pessoas podem realmente se arrepender e crer dessa maneira.) Em seguida, o evangelista bem-intencionado encoraja o "novo crente", dizendo: "Se você fez essa oração com sinceridade, como que expressando seus próprios sentimentos, parabéns! Agora, você é um filho de Deus". No entanto, fazer uma oração nem a sinceridade nunca são apresentados nas Escrituras como um alicerce para a segurança de salvação. Jesus nos ensina a não tomarmos a oração e a sinceridade como segurança de salvação, e sim as ações — o fruto de nossa vida (Mt 7.15-27; Jo 15.8; 2Pe 1.5-12). O Novo Testamento nos ensina a considerarmos a santidade de conduta, o amor pelos outros e a pureza de doutrina como os indicadores de nossa segurança de salvação (1Ts 3.12-13; 1Jo 4.8; Gl 1.6-9; 5.22-25; 1Tm 6.3-5). Isso significa que não devemos encorajar as pessoas a se sentirem seguras de sua salvação fundamentadas apenas em uma oração que fizeram no passado, quando não têm quaisquer frutos de arrependimento observáveis em sua vida.

Isso também se aplica àquele que vem à frente depois de uma pregação na igreja. Muitas vezes, pessoas vêm à frente depois de um sermão, indicando assim uma "decisão por Cristo"; e tais pessoas são logo recebidas como membros da igreja! Não se pode discernir nessas pessoas nenhum fruto de salvação, embora se admita (erroneamente) que ela se arrependeu e creu verdadeiramente, porque expressou abundância de emoções, veio à frente e fez uma oração sincera.

O resultado desse tipo de "não exigir evidências" da segurança de salvação é que as pessoas são ensinadas a considerar a oração de vinte anos atrás como o motivo para pensarem que são salvas, ignorando a contradição entre seu estilo de vida e sua confissão de fé. Podemos estar enchendo nossas igrejas com falsos convertidos, cujos pecados trazem dúvidas sobre o testemunho da igreja local. Esse não é o caminho para construirmos uma igreja saudável — e pode até obstruir a nossa obra evangelística — tanto dentro como fora da igreja local.

Precisamos compreender que as pessoas podem fazer orações sinceras e vir à frente, depois do sermão, sem arrependerem-se e crerem em Jesus. Isso tem sido feito durante dois mil anos. O escritor da Epístola aos Hebreus nos adverte que muitas pessoas tinham desfrutado de experiências espirituais genuínas e que tais não eram "pertencentes à salvação" (Hb 6.4-9; cf. 2Pe 1.6-10). Ele também nos instrui que a fé, a esperança e o amor são critérios mais confiáveis (Hb 6.9-12). O fruto de obediência é a única evidência externa que a Bíblia nos recomenda usar para discernirmos se uma pessoa é ou não convertida (Mt 7.15-27; Jo 15.8; Tg 2.14-26; 1Jo 2.3).

Seremos mais sábios se acabarmos com práticas evangelísticas ambíguas do que se continuarmos a confundir as pessoas quanto à natureza da resposta salvadora. É certo que permitir a ambiguidade pode aumentar o nosso rol de membros. Mas isso engana as pessoas não salvas, levando-as a pensar que são salvas — esse é o mais cruel de todos os embustes. Também enfraquece a pureza de nossas igrejas e de seu testemunho corporativo, permitindo a aceitação de membros que são cristãos professos, mas que, mais tarde, revelam não serem cristãos, porque retornam a estilos de vida que não podem caracterizar um cristão verdadeiramente convertido.

Quer você esteja começando uma nova igreja, quer esteja reorganizando uma igreja antiga, continue a chamar as pessoas ao arrependimento e à fé — tanto em sua conversa como em sua pregação. Os novos convertidos podem fazer uma confissão pública dessa fé. É para isso que existe o *batismo*.

PENSANDO JUNTOS

1. Quais são os quatro elementos que toda apresentação do evangelho deve incluir?
2. Por que devemos nos preocupar com a maneira como estimulamos as pessoas a responderem ao evangelho?

3. Como os convites e a chamada a vir à frente podem introduzir confusão espiritual na mente das pessoas?

EVITE O ENTRETENIMENTO

Muitas igrejas nos Estados Unidos têm usado métodos de evangelização fundamentados em entretenimento — alguns tem chamado isso de "*teo*tretenimento" — para compartilhar o evangelho tanto a adultos como a crianças. No caso dos adultos, o método geralmente envolve uma forma de pesquisa do público-alvo e a criação de um culto evangelístico em que tudo, desde a música até ao sermão, é estruturado com o propósito de fazer com que as pessoas se sintam bem — uma abordagem do tipo "sente-se e aprecie o show". No caso das crianças, o método assume a forma de grupos ou de Escola Dominical que gastam maior parte do tempo pensando em atividades engraçadas que introduzirão disfarçadamente o evangelho.

Não há nenhuma razão para argumentarmos contra a comunicação do evangelho de um modo compreensível, criativo e provocativo. Mas a evangelização que assume a forma de entretenimento tem algumas consequências perigosas. Lembre-se: aquilo com o que você ganha as pessoas é aquilo para o que você as ganha. Se as ganha com entretenimento, elas serão ganhas para o show, e não para a mensagem; e isso aumenta a probabilidade de falsas conversões. No entanto, ainda que elas não sejam ganhas para o show, métodos de evangelização fundamentadas em entretenimento tornam o arrependimento quase impossível. Não somos desafiados a abandonar nosso pecado quando nossos sentimentos são afagados e nossas preferências, estimuladas. O evangelho é inerente e irredutivelmente confrontador. Ele ataca a nossa justiça própria e nossa autossuficiência, exigindo que abandonemos o pecado que amamos e creiamos em Alguém outro para nos justificar. Portanto, o entretenimento é um instrumento problemático de comunicação do evangelho, porque ele quase sempre obscurece os aspectos mais difíceis do evangelho — o preço do arrependimento, a cruz do discipulado, a estreiteza do caminho. Alguns discordarão, argumentando que a dramatização pode dar aos incrédulos uma imagem visual do evangelho. Mas já possuímos essas imagens. São as ordenanças do batismo e da Ceia do Senhor e as vidas transformadas de irmãos e irmãs em Cristo.

Isso não significa que temos de abafar toda a criatividade nos empreendimentos evangelísticos. Desejamos encorajar a criatividade em descobrir maneiras de compartilhar o evangelho. Isso significa que devemos ter cautela contra a dependência do entretenimento para a "eficiência" da evangelização, especialmente quando a evangelização acontece em nossas reuniões semanais para adoração.

As igrejas são mais saudáveis quando o evangelho é apresentado com mais clareza; e o evangelho é apresentado com mais clareza quando nossos métodos de evangelização são mais nítidos.

EVITE A MANIPULAÇÃO

Muitos pastores bem-intencionados nunca pretendem manipular qualquer pessoa, para que ela se arrependa e creia. Mas alguns dos métodos que usamos em compartilhar o evangelho podem ser sutilmente manipuladores, quer os percebamos assim, quer não. Às vezes, os pastores usam a música de maneira que despertam as emoções, especialmente música suave durante um convite ou uma oração que atrai as afeições dos ouvintes e estimula erroneamente uma decisão por Cristo baseada em sentimentos. Por outro lado, há pastores que usam músicas tão estimulantes, que acabam levando os ouvintes a um frenesi de expressividade que não é necessariamente espiritual. Outros pastores fazem pressão social cantando diversas vezes a mesma estrofe de um hino, visando que pessoas façam uma oração ou venham à frente, até que alguém finalmente se renda. Alguns outros até usam táticas de linguagem agressiva a fim de pressionar as pessoas a fazerem a oração de salvação.

Não devemos querer que nossas apresentações ou convites do evangelho sejam moldados por aquilo que pensamos que "consumará a venda". Se nossa apresentação do evangelho for moldada desta forma, isso revelará que entendemos a conversão como algo que podemos orquestrar; e tal entendimento não corresponde à verdade. Em vez de usarmos toda a nossa capacidade para convencer e mudar o pecador, mantendo Deus em segundo plano, como um homem cordial que esperando tranquilamente que o cadáver espiritual, seu inimigo espiritual declarado, o convide a entrar em seu coração, devemos pregar o evangelho como pessoas amáveis que tentam persuadir, mas sabem que não podem converter. Fiquemos em segundo plano enquanto

Deus usa todo o seu poder para convencer, converter e mudar o pecador. Então, veremos com clareza quem possui o poder de vivificar os mortos.

CENTRALIZE-SE EM DEUS

Algumas estratégias de evangelização procuram tornar o evangelho mais atraente aos incrédulos por apresentar todos os benefícios e deixar o custo para depois. Eles prometem que você experimentará mais satisfação, menos estresse, um melhor senso de comunidade e um senso crescente de significado na vida — e estará preparado para a eternidade! — se apenas fizer a decisão por Cristo agora mesmo. Tudo isso pode estar bem perto do ouvinte incrédulo. Mas, o que essa "evangelização benéfica" faz com o evangelho bíblico? Faz que o evangelho bíblico pareça concentrar-se em mim, em melhorar a minha vida e tornar-me mais feliz. É verdade que somos os beneficiários e Deus, o benfeitor. Não somos aqueles que "fazem um favor a Deus", por tornarmo-nos cristãos. Contudo, o evangelho não se concentra em mim. O evangelho é Deus revelando a sua santidade e misericórdia soberana. O evangelho é a glória de Deus e sua obra de reunir adoradores para si mesmo, pessoas que o adorarão em espírito e em verdade. O evangelho se focaliza na satisfação da santidade de Deus, por fazer Cristo morrer em favor dos pecados de todos os que se arrependem e creem. A essência do evangelho é Deus criando um nome para si, por reunir um povo e separá-lo para si mesmo, a fim de espalhar sua fama entre as nações.

A "evangelização benéfica" enche nossas igrejas com pessoas que são ensinadas a esperar que tudo ocorrerá como elas querem, tão-somente porque se tornaram cristãs. Mas Jesus prometeu perseguição para aqueles que o seguem; ele não prometeu privilégios mundanos (Jo 15.18–16.4; cf. 2Tm 3.12). Queremos edificar igrejas e cristãos que perseveram em meio à aflição, que estão dispostos a sofrer, serem perseguidos e morrerem por causa do evangelho de Cristo, porque valorizam a glória de Deus mais do que os benefícios temporais da conversão. Não queremos que as pessoas se tornem cristãs porque isso lhes reduzirá o estresse. Desejamos que se tornem cristãs porque sabem que precisam se arrepender de seus pecados, crer em Jesus Cristo, tomar com alegria a sua cruz e segui-lo para a glória de Deus.

Há realmente benefícios maravilhosos na vida cristã. No entanto, ser teocêntrico na evangelização, focalizando menos os benefícios temporais e mais o caráter e o plano de Deus, contribui para que mais cristãos estejam dispostos a sofrer e mais igrejas sejam motivadas pela glória de Deus.

TREINE OS MEMBROS

Idealmente, o pastor não será o único a fazer evangelismo — pelo menos, não por muito tempo. Porém, já que os nossos próprios membros devem se tornar evangelistas fiéis e frutíferos, é dever de seu pastor equipá-los para esse trabalho (Ef 4.11-12).[1] Como pastor, uma das primeiras maneiras de equipar os membros para tornarem-se evangelistas fiéis é modelar as práticas em seus próprios sermões. Uma das maneiras de fazer isso é simplesmente abordar os incrédulos no meio do sermão. Por exemplo, diremos algo como: "Se você é um descrente participando conosco, estamos felizes por você estar aqui. Eu me pergunto como você está ouvindo tudo isso… "; "Você já pensou em como o argumento deste texto se aplica a você?"; ou "Queremos ser claros com você sobre o que a Bíblia ensina sobre esse ponto". Em seguida, simplesmente os envolveremos por um ou dois minutos com uma implicação ou aplicação do texto que aborda uma fraqueza em sua cosmovisão, os desafia a levar Deus e o evangelho a sério ou os apresenta à urgência do arrependimento, a esperança do evangelho, ou a compaixão de Cristo em meio a um mundo sem coração.

Outra maneira frutífera de treinar membros para o evangelismo pode ser iniciar um estudo bíblico indutivo contínuo no qual você modela habilidades básicas na observação, interpretação e aplicação do texto. Ao estudar a Bíblia indutivamente, você está dando ao seu povo a prática de fazer as perguntas certas de qualquer passagem. No processo, as pessoas não apenas se tornarão mais familiarizadas com as Escrituras, mas também aprenderão a lidar melhor com a Palavra por si mesmas, tanto em seu estudo particular quanto em suas conversas evangelísticas. Com o tempo, os membros se tornarão mais familiarizados com as Escrituras, mais hábeis em coletar verdades e corrigir erros, e mais confiantes na leitura da Bíblia com não cristãos que têm perguntas honestas sobre ela.

---

1 Veja Colin Marshall e Tony Payne, *A Treliça e a Videira: a Mentalidade de Discipulado que Muda Tudo* (São José dos Campos: Fiel, 2015).

3 EVANGELIZAÇÃO COM RESPONSABILIDADE

Também podemos treinar membros para fazer evangelismo, distribuindo literaturas fiéis ao evangelho, como *Two Ways to Live*, da Matthias Media, ou *O que é o Evangelho?*, de Greg Gilbert. Uma ideia seria iniciar uma classe de escola dominical para adultos na qual você usa o tempo toda semana para ensinar o folheto e depois modelar uma conversa evangelística com base no livreto que está usando. Isso cumpre o dever duplo de esclarecer o evangelho para os membros e dar-lhes a linguagem do evangelho para usar com os incrédulos.

Oferecer hospitalidade a visitantes incrédulos é uma das maneiras mais subestimadas de incentivá-los a abandonar suas defesas e se tornarem mais abertos à conversa sobre o evangelho. Mas aqui, novamente, preferivelmente o pastor não será o único a oferecer toda a hospitalidade. Na verdade, a hospitalidade oferecida pelos membros pode muitas vezes ser mais eficaz (e menos ameaçadora!) do que se o pastor for quem faz o convite. Se um pastor ou equipe de presbíteros pode pregar e modelar a hospitalidade em relação aos incrédulos, então a congregação pode perceber isso e começar a criar uma cultura na igreja onde é normal que os membros iniciem conversas de boas-vindas com os não cristãos que visitam a igreja; promover amizades centradas no evangelho com eles; abrir suas casas para os incrédulos visitarem para o almoço após o culto; convidá-los para almoçar; ou marcar horários durante a semana para tomar um café e conversar sobre o que viram e ouviram na igreja. Pense em quão evangelisticamente frutífero poderia ser se toda a sua congregação tivesse a mentalidade de oferecer hospitalidade aos incrédulos para os propósitos do evangelho em suas vidas!

PENSANDO JUNTOS

1. Na evangelização de sua igreja, há elementos que são mais entretenedores do que informadores?
2. Na estratégia de evangelização de sua igreja há procedimentos que se parecem com estratégias de marketing?
3. O método de evangelização de sua igreja pode ser entendido como emocionalmente manipulador?
4. Se a resposta a alguma das perguntas anteriores é afirmativa, qual seria uma maneira saudável de realizar mudança?

4 RECEBA NOVOS MEMBROS

A segurança se tornou um assunto de preocupação nos dias atuais. Inventamos e compramos diferentes aparelhos para proteger nossa casa. Criamos senhas eletrônicas para que as informações importantes de nosso computador e contas bancárias não sejam comprometidas. Temos bastante cuidado com nossas chaves para não perdermos o acesso ao nosso carro, casa, escritório e para que pessoas perigosas não obtenham acesso a eles, por causa de nosso descuido. Os aeroportos têm muitos detectores de metais, e agentes de segurança protegem as portas pelas quais as pessoas embarcam. Mesmo nos clubes e nas associações das quais participamos, o acesso é frequentemente restrito, para que a reputação da entidade não seja comprometida por membros desqualificados.

Apesar de toda a preocupação que demonstramos com segurança em outros aspectos de nossa vida, nos surpreende o fato de que muitos cristãos e pastores se tornaram descuidados quanto à segurança espiritual da igreja — a menina dos olhos de Deus. Não estou falando sobre o simples fato de deixarmos abertas as portas da igreja, quando todos foram para casa depois do culto matutino. Estou dizendo que muitas igrejas deixam destrancada a porta dianteira da membresia. Ora, a porta é deixada entreaberta quando há amor sincero por aqueles que gostariam de entrar e abrigar-se do frio. Mas a senha do evangelho nem sempre é exigida, a chave da sã doutrina raramente é considerada necessária, e os sinais comprovadores da santidade e do amor não são examinados — e a pureza da igreja está aberta ao comprometimento.

Estamos procurando determinar como edificar uma igreja saudável. A saúde de qualquer igreja local depende, em grande parte, de uma questão anterior — os membros são nascidos de novo? Membros espiritualmente mortos disseminam enfermidades que estão decompondo suas almas — e todas essas enfermidades são formas gangrenosas de pecados impenitentes. Portanto, neste aspecto, o que nos interessa é preservarmos a autenticidade da regeneração dos membros da igreja local e, assim, resguardarmos o testemunho corporativo da igreja local em sua comunidade. Em outras palavras, estamos perguntando: como garantimos, tão externamente quanto possível, que cada pessoa aceita à membresia é verdadeiramente convertida?

ONDE ACHAMOS NA BÍBLIA O ENSINO SOBRE A MEMBRESIA DA IGREJA LOCAL?

Ser membro de uma igreja é um assunto abordado na Bíblia? Essa talvez seja uma das perguntas mais frequentes a respeito de membresia da igreja. Dizer que o ser membro de uma igreja local é um conceito bíblico talvez seja uma ampliação do ensino das Escrituras — até que comecemos a procurá-lo na Bíblia. Não é um assunto tão claro como a expiação ou a justificação pela fé. Mas a evidência está lá, consistente.[1]

O caso de disciplina em 1 Coríntios 5 presume um conhecimento público de quem pertencia à igreja e de quem não pertencia. "Pois com que direito haveria eu de julgar os de fora? Não julgais vós os de dentro? Os de fora, porém, Deus os julgará. Expulsai, pois, de entre vós o malfeitor" (1Co 5.12, 13). A expulsão só faz sentido no caso de alguém pertencer visivelmente à igreja. Quando Paulo disse à igreja de Corinto que readmitisse o ofensor à sua comunhão, ele declarou: "Basta-lhe a punição pela maioria" (2Co 2.6). A "maioria" faz sentido apenas no contexto de um todo reconhecido.

Sabemos que listas com nomes de viúvas eram mantidas nas igrejas do Novo Testamento (1Tm 5.9), e o próprio Senhor tem uma lista de todos aqueles que herdarão

---

[1] Para um tratamento mais amplo, veja Mark Dever, *Refletindo a Glória de Deus: Elementos Básicos da Estrutura da Igreja* (São José dos Campos: Fiel, 2008).

a vida eterna (Fp 4.3; Ap 21.27). Uma das primeiras ações de Deus depois de redimir seu povo é contá-los. Todo o propósito do censo militar em Números 1 era fazer uma lista de guerreiros israelitas nos quais se podia confiar na batalha — eles eram *contados* para que se pudesse *contar com* eles. Foi uma forma de esclarecer: "Quem vai ficar lado a lado conosco?"

Deus sempre desejou que uma distinção clara fosse estabelecida entre o seu povo santo e o mundo. Parte do propósito das pragas em Êxodo era "para que saibais que o Senhor fez distinção entre os egípicios e os israelitas" (Êx 11.7; cf. 8.23; 9.4). Uma das razões para o sistema complexo de sacrifícios e regulamentos morais, no Antigo Testamento, era fazer distinção entre o povo de Deus e a cultura ao seu redor.

O ser membro de uma igreja é, portanto, um meio pelo qual demarcamos os limites da igreja. Isso está implícito, de maneira lógica, na sanção negativa da disciplina corretiva por parte da igreja. A disciplina corretiva por parte da igreja pressupõe a importância de que a própria pessoa saiba que é membro da igreja. Não se espera que a pessoa se submeta à disciplina por parte da igreja, se ela não está ciente de que é membro da igreja. A disciplina corretiva também pressupõe que outros membros precisam saber se aquela pessoa é ou não um membro da igreja. Se ela foi disciplinada, as outras pessoas precisam saber disso, para que não se associem com ela (1Co 5.9-12; 2Ts 3.14-15). Além disso, a disciplina corretiva presume como é importante que os de fora da igreja saibam quem são os membros da igreja, porque um dos principais motivos para a disciplina corretiva é o testemunho corporativo da igreja para a comunidade incrédula.

As evidências não são abundantes. Mas são claras e consistentes. E, no mínimo, podemos dizer que o ser membro de uma igreja local é uma implicação boa e necessária do desejo de Deus em manter uma distinção clara entre o seu próprio povo escolhido e o sistema mundano de rebelião que rodeia o seu povo. O exemplo foi estabelecido na igreja de Corinto e ainda é necessário para o exercício purificador de disciplina corretiva.

A CLASSE DE NOVOS MEMBROS

Uma das maneiras de assegurar que as pessoas recebidas como membros da igreja são verdadeiramente convertidas é manter uma classe obrigatória de novos membros. Na Capitol Hill Baptist Church, pedimos aos novos membros que participem de seis aulas de uma hora a cada semana em nossa escola dominical considerando estes assuntos: "A Nossa Confissão de Fé" (em que cremos?), "O Pacto de Compromisso de Nossa Igreja" (como vivemos?), "Por que Unir-se a uma Igreja?" (por que é importante ser membro da igreja e o que isso envolve?), "A História de Nossa Igreja" (como estamos ligados ao cristianismo que existiu antes de nós?), "Como pensamos sobre missões e evangelismo?" (quais são nossos órgãos denominacionais e distintivos?); e "Vida em comunhão" (Como vivemos em unidade em nossa igreja local?).[2]

Ora, é evidente que nem todas essas aulas são necessárias para que você tenha certeza de que um membro potencial é verdadeiramente convertido. O objetivo das aulas é deixá-los cientes das expectativas da igreja quanto a eles. Mas cada aula responde uma pergunta importante; a saúde e a unidade da igreja dependerão de todos os membros oferecerem as mesmas respostas e razões bíblicas às perguntas. Essa classe de novos membros estabelece nossas crenças, compromissos, identidade e maneiras de trabalhar para propagarmos o evangelho a todas as nações. Assim, ela tanto protege a pureza da igreja local como contribui para o estabelecimento de unidade entre os membros.

Se você tem diversos líderes que não fazem parte da administração da igreja, seria melhor para você, como pastor, ensinar a aula de declaração de fé (visto que você é o principal professor de doutrina na igreja) e entregar a outros líderes o ensino das outras aulas. Isso ajudará os novos membros a familiarizarem-se com os presbíteros ou líderes e oferecerá a estes mais prática no ensino, além de firmar sua autoridade na igreja.[3]

---

[2] Os manuscritos para cada aula estão disponíveis gratuitamente para download e uso irrestrito em: https://www.capitolhillbaptist.org/resources/core-seminars/series/membership-matters/.

[3] Argumenta-se frequentemente que a desvantagem de postergar a membresia ou batismo de uma pessoa apenas para encaixá-la em uma classe de novos membros é que você está negando-lhe comunhão ou mesmo os meios de graça por causa do que parece uma trivialidade administrativa. Porém, a sabedoria de Paulo a Timóteo a respeito das nomeações de presbíteros é igualmente verdadeira para nomeações de membros e de candidatos batismais: "A ninguém imponhas precipitadamente as mãos. Não te tornes cúmplice de pecados de outrem. Conserva-te a ti mesmo puro" (1Tm 5.22). É melhor permitir que o comportamento de potenciais membros ou confirme, ou negue sua profissão verbal *antes* que se tornem parte do testemunho corporativo da igreja, e não depois. Muitas igrejas evangélicas têm falhado em entender que a paciência no recebimento de novos membros é uma virtude.

4 RECEBA NOVOS MEMBROS

O PACTO DE COMPROMISSO DA IGREJA

Como já mencionamos, um pacto de compromisso com a igreja responde à pergunta: como nos comprometemos a viver juntos? O pacto é uma maneira de expressarmos esse compromisso. O conteúdo do pacto é a maneira como entendemos o compromisso. Nossa igreja, em Washington, foi estabelecida com esse tipo de pacto, e o pacto original ainda está pendurado em nossa principal sala de reuniões, portando todas as assinaturas originais de 1878.

Exigir que as pessoas assinem o Pacto de Compromisso as deixará cientes da declaração de fé em que se espera que elas não somente creiam, mas também vivenciem. E as fará saber como se espera que elas vivenciem a declaração de fé — a saber, de maneira que contribuam para edificação do corpo e aprimorem o testemunho corporativo da igreja na comunidade. Implementar um pacto de compromisso ajuda a corrigir o conceito errado de que os membros podem viver de forma individualista e isolada, em pecado impenitente, e continuarem desfrutando de bons privilégios como membros da igreja. Implementar tal pacto fornece um padrão bíblico de comportamento para os membros, mostrando-lhes o que significa ser um membro da igreja local e recordando-lhes as obrigações de um membro no que concerne ao estilo de vida e interação uns com os outros.

O pacto de compromisso torna mais significativo o ser membro da igreja local, porque esclarece quais os compromissos espirituais e relacionais implícitos na membresia. Esclarecer os compromissos dos membros promove a saúde da igreja local, pois impede que cristãos nominais causem problemas e nos mantêm responsáveis por crescermos na verdadeira piedade cristã. E, quanto mais crescemos no amor e santidade cristã, tanto mais evidências teremos de que somos realmente discípulos de Cristo (Jo 13.34-35; 15.8).

Você pode encorajar publicamente os membros a usarem o pacto de compromisso como um instrumento de exame pessoal, antes de participarem da Ceia do Senhor. Talvez seja até proveitoso que façam juntos, como igreja, a leitura do pacto de compromisso, antes das assembleias, para recordarem aos membros o como eles se comprometeram a agir nas ocasiões em que têm de lidar com os assuntos da igreja.

PACTO DE COMPROMISSO DOS MEMBROS DA CAPITOL HILL BAPTIST CHURCH

Tendo, como cremos, sido trazidos pela graça divina ao arrependimento e fé no Senhor Jesus Cristo para render nossa vida a ele, e tendo sido batizados sobre nossa profissão de fé, em nome do Pai, do Filho e do Espírito Santo, confiando na ajuda de sua graça, solene e alegremente renovamos agora nosso pacto um com os outros.

Trabalharemos e oraremos pela unidade do Espírito no vínculo da paz.

Caminharemos juntos em amor fraternal, desde o momento em que nos tornamos membros de uma igreja cristã; exercitaremos o cuidado em amor, velaremos uns pelos outros e, fielmente, nos admoestaremos com súplicas uns aos outros conforme exija a ocasião.

Não abandonaremos as reuniões de nossa congregação, nem negligenciaremos a oração por nós e pelos demais.

Esforçar-nos-emos no educar tantos quantos possam estar sob o nosso cuidado, na disciplina e na admoestação do Senhor, e com um exemplo puro e amoroso buscaremos a salvação da nossa família e amigos.

Alegrar-nos-emos com a felicidade dos outros, e nos esforçaremos em levar as cargas e tristezas uns dos outros, com ternura e compaixão.

Buscaremos, com a ajuda divina, viver cuidadosamente no mundo, renunciando a impiedade e as paixões mundanas, e lembrando que, assim como fomos voluntariamente sepultados mediante o batismo e levantados de novo da sepultura simbólica, existe agora em nós uma obrigação especial que nos leva a uma vida nova e santa.

Trabalharemos juntos para a continuidade de um ministério fiel de evangelização nesta igreja, bem como sustentaremos sua adoração, ordenanças, disciplina e doutrinas. Contribuiremos regular e alegremente para o sustento do ministério, para as despesas da igreja, para o socorro aos pobres e a difusão do evangelho por todas as nações.

Quando mudarmos deste local, tão logo quanto possível, nos uniremos a outra igreja onde possamos cumprir o espírito deste pacto e os princípios da Palavra de Deus.

Que a graça do Senhor Jesus Cristo, o amor de Deus e a comunhão do Espírito Santo sejam com todos nós. Amém.

A ENTREVISTA DE MEMBRESIA

Depois que uma pessoa terminou a classe de novos membros e ouviu as doutrinas, ideias e práticas descritas ali, o próximo passo é marcar uma entrevista de membresia. Na classe, algumas pessoas obterão informações que esfriarão o seu interesse na igreja e as farão retroceder. Para aqueles que desejam se tornar membros da igreja, a entrevista de membresia é apenas mais um passo de iniciativa que eles devem tomar a fim de provarem que têm o desejo sério de tornarem-se membros. Uma vez que se faça uma lista de pessoa que indicaram seu interesse numa entrevista de membresia, é prudente que o pastor (ou um presbítero, caso a igreja seja grande) realize individualmente a entrevista com os membros potenciais. De um modo geral, a entrevista dura entre trinta e quarenta e cinco minutos; e parte de seu propósito é obter informações simples a respeito da situação familiar e dados pessoais. Mas o principal objetivo é obter informação espiritual importante. Eis alguns pontos que você pode avaliar:

1) *O evangelho*. O mais importante (e isso visa proteger a pureza da igreja) é pedir-lhes que expliquem o evangelho, preferivelmente, em 60 segundos ou menos. Isso pode intimidar alguns, mas é uma boa atitude — é melhor eles gaguejarem diante de você agora do que ficarem mudos diante do Senhor, no Último Dia, em face das contas que terão de prestar a Deus (ver Hb 13.17). Procure as verdades essenciais do evangelho — Deus, homem, Cristo, resposta — ainda que eles não usem o vocabulário exato. Se deixarem de falar sobre algo, faça-lhes, gentilmente, as perguntas importantes. Se ainda são incapazes de articular as respostas, diga-lhes as respostas e pergunte-lhes se já se arrependeram de seus pecados e creram no evangelho. Se eles ainda se mostram hesitantes em seu entendimento do evangelho (não somente em sua maneira de falar), depois desta conversa, encoraje-os a se submeterem a um estudo bíblico evangelístico com um membro maduro da igreja, antes de recomendá-los a serem aceitos à membresia.

2) *Histórico de igreja*. Pergunte-lhes como era a igreja anterior e por que a deixaram. Muitas pessoas mudam de igreja por causa de discordâncias substanciais com o ensino bíblico ou de mudanças geográficas significativas. Contudo, alguns mudam de igreja dentro da mesma área por razões desagradáveis. Se estão vindo de uma igreja não muito distante da sua, seja bem específico em perguntar por que eles desejam mudar. Não perpetue a fuga das ovelhas ou o padrão de comportamento potencialmente irresponsável de uma pessoa, apenas porque você deseja que sua igreja se torne maior. Além disso, encoraje a pessoa a obter uma carta de recomendação da igreja anterior, de modo que fique transparente entre os pastores qual deles é responsável por aquela pessoa.

3) *Batismo*. São batizados? Qual foi o modo do batismo? Estão desejosos de receber o batismo, se ainda não foram batizados?

4) *Disciplina eclesiástica*. Já foram disciplinados por alguma igreja? Se o foram, por quê?

5) *Testemunho pessoal*. Peça-lhes que deem seu testemunho pessoal. Geralmente pergunto sobre o lar em que foram criados, quando e como foram convertidos, seu estilo de vida a partir da conversão, tentando achar evidências de arrependimento depois conversão.

Veja o apêndice para ter uma ideia de um modelo de formulário de entrevista de membros.

O MINISTÉRIO DOS NOVOS MEMBROS

Frequentemente, somos tentados a encorajar os novos membros a se tornarem logo parte da igreja, encontrarem lugar em um ministério e servirem. Mas isso é desaconselhável. Não sabemos sempre que tipo de ensino as pessoas receberam na igreja anterior. Às vezes, elas precisam corrigir interpretações erradas sobre o evangelho e a igreja. Por isso, queremos garantir que elas entendam o ensino bíblico sobre o evangelho e a igreja e que desenvolvam fidelidade na frequência aos cultos e na aplicação do evangelho, antes de lhes darmos, formal e publicamente, acesso à vida espiritual dos outros membros. Muitos de nós precisamos ouvir Paulo novamente: "A ninguém imponhas precipitadamente as mãos. Não te tornes cúmplice de pecados de outrem. Conserva-te a ti mesmo puro" (1Tm 5.22).

4 RECEBA NOVOS MEMBROS

A MARGEM DE ERRO

No fim das contas, temos de reconhecer que o trigo crescerá junto com o joio (Mt 13.24-43), até que o Senhor venha. Mas esse fato não nos dá licença para a irresponsabilidade pastoral na maneira como recebemos os novos membros na igreja. Precisamos ser fiéis em fazer tudo que pudermos externamente para garantir que nenhuma pessoa não convertida se torne membro de nossa igreja. Talvez pareça desagradável questionar a salvação das pessoas, quando nos dizem que desejam tornar-se membros da igreja. Contudo, se ao membresia numa igreja é uma afirmação exterior, por parte da igreja local, a respeito da conversão espiritual de uma pessoa, então a prática mais insensível que podemos fazer é levar pessoas condenadas a pensarem que são salvas, quando as recebemos como membros apressadamente. Se amamos as pessoas e nos preocupamos com o testemunho corporativo de nossa igreja, protegeremos a ambos, ao nos mostrarmos cuidadosos a respeito de quem aceitamos como membros. Não deixe a porta da frente destrancada.

PENSANDO JUNTOS

1. Por que seria sábio manter classes obrigatórias de novos membros?
2. De que maneira um pacto de compromisso com a igreja pode contribuir para a saúde de uma igreja local?
3. Como as entrevistas de membresia podem contribuir para a saúde de uma igreja local?

5 PRATIQUE A DISCIPLINA ECLESIÁSTICA

Admitimos que *disciplina* não é uma palavra agradável. Ela se assemelha à couve-de-bruxelas — sabemos que deveríamos gostar dela, mas, com certeza, ela parece ter um sabor estranho. Quer se refira à correção de outrem, quer ao controle de nosso ego, a disciplina nos parece claramente restritiva — fora de moda, em uma cultura encharcada de liberdade. Mas as Escrituras, tanto exemplificam como nos ordenam o exercício da disciplina eclesiástica. E, se desejamos edificar igrejas saudáveis, temos de exercê-la.

FORMATIVA E CORRETIVA

Se comparássemos a disciplina do corpo de Cristo com a disciplina do corpo físico, a disciplina formativa se assemelharia a comer e a exercitar-se corretamente, enquanto a disciplina corretiva seria semelhante a uma cirurgia. A disciplina formativa é o meio pelo qual a igreja obtém e mantém a sua forma, e cresce. Por conseguinte, a pregação, o ensino, o discipulado, a realização de pequenos grupos de estudo bíblico e o reunir-se para a adoração coletiva são exemplos de disciplina formativa. Essas atividades moldam a forma como crescemos e nos fortalecem para a obra, tanto como indivíduos quanto como igreja. Podem nos ajudar a prevenir os riscos graves do falso ensino, dos escândalos públicos, da contenda ou uma série de males espirituais; e podem fazer que a igreja local pareça mais atraente aos que estão de fora.

A disciplina corretiva é semelhante a uma cirurgia — corrige algo que está errado no corpo, para que não resulte em uma enfermidade mais grave. Repreensão, admoestação e exclusão (remoção do rol de membros da igreja e proibição de participar da Ceia do Senhor) são exemplos de disciplina corretiva. Corrigem os erros mais graves que os cristãos cometem em relação à doutrina e ao estilo de vida. Este capítulo abordará primariamente como devemos realizar a disciplina corretiva.

Negligenciar a disciplina corretiva pode ser letal para a igreja. Ninguém gosta de pensar que passará por uma cirurgia. Mas, às vezes, é o bisturi que salva a sua vida. A perspectiva de disciplina corretiva por parte da igreja não é agradável, especialmente quando envolve o aspecto público. Mas o pecado impenitente e aqueles que afagam continuamente esse tipo de pecado são tumores que precisam ser removidos, para que o corpo desfrute de saúde e se envolva em obra produtiva. Muitos de nós podemos pensar em pelos menos uma igreja cujo testemunho corporativo foi manchado porque ela negligenciou a disciplina adequada a um membro impenitente que pecou de maneira pública e escandalosa. Relacionamentos em que os membros são responsáveis uns pelos outros podem ser uma grande arma para impedir essas tragédias. E a exclusão de uma pessoa do rol de membros pode contribuir muito para compensar as perdas que sofremos.

A FUNÇÃO PREVENTIVA DE RELACIONAMENTOS DE PRESTAÇÃO DE CONTAS

Eis a boa notícia: a disciplina corretiva não tem de ser pública! De fato, em uma igreja saudável, a disciplina corretiva particular está sempre acontecendo. As pessoas da igreja pecam. Mas os cristãos mais experientes recebem outros cristãos em sua casa com o propósito de confessar seus pecados uns aos outros (Tg 5.16; 1Jo 1.5-10). Esta é, em grande parte, a maneira como ocorre o crescimento espiritual — por aceitarmos a correção bíblica. Como pastor, você precisa ser um exemplo desse tipo de responsabilidade humilde e estimulá-la em outros.

5 PRATIQUE A DISCIPLINA ECLESIÁSTICA

Confessar nossos pecados uns aos outros nos faz trazê-los à luz, onde podem ser tratados no contexto de amizades mutuamente santificadoras, nas quais as pessoas fortalecem umas às outras por meio da oração, do encorajamento e da aplicação da Palavra. O pecado precisa das trevas para se desenvolver — precisa de isolamento disfarçado de "privacidade" e de autossuficiência arrogante disfarçada de "força". Quando essas condições prevalecem, o pecado é regado com o ácido da vergonha, que faz as trevas parecerem mais atraentes ao pecador do que a luz. Mas, quando andamos na luz, confessando nossos pecados, compreendemos que não estamos sozinhos em nossas lutas e nos abrimos às repreensões protetoras e às correções amáveis que funcionam como pesticidas, para anularem o potencial destrutivo e escravizante do pecado habitual.

Trazer o nosso pecado à luz, por confessá-lo no contexto de amizades pessoais em que prestamos contas uns aos outros, ajuda-nos a impedir que pecados contra os quais lutamos agora, se tornem escandalosos mais tarde. O pastor sábio estimulará publicamente essas amizades, entendo-as como uma medida bíblica preventiva que diminui a probabilidade e a frequência de pecados que merecem a disciplina pública da igreja. Igrejas crescem quando o pecado é sufocado logo no início.

O CONTEXTO

Nem todo pecado é tratado logo no início. Quer seja o ausentar-se demoradamente dos cultos da igreja, quer seja um pecado público e escandaloso, temos de tratar casos de disciplina pública por parte da igreja, em algumas ocasiões de nosso ministério. Contudo, para que a disciplina seja produtiva, precisa haver um contexto de relacionamentos de prestação de contas entre os membros e uma liderança bem estruturada e saudável.

O relacionamento saudável entre os membros tem de ser recuperado *antes que* a disciplina corretiva seja realizada. Jesus disse que todos saberão que somos seus discípulos se amarmos uns aos outros (Jo 13.34-35). E Paulo disse que a igreja é um corpo integrado que, "bem ajustado e consolidado pelo auxílio de toda junta, segundo a justa cooperação de cada parte, efetua o seu próprio aumento para a edificação de si mesmo em amor" (Ef 4.16). Os relacionamentos são os ligamentos que suportam o crescimento da igreja. A igreja precisa ser uma rede de relacionamentos espirituais significativos, nos quais as pessoas se envolvem umas com as outras em conversas casuais, diálogos espirituais, responsabilidade mútua e grupos pequenos.

Este envolvimento de amor tem de se tornar algo normal, assumindo um caráter formativo e positivo, *antes que* a disciplina corretiva seja mantida. Sem esse contexto de relacionamentos espirituais profundamente interpenetrantes, a disciplina corretiva será como dirigir-se a uma criança que você vê apenas uma vez por mês e espancá-la na rua. E provavelmente será entendido como severidade, ou talvez como abuso, e não como o resultado responsável do interesse amoroso pelo bem-estar espiritual do irmão.

Também é importante ter uma estrutura de liderança preexistente que não se dobrará ante as pressões da situação. Essa é uma das razões mais práticas para a pluralidade de presbíteros na igreja e para nos comprometermos a que o número de presbíteros que fazem parte do corpo administrativo exceda o número daqueles que administram a igreja. Conduzir uma disciplina corretiva e pública em um contexto eclesiástico de um único pastor ou presbítero é possível, mas talvez não seja sábio. Dar prosseguimento a esse caso, sendo você o único pastor ou presbítero, é correr o risco de criar uma mentalidade "nós versos você" — a igreja versus o pastor contratado. Nessa estrutura de liderança, é difícil evitar a percepção (embora falsa) de que o pastor está agindo de maneira autoritária e unilateral — e, por essa razão, talvez seja difícil evitar que ele seja exonerado!

Mas, se você tem alguns presbíteros que não fazem parte do corpo administrativo, qualificados de acordo com a Bíblia, confirmados pela igreja e que apoiam a sua liderança nas decisões, os membros provavelmente confiarão no fato de que a decisão sofreu uma filtragem por meio do discernimento de outros líderes, além de você mesmo. Além disso, a proposta de disciplina não procederá somente de você, como indivíduo, e sim dos presbíteros como um grupo unido. Nessa estrutura de liderança, outros presbíteros podem oferecer-lhe sabedoria no que dizer, como falar, quando agir e quando ser paciente. Por outro lado, eles podem impedi-lo (francamente) de fazer algo insensato ou de fazer o que é certo de uma maneira imprudente. Eles também podem ajudá-lo a diluir a crítica injusta ao absorvê-la juntamente com você, ou mesmo em seu lugar, em conversas particulares que podem ocorrer durante as semanas antes da assembleia que iniciará a disciplina.

5 PRATIQUE A DISCIPLINA ECLESIÁSTICA

PENSANDO JUNTOS

1. De que modo os relacionamentos de responsabilidade mútua tornam a disciplina corretiva uma possibilidade mais realista?
2. Por que devemos estabelecer pluralidade de presbíteros, antes de tentarmos um processo de disciplina corretiva?

A LISTA DE CUIDADO

Outra maneira de preparar a igreja para um caso de disciplina corretiva e pública é desenvolver uma "lista de cuidado" a ser apresentada verbalmente em uma reunião da igreja. A lista de cuidado é uma lista de membros que necessitam de oração particular e de atenção, por várias razões, muitas das quais talvez não pecaminosas. Estar na "lista de cuidado" não significa necessariamente que uma pessoa esteja pecando sem arrepender-se. Mas uma das utilidades dessa lista é conscientizar a igreja da necessidade de oração em favor de qualquer membro que peca de maneira escandalosa e impenitente e encorajar os membros a pedirem, em particular, aos pastores e presbíteros explicações a respeito da situação. Apresente, verbalmente, o nome da pessoa aos membros da igreja na assembleia anterior àquela que a disciplina será realizada. Durante aquele tempo anterior, compartilhe com os membros o motivo por que cada pessoa está na "lista de cuidado" e encoraje os membros a perguntarem a você ou a um presbítero, em particular, a respeito da situação, antes da próxima assembleia. Dar aos membros a oportunidade de fazer perguntas em particular pode causar uma diferença dramática na maneira como a igreja reage ao caso de disciplina corretiva e pública. Sempre remove o choque associado com a disciplina.

A EXCLUSÃO DE UM MEMBRO

A fim de ajudar as pessoas a compreenderem o que está acontecendo em um caso de disciplina corretiva e pública, ensine-as de antemão a entender a exclusão como a remoção de uma pessoa do rol de membros e, mais fundamentalmente, a exclusão da pessoa da participação da Ceia do Senhor. Além disso, assegure-se de que os membros sabem que terão de considerar o membro excluído como um incrédulo, com base na atitude e no comportamento impenitentes dele. Isso não significa que ele não é bem-vindo aos cultos da igreja. Queremos, definitivamente, que o membro excluído frequente a pregação semanal da Palavra, assim como desejamos que um incrédulo o faça. Tampouco isso significa que não tentaremos persuadi-lo a se arrepender. Contudo, a disciplina significa que, como membros, evitaremos tomar refeições, nos associar e, eventualmente, conversar com o membro excluído de modo a sugerir-lhe que não fez nada errado (1Co 5.9-13).

Em um contexto de liderança de presbíteros, a proposta de exclusão de um membro deve surgir normalmente dos presbíteros (embora também possa vir da assembleia). E, se a proposta viesse dos presbíteros, seria uma proposta de mais de um dos membros e não precisaria de apoio por parte da assembleia.[1] Restaria à congregação apenas votá-la. A quantidade de votos necessários à aprovação da proposta dependeria da maneira como o assunto está determinado no estatuto da igreja.

PENSANDO JUNTOS

1. De que modo uma lista de cuidado poderia contribuir para a saúde de sua própria igreja?
2. Leia Mateus 18.17, 2Tessalonicenses 3.6-15 e Tito 3.9-11. Como devemos tratar os membros disciplinados?

CONCLUSÃO

Unir uma igreja é um trabalho árduo. Exige diligência, atenção, sabedoria e paciência. Alguns membros da igreja talvez não entendam por que você está agindo da maneira como o faz. Alguns podem ficar impacientes, quando resultados imediatos são difíceis de ser vistos ou o crescimento numérico demora mais do que esperavam. Alguns podem sentir-se ofendidos porque você está questionando a salvação

---

1 É claro que isso pressupõe o uso de um conjunto de diretrizes formais para as assembleias.

5 PRATIQUE A DISCIPLINA ECLESIÁSTICA

das pessoas, ao esclarecer o evangelho tantas vezes em seu ensino. Alguns podem até deixar a igreja, devido ao fato de que a ofensa do evangelho começa a deixá-los incomodados e zangados. Tudo isso é normal. Esses são os sinais frequentes da fidelidade pastoral nos primeiros anos de um ministério.

Continue *pregando*. Continue *orando*. Continue estabelecendo *relacionamentos pessoais*. Continue *sendo paciente* quando os membros da igreja o esquecem, não o entendem ou o compreendam de modo errado (2Tm 2.24). Não deixe de cultivar confiança entre eles. Continue crendo que Jesus edifica a sua igreja pelo poder da Palavra. Lance o alicerce com sabedoria bíblica e paciente. Vale a pena. Fazer isso agora garantirá posterior integridade estrutural da casa — e lhe poupará muitas dificuldades.

No entanto, unir a igreja é também uma obra eminentemente digna e estimulante! Não desista! Não se entregue à dúvida, à desilusão ou ao temor dos homens! Tenha uma visão ampla. Os propósitos de Deus para toda a história da humanidade giram em torno da igreja local como a manifestação corporativa e visível de seu Filho, Jesus Cristo. Ele determinou que seus objetivos mais importantes, tanto na terra como no céu, sejam cumpridos pela agência da igreja local (Ef 3.10-11). Ele prometeu que sua igreja prevalecerá (Mt 16.18)! O amor de Deus pela igreja é tão grande que Paulo teve de orar por capacidade para compreender suas dimensões (Ef 3.17-19). A igreja tem importância universal para Deus — literalmente. E, como pastores e líderes de igreja, temos o privilégio de edificar esta igreja que Deus ama tanto, à medida que obedecemos ao evangelho e seguimos a Cristo (Ef 4.11-16). Seja um exemplo de piedade (1Tm 4.12-16). Seja forte e corajoso — a presença, o poder e as promessas de Deus estão com você (Js 1.1-8). "Tu, porém, sê sóbrio em todas as coisas, suporta as aflições, faze o trabalho de um evangelista, cumpre cabalmente o teu ministério" (2Tm 4.5).

LEITURA RECOMENDADA PARA A SEÇÃO 1

- **SOBRE O PASTORADO**

Ascol, Tom. *Amado Timóteo* (São José dos Campos: Fiel, 2006).

Bridges, Charles. *The Christian Ministry* (Carlisle: Banner of Truth Trust, 2001. Reimpressão).

Carson, D. A. *A Cruz e o Ministério Cristão* (São José dos Campos: Fiel, 2009).

- **SOBRE A PREGAÇÃO**

Chappel, Bryan. *Pregação Cristocêntrica* (São Paulo: Cultura Cristã. 2002).

Dever, Mark; Gilbert, Greg. *Pregue: Quando a Teologia Encontra-Se com a Prática* (São José dos Campos: Fiel, 2016).

Goldsworthy, Graeme. *Pregando Toda a Bíblia como Escritura Cristã* (São José dos Campos: Fiel, 2013).

Helm, David. *Pregação Expositiva: Proclamando a Palavra de Deus Hoje* (São Paulo: Vida Nova, 2016).

Stott, John. *Eu Creio na Pregação* (São Paulo: Vida, 2003).

Stott, John. *O Perfil do Pregador* (São Paulo: SEPAL, 1997).

- **SOBRE A ORAÇÃO**

CARSON, D. A. *Um Chamado à Reforma Espiritual* (São Paulo: Cultura Cristã, 2007).

ONWUCHEKWA, John. *Oração: Como a Oração Comunitária Molda a Igreja* (São Paulo: Vida Nova, 2019).

- **SOBRE O EVANGELHO**

GILBERT, Greg. *O que É o Evangelho?* (São José dos Campos: Fiel, 2015).

MACARTHUR, John. *O Evangelho segundo Jesus* (São José dos Campos: Fiel, 1991).

ORTLUND, Ray. *O Evangelho: Como a Igreja Reflete a Beleza de Cristo* (São Paulo: Vida Nova, 2016).

- **SOBRE A CONVERSÃO**

BUTTERFIELD, Rosaria. *Pensamentos Secretos de uma Convertida Improvável: a Jornada de uma Professora de Língua Inglesa rumo à Fé Cristã* (Brasília: Monergismo, 2017).

GILBERT, Greg. *Assured: Discover Grace, Let Go of Guilt, and Rest in Your Salvation* (Grand Rapids: Baker, 2019).

HELM, Paul. *The Beginnings: Word and Spirit in Conversion* (Carlisle: Banner of Truth, 1988).

LAWRENCE, Michael. *Conversion: Como Deus Cria um Povo* (São Paulo: Vida Nova, 2017).

MCKINLEY, Mike. *Eu Sou Mesmo um Cristão?* (São José dos Campos: Fiel, 2013).

PETERS, Justin. *Do not Hinder Them: a Biblical Examination of Childhood Conversion* (Justin Peters Ministries, 2017).

PIPER, John. *Finalmente Vivos* (São José dos Campos: Fiel, 2021).

WELLS, David. *Turning to God* (Grand Rapids: Baker, 2012).

- **SOBRE EVANGELIZAÇÃO**

DEVER, Mark. *O Evangelho e a Evangelização* (São José dos Campos: Fiel, 2013).

METZGER, Will. *Tell the Truth* (Downers Grove: InterVarsity, 2002. Edição revisada).

MURRAY, Iain. *Revival and Revivalism* (Carlisle: Banner of Truth, 1994).

PACKER, J. I. *A Evangelização e a Soberania de Deus* (São Paulo: Cultura Cristã, 2002).

STILES, Mack. *Evangelização: Como Criar uma Cultura Contagiante de Evangelismo na Igreja Local* (São Paulo: Vida Nova, 2015).

- **SOBRE O DISCIPULADO PESSOAL**

COLEMAN, Robert. *O Plano Mestre de Evangelismo*, 2ª ed. (São Paulo: Mundo Cristão, 2006).

DEVER, Mark. *Discipulado: Como Ajudar Outras Pessoas a Seguir Jesus* (São Paulo: Vida Nova, 2016).

PIPER, John. *Não Jogue Sua Vida Fora* (São Paulo: Cultura Cristã, 2007).

RYLE, J. C. *Santidade sem a qual Ninguém Verá o Senhor* (São José dos Campos: Fiel, 2009).

RYLE, J. C. *Thoughts for Young Men* (Carlisle: Banner of Truth, 2015).

TRIPP, Paul. *Instrumentos nas Mãos do Redentor* (São Paulo: Nutra, 2012).

TRIPP, Paul. *War of Words* (Phillipsburg: Presbyterian & Reformed, 2000).

WELCH, Edward. *Quando as Pessoas São Grandes e Deus É Pequeno* (São Paulo: Batista Regular, 2011).

- **SOBRE A DISCIPLINA ECLESIÁSTICA**

DEVER, Mark. *Nove Marcas de uma Igreja Saudável*, 3ª ed. (São José dos Campos: Fiel, 2024).

LEEMAN, Jonathan. *Church Discipline: How the Church Protects the Name of Jesus* (Wheaton: Crossway, 2012).

LEEMAN, Jonathan. *Understanding Church Discipline* (Nashville: B&H, 2016).

WHITNEY, Don. *Spiritual Disciplines within the Church* (Chicago: Moody, 1996).

WILLS, Gregory. *A Democratic Religion* (Nova York: Oxford University Press, 1996).

- **SOBRE A MEMBRESIA DA IGREJA**

ANYABWILE, Thabiti. *O que É um Membro de Igreja Saudável?* (São José dos Campos: Fiel, 2022).

DEVER, Mark. *Nove Marcas de uma Igreja Saudável*, 3ª ed. (São José dos Campos: Fiel, 2024).

DEVER, Mark. *Polity: Biblical Arguments on How to Conduct Church Life* (Washington: 9Marks Ministry, 2000).

DEVER, Mark. "Regaining Meaningful Church Membership", em *Restoring Integrity in Baptist Churches* (Grand Rapids: Kregel, 2008).

DEVER, Mark. *O que É uma Igreja Saudável?* (São José dos Campos: Fiel, 2018).

DEVER, Mark; DUNLOP, Jamie. *A Comunidade Cativante: Onde o Poder de Deus Torna uma Igreja Cativante* (São José dos Campos: Fiel, 2016).

LEEMAN, Jonathan. *Church Membership* (Wheaton: Crossway, 2012).

LEEMAN, Jonathan. *Understanding the Congregation's Authority* (Nashville: B&H, 2016).

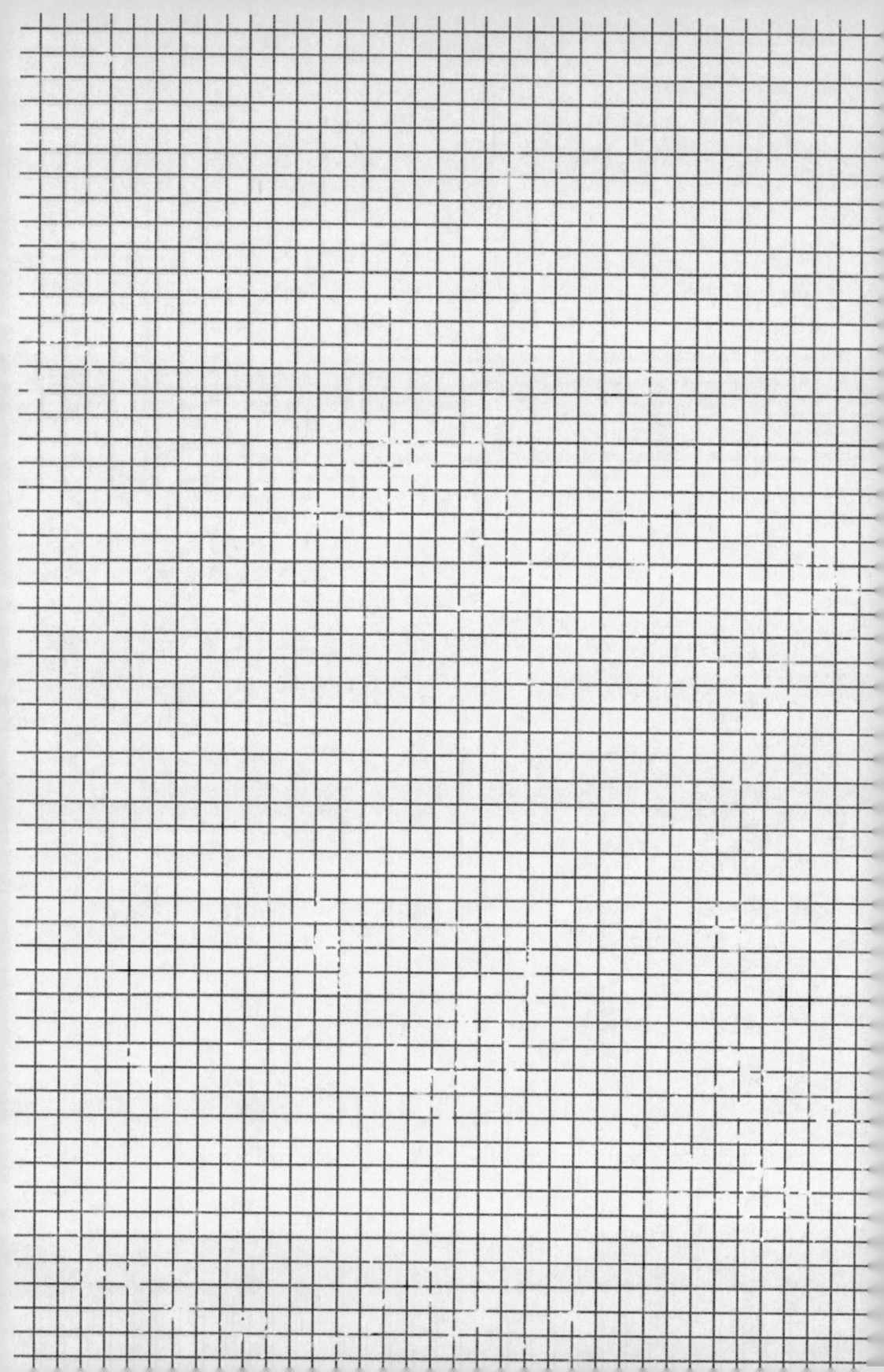

Seção 2:

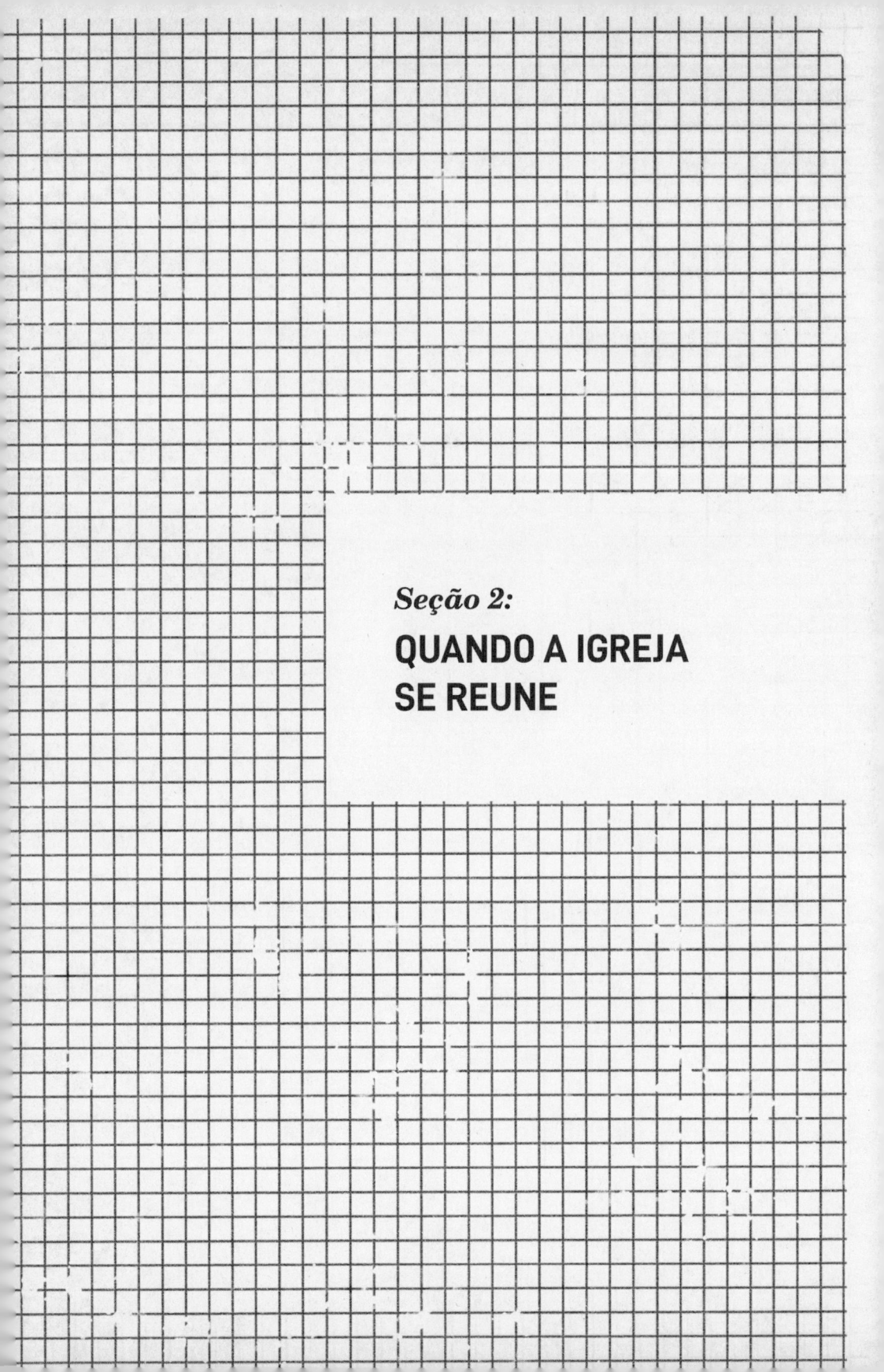

QUANDO A IGREJA SE REUNE

6 ENTENDENDO O PRINCÍPIO REGULADOR

Agora, temos uma igreja reunida, o que fazer quando os cristãos se congregam todos os domingos pela manhã? Como devemos adorar e por que adoramos dessa maneira? É sensato pensarmos a respeito de como "devemos" agir em uma reunião de adoração corporativa? Será que a Bíblia não nos dá mais liberdade do que a que temos usado em nossos cultos? Neste capítulo, consideraremos as razões bíblicas para deixarmos que somente as Escrituras avaliem e estruturem nossas reuniões de adoração corporativa.

O PRINCÍPIO REGULADOR

Em poucas palavras, o Princípio Regulador afirma que tudo o que fazemos na adoração corporativa deve ser claramente fundamentado pelas Escrituras. O fundamento claro pode assumir a forma de um mandamento explícito ou uma boa e necessária implicação de um texto bíblico.[1] O Princípio Regulador tem sido aplicado de

---

1 A respeito do Princípio Regulador, ver Philip Ryken, Derek W. H. Thomas e J. Ligon Duncan III (eds.), *Give Praise to God: a Vision for Reforming Worship* (Phillipsburg: Prebyterian & Reformed, 2003). Quanto a uma introdução histórica sobre o Princípio Regulador, ver Iain Murray, *The Reformation of the Church: a Collection of Reformed and Puritan Documents on Church Issues* (Carlisle: Banner of Truth, 1965), p. 35-38.

forma mais ou menos estrita ao longo dos séculos. Seu ponto é que Deus nos diz em sua Palavra como devemos nos achegar até ele em adoração, de forma que é nosso dever examinar as Escrituras para ver o que Deus nos diz para fazer na vida e particularmente na igreja.

É proveitoso começarmos com a observação conciliatória de D. A. Carson: "Cultos teologicamente ricos e sérios de ambos os lados têm mais *conteúdo* comum do que cada lado reconhece".[2] Carson prossegue e observa que "não há nenhuma passagem do Novo Testamento que estabelece um paradigma para o culto corporativo".[3] Concordo. Contudo, ao guiar o povo de Deus na adoração corporativa, estamos, em certo sentido, obrigando suas consciências a participar de cada etapa do culto. Essa obrigação só é legítima quando tem um fundamento bíblico positivo, porque somente a Bíblia é a regra final de fé e prática. Não é surpreendente o fato de que as Escrituras estejam cheias de exemplos de que Deus se importa muito com o "como" de nossa adoração corporativa.[4]

A ADORAÇÃO É O PROPÓSITO DA REDENÇÃO

Diversas vezes em Êxodo 3 a 10 a adoração corporativa é apresentada como o propósito da redenção (3.12, 18; 5.1, 3, 8; 7.16; 8.1, 20, 25-29; 9.1, 13; 10.3, 7-11, 24-27). Se a adoração corporativa é o alvo da redenção, então é lógico que Deus revele ao seu povo redimido a maneira como ele deseja que o adoremos quando nos congregamos. É exatamente isso que Deus faz quando o seu povo chega ao monte Sinai. Seria Deus tão leviano que entregaria o resultado de sua obra redentora às imaginações de um povo idolatra (Êx 32)? Não. De fato, Deus prometeu, em Êxodo 3.12, que sua comissão dada a Moisés seria confirmada quando Israel adorasse a Deus naquele monte em que ele apareceu na sarça ardente. Deus escolheu aquele lugar; escolheu o tempo. E, quando Israel chegou ao Sinai, Deus veio ao encontro do seu povo e estipulou, em Êxodo 20 a 40, os termos e os procedimentos que estabeleceram sua adoração.

---

[2] D. A. Carson, ed., *Worship by the Book* (Grand Rapids: Zondervan, 2002), p. 55 (ênfase original).
[3] Ibid.
[4] Veja J. Ligon Duncan III, "Does God Care How We Worship?" e "Foundations for Biblically Directed Worship", em Ryken, Thomas e Duncan (eds.), *Give Praise to God*, p. 17-73.

6 ENTENDENDO O PRINCÍPIO REGULADOR

A adoração corporativa é algo muito central aos propósitos de Deus na redenção para que ele simplesmente entregue suas especificações aos nossos gostos.

Deus se importa com a maneira como as pessoas adoram na época do Antigo Testamento

Êxodo 20.4. O Segundo Mandamento deixa claro que Deus se importa com *a maneira como* o seu povo o adora. Para ele, *o importante* não é *somente* que seu povo o adore. "Não farás para ti imagem de escultura, nem semelhança alguma do que há em cima nos céus, nem embaixo na terra, nem nas águas debaixo da terra." Deus está proibindo certa forma de adoração, embora essa forma de adoração fosse dirigida a ele.

Êxodo 32.1-10. Ao fazer o bezerro de ouro, Israel estava tentando estabelecer uma alternativa para o sistema de adoração que Deus acabara de revelar a Moisés (em Êx 25–30). O zelo e a violenta reação de Deus indicam a seriedade com que ele encara a si mesmo e a sua adoração (Êx 32.7-10). Não devemos adorá-lo de uma maneira que nos parece correta. Temos de adorá-lo nos seus termos, da maneira que ele revelou.[5]

PENSANDO JUNTOS

1. Leia 1Coríntios 14. Nesta passagem, o que você percebe a respeito da dinâmica da adoração corporativa?
2. Leia Levítico 10.1-3. De acordo com esse texto, por que razão Deus ficou tão irado?

Deus se importa com a maneira como as pessoas adoram na época do Novo Testamento

João 4.19-24. À beira do poço, Jesus disse à mulher samaritana que a adoração de seu povo era inadequada porque se fundamentava em uma opinião sobre Deus

---

5 Veja também Levítico 10.1-3, onde Deus mata Nadabe e Abiú por lhe trazerem "fogo estranho"; ou 1Crônicas 13.7-11, onde Deus mata Uzá por tocar a arca, na tentativa de evitar que ela caísse de um carro que Deus não autorizara para o transporte dela (Êx 25.14; 1Cr 15.13).

ensinada apenas pelo Pentateuco, e não por todo o Velho Testamento. "Vós [samaritanos] adorais o que não conheceis" (v. 22). A sinceridade deles era necessária, mas não era suficiente. A adoração dos samaritanos era inadequada porque a adoração correta é uma resposta ao que Deus revelou acerca de si mesmo; e, se adoração é uma resposta à revelação, ela tem de ser realizada de acordo com essa revelação.[6] Jesus prosseguiu e ressaltou que Deus está buscando, especificamente, adoradores que o adorarão "em espírito e em verdade" (Jo 4.24). Em outras palavras, eles adorarão a Deus por meio do Espírito que habita neles e de acordo com a autorrevelação de Deus manifesta mais plenamente em Jesus Cristo. Para nós a sinceridade também é essencial, mas não fundamental. A adoração é regulada pela revelação.

1 Coríntios 14. Em suas instruções sobre a adoração corporativa, Paulo encorajou o profetizar colocando-o acima do falar em línguas (vv. 1-5). Mas, se línguas eram faladas na igreja, dois ou três profetas deviam falar, e os outros deviam julgar (v. 29). De que outra maneira eles poderiam julgar o que era falado na igreja, se não pelo padrão das Escrituras? Paulo prosseguiu, argumentando: "Deus não é de confusão, e sim de paz" (v. 33). O caráter de Deus revelado nas Escrituras tem implicações reguladoras para a maneira como o adoramos. O que é ainda mais admirável é o fato de que o próprio Paulo, mediante a autoridade apostólica que lhe foi conferida pelo Espírito Santo, estava regulando a maneira como vários profetas poderiam profetizar, ao mesmo tempo, por meio do mesmo Espírito. Em outras palavras, a revelação apostólica que O Espírito Santo deu Paulo regulou a maneira como os dons carismáticos eram exercidos na igreja reunida. A adoração corporativa — até mesmo a adoração carismática — é regulada pela revelação.

POR QUE DEUS SE IMPORTA COM A MANEIRA COMO O ADORAMOS?

Deus apresenta duas razões principais por que ele se preocupa com a nossa adoração. Em primeiro lugar, Deus quer que pensemos nele como ele realmente é, não simplesmente como o imaginamos. A maneira como adoramos a Deus se transforma para moldar

---

[6] Veja Duncan, "Does God Care How We Worship?", em Ryken, Thomas e Duncan (eds.), *Give Praise to God*, p. 43.

a maneira como vemos a Deus. A maneira como adoramos molda nossa visão de quem pensamos adorar. Voltemos ao bezerro de ouro. Arão e Israel estavam tentando adorar o verdadeiro Deus; eles estavam apenas usando um bezerro de ouro para fazer isso. Então, por que Deus ficou irado com isso? A razão é que um bezerro de ouro, por mais valoroso e viril que seja como um símbolo, não pode representar adequadamente a transcendência, a autossuficiência, a sabedoria e a misericórdia do Deus vivo. Deus não queria que Israel pensasse nele como se não passasse de um bovino folheado a ouro! Seja o que for que usarmos para representar Deus, isso transforma e molda nossa visão sobre ele. Mas nada representa Deus adequadamente exceto por sua Palavra registrada nas Escrituras e sua Palavra viva, Cristo Jesus. Esse mesmo raciocínio se aplica a qualquer método de adoração que possamos escolher hoje. Se usarmos um *ethos* e uma atmosfera de entretenimento para apresentar, representar ou nos relacionar com Deus, esse mesmo *ethos* e atmosfera está ensinando às pessoas algo sobre como Deus é em si mesmo e em relação a nós. Isso sugere que ele existe para nós, quando, na verdade, existimos para ele.

Em segundo lugar, Deus se importa com a maneira como o adoramos porque nos tornamos o que contemplamos. Uma das principais críticas de Deus à adoração de ídolos, seja na violação do primeiro ou do segundo mandamento, é que esses ídolos são insensatos — eles têm olhos e ouvidos, mas não podem ver ou ouvir (Sl 115.4-7). Mas a natureza estática de nossos ídolos tem um efeito dinâmico sobre aqueles que os adoram: "Tornem-se semelhantes a eles os que os fazem e quantos neles confiam" (Sl 115.8; cf. Sl 135.15-18; Is 41.24; 44.9, 18). Nós mesmos somos moldados à imagem do que e como adoramos. Nós nos parecemos com aquilo para que olhamos.

Porém, tornar-se o que adoramos é, na verdade, como deveria acontecer — quando adoramos o Deus certo da maneira certa. "E todos nós, com o rosto desvendado, contemplando, como por espelho, a glória do Senhor, somos transformados, de glória em glória, na sua própria imagem, como pelo Senhor, o Espírito" (2Co 3.18). Onde contemplamos a glória de Deus? Nas Escrituras e em Cristo Jesus. Os cristãos e as congregações são transformados à semelhança de Jesus ao olhar para a sua glória conforme a encontramos nas Escrituras. A implicação para nossos cultos públicos é que cada elemento e forma de nossa adoração reunida deve mostrar às pessoas, a partir das Escrituras, a glória de Deus em Cristo, para que todos sejamos transformados em um reflexo cada vez mais fiel dessa glória. Então, como é esse princípio quando o aplicamos?

7 APLIQUE O PRINCÍPIO REGULADOR

Jesus está edificando sua igreja por meio do poder de sua própria Palavra (Mt 16.18; Rm 1.16; 10.17). Pela mesma Palavra, ele também regula a adoração por parte da igreja, nos informando graciosamente a maneira como devemos nos aproximar dele. Então, como podemos estruturar nosso culto de adoração dominical de um modo que reflita o compromisso de Deus em moldar a igreja por meio de sua Palavra?[1] Líderes eclesiásticos comprometidos com a reforma da igreja por meio da Palavra de Deus, através dos séculos, têm usado o mesmo método: ler a Palavra, pregar a Palavra, orar a Palavra, cantar a Palavra, ver a Palavra (nas ordenanças).[2] Estes cinco elementos, referidos frequentemente pelos teólogos como os elementos da adoração corporativa, são essenciais à vida, saúde e santidade de *qualquer* igreja local.[3]

---

1 O que afirmamos em seguida pressupõe que o propósito dos cultos dominicais é primeiramente a edificação e, em segundo lugar, a evangelização. No Capítulo 10, encontra-se uma breve argumentação em defesa da prioridade da edificação nos cultos dominicais.
2 J. Ligon Duncan III, "Foundations for Biblical Directed Worship", in Philip Graham Ryken, Derek W. H. Thomas e J. Ligon Duncan III (eds.), *Give Praise to God: a Vision for Reforming Worship* (Phillipsburg: Prebyterian & Reformed, 2003), p. 65.
3 Antes de tentar identificar o que distingue sua igreja de outras igrejas, você precisa determinar o que distingue sua igreja do mundo. Ser formada e reformada de acordo com a Palavra de Deus é a única resposta que será satisfatória, porque é a aceitação e a aplicação da Palavra de Deus, conforme resumida nos evangelhos, que sempre tem marcado a distinção entre o povo de Deus e o mundo (Gn 12.1-3; Êx 19.5-6; Dt 12.29-32; esp. Jo 17.14; Ef 4.17-24).

LEIA A BÍBLIA

"Até à minha chegada, aplica-te à leitura" (1Tm 4.13). Deus ordena aos pastores que leiam regularmente as Escrituras na adoração pública da igreja. As Escrituras são poderosas, mesmo quando as pessoas que a leem [publicamente] não tentam explicá-las (Jr 23.29; 2Tm 3.16; Hb 4.12). Separar tempo, no culto de domingo de manhã, para ler as Escrituras em voz alta, a cada semana, sem comentá-las, expressa o valor que tributamos à Palavra de Deus. Mostra que estamos ávidos por ouvir a Palavra do Senhor — nós a desejamos. Reconhece que a vida e o crescimento de nossa igreja local dependem do poder da Palavra de Deus e que realmente cremos que "não só de pão viverá o homem, mas de toda palavra que procede da boca de Deus" (Mt 4.4). Reconhece a nossa própria fraqueza, visto que necessitamos ser continuamente recordados do que Deus falou. Afirma que estamos dispostos a ouvir a Palavra de Deus, assentar-nos para ser instruídos, examinados e julgados por ela. Declara que desejamos nos submeter aos seus veredictos e mandamentos. Se a leitura pública regular das Escrituras afirma tudo isso, o que estamos dizendo se a negligenciamos?

Se a leitura da Bíblia em nossos cultos públicos é tão importante, como decidimos quais partes ler? Uma das melhores maneiras de decidir é começar com a passagem a ser pregada — certamente leia essa antes de pregá-la! Mas podemos maximizar nosso tempo juntos na Palavra de Deus se reservarmos um tempo regular para outra passagem ser simplesmente lida, sem comentários, no culto. Se você planeja pregar uma passagem do Antigo Testamento, pode pedir a outro membro que leia publicamente uma passagem do Novo Testamento que cite essa passagem do Antigo Testamento ou trate do mesmo tema — ou, melhor ainda, que veja Jesus como o cumprimento desse tema. Por outro lado, se você planeja pregar uma passagem do Novo Testamento, pode considerar se essa passagem cita um texto do Antigo Testamento; ou talvez haja uma narrativa do Antigo Testamento que ilustra o ponto da passagem do Novo Testamento que você planeja pregar.

Por exemplo, digamos que você esteja pregando sobre João 1, onde nos é dito que a Palavra de Deus se tornou carne e habitou entre nós, cheia de graça e verdade. Por que não ler o final de Êxodo 40, onde a glória de Deus enche o tabernáculo, para fazer a conexão de que Jesus incorpora a plenitude da presença e glória de Deus em si

7 APLIQUE O PRINCÍPIO REGULADOR

mesmo? Ou poderia funcionar de outra maneira — pregar Êxodo 40 e ler João 1 para preparar a congregação para ouvir uma exposição centrada em Cristo de um texto do Antigo Testamento.

PREGUE A BÍBLIA

"Prega a palavra, insta, quer seja oportuno, quer não, corrige, repreende, exorta com toda a longanimidade e doutrina" (2 Tm 4.2). Deus ordena que os pastores preguem regularmente a Palavra. A pregação da Palavra de Deus é o método que ele ordenou para a comunicação do evangelho aos pecadores (Rm 1.14-17; cf. At 8.4). Em última análise, o pastorear se resume no assegurar a salvação aos outros e a nós mesmos (1Tm 4.13-16). No entanto, não podemos fazer essa obra sem nos dedicarmos à pregação e ao ensino. Isto é verdade porque o evangelho é o que nos assegura da salvação (Rm 1.16). Pare de pregar o evangelho, e você comprometerá sua responsabilidade de assegurar a salvação das almas que Deus lhe confiou.

Essa é a razão por que uma dieta regular de pregação especificamente evangelística é crucial. Não precisamos *apenas* pregar uma mensagem de salvação a cada semana. Os ouvintes precisam de carne, e não somente de leite (Hb 5.11-14). Também não precisamos *apenas* apresentar, a cada semana, o ensino principal de uma passagem, sem o pano de fundo do evangelho (1Co 2.1-5). Nossas igrejas precisam de uma dieta consistente de sermões que apresentam o evangelho e suas implicações como o resultado natural do uso do ensino principal de uma passagem bíblica como o ensino principal de cada sermão. Jesus disse que toda a Escritura se refere a ele (Lc 24.27, 45-47). Ele nos deu tanto a permissão como a ordem de ler toda a Bíblia com as lentes do evangelho — e de pregar o evangelho como se estivéssemos pregando o ensino principal da passagem, dirigindo-nos tanto aos crentes como aos incrédulos com as verdades, o poder e as implicações do evangelho.

Na exposição evangelística centrada em Cristo, estamos pregando para alcançar objetivos múltiplos, mas complementares. Em primeiro lugar, queremos exaltar Jesus como Salvador e Senhor. Queremos que os incrédulos possam ouvir nossos sermões e serem salvos. Isso significa que pregamos para a conversão. Portanto, devemos incluir um breve resumo do evangelho em algum lugar de cada sermão, preferivelmente surgindo de maneira orgânica a partir do tópico, tema e ponto de nosso texto de pregação. Mas também pregamos para a maturidade dos crentes, para enraizá-los mais firmemente no conhecimento de Deus e capacitá-los para um serviço mais eficaz a ele.

ORE A BÍBLIA

"Antes de tudo, pois, exorto que se use a prática de súplicas, orações, intercessões, ações de graças, em favor de todos os homens" (1Tm 2.1). Este mandamento é dado no início de um capítulo que instrui sobre a organização e a adoração corporativa. Paulo queria que essas orações fossem o principal assunto na liderança da adoração corporativa regular exercida por Timóteo. Jesus citou Isaías, ao dizer: "A minha casa será chamada casa de oração" (Mt 21.13). Os pastores são por Deus ordenados a liderar suas igrejas na oração pública. Tudo que acontece na igreja faz parte do ministério de ensino da igreja. Pela quantidade de tempo que você separa nos cultos para a oração e pela maneira como usa esse tempo, você está ensinando os membros de sua igreja ou a orarem de maneira bíblica, ou a orarem pobremente, ou a não orarem de maneira alguma.

A Bíblia nos ensina como orar. Falar com Deus citando-lhe sua própria Palavra, numa reunião da igreja, transmite a ideia de que desejamos nos aproximar de Deus em seus termos (não nos nossos), de acordo com o que ele revelou acerca de si mesmo, e não de acordo com o que preferimos que ele seja. Seria sábio se incorporássemos aos nossos cultos de adoração corporativa o padrão de oração do livro de Atos dos Apóstolos. Intercaladas entre os cânticos, a leitura de textos bíblicos e até a leitura coletiva de confissões cristãs históricas,[4] poderíamos ter orações de adoração, confissão, agradecimento e súplicas — orações saturadas da Bíblia, humildes e solenes.

A oração de adoração ou louvor se focalizaria no louvor a Deus por seus atributos e perfeições. A oração de confissão seria uma confissão coletiva dos pecados

---

4   Conferir, por exemplo, o Credo Niceno, de 325 d.C., sua forma mais popular do ano 381 d.C. ou a Confissão Belga de 1561. A leitura coletiva de credos históricos do cristianismo nos recorda que não confessamos Cristo em um vácuo histórico e nos protege do esnobismo cronológico, ao pensarmos que somos melhores por vivermos em uma época posterior da história.

que cometemos contra Deus desde nossa última reunião, focalizando particularmente as atitudes que praticamos em desobediência a uma passagem lida publicamente na igreja, aos Dez Mandamentos ou à passagem que será exposta naquela manhã.[5] A oração de agradecimento se focalizaria em expressar a gratidão pelos dons físicos e espirituais que Deus nos outorgou. E a oração de súplica seria uma oração em que o pastor apresentaria diante de Deus as necessidades da igreja local, suplicaria em favor das autoridades públicas, suplicaria pela igreja local, com base nas prioridades expressas nas orações de Paulo em favor das igrejas, e, talvez, até rogaria pelos pontos principais do sermão a ser transmitido em seguida.[6]

Essas orações reconhecem nossa dependência coletiva de Deus. Também são bastante úteis às pessoas não somente em liderá-las na adoração corporativa bem estruturada, mas também em apresentar-lhes um modelo de maturidade e reverência em nossa aproximação a Deus, por meio da oração. Se você é um pastor que se sente entristecido pelo fato de que sua igreja não é uma igreja de oração, pergunte a si mesmo: eles estão vendo algum modelo de oração?[7]

CANTE A BÍBLIA

"Falando entre vós com salmos, entoando e louvando de coração ao Senhor com hinos e cânticos espirituais" (Ef 5.19). Toda a igreja de Éfeso foi instruída a edificar uns aos outros e a louvar a Deus com canções. Parte da liderança pastoral consiste em facilitar esse tipo de adoração edificante. Mas, precisamos afirmar novamente, Jesus usa a sua Palavra para edificar ou fortalecer a sua igreja. Portanto, faz sentido que cantemos somente canções que expressam com exatidão a

---

5 A oração de confissão é acompanhada por uma certeza de perdão extraída diretamente das Escrituras, para que os crentes não fiquem a murmurar por seus pecados, mas, antes, se regozijem no misericordioso perdão de Deus para eles.
6 Para obter mais informações sobre como orar com base nas orações de Paulo, ver a obra de D. A. Carson, *Um Chamado à Reforma Espiritual* (São Paulo: Cultura Cristã, 2007).
7 Você pode considerar colocar os presbíteros ou outros líderes da igreja para fazerem alguma dessas orações, com exceção da oração pastoral. Ter outros presbíteros orando publicamente serve para treiná-los na liderança espiritual pública, estabelecer sua autoridade aos olhos da congregação e dar à igreja um senso mais seguro de que é pastoreada por uma pluralidade de líderes piedosos, os quais contrabalançam as fraquezas do pastor.

Palavra dele. Quanto mais as canções aplicarem corretamente a teologia, as frases e os assuntos bíblicos, tanto melhores elas serão para a igreja — porque a Palavra de Deus edifica a igreja, e a música nos ajuda a rememorar a Palavra, que rapidamente esquecemos.

Isto não significa que devemos usar somente hinos e canções antigas. Existe muita sabedoria e edificação em usarmos vários estilos musicais, para que o gosto musical das pessoas se amplie, com o passar do tempo, como fruto de maior exposição a gêneros musicais e períodos diferentes. Essa maior exposição pode ajudar a controlar a intensidade das preferências musicais das pessoas, preferências baseadas em tradição ou experiência pessoal; e esse controle diminuirá a probabilidade de divisão ou conflito a respeito de estilo musical. O planejamento cuidadoso pode neutralizar as mais notórias bombas da "guerra de adoração".

No entanto, isto significa que você, como pastor, tem de manifestar discernimento teológico naquilo que você recomenda e sugere que sua igreja cante. Também significa que você tem de mostrar coragem em não permitir deixar-se guiar pelas preferências musicais da cultura, ou da congregação, ou pelo fervor de um diretor de música. Pelo contrário, você deve ser guiado pelo conteúdo teológico das canções e seu potencial de edificação. A edificação das pessoas acontece quando elas são encorajadas a entender e aplicar mais biblicamente o evangelho, e não quando elas são levadas a uma experiência emocional e estimuladas a confundir a expressividade emocional momentânea com a adoração.

As letras das músicas têm o poder formativo porque são memorizáveis. Use canções que enchem nossa mente com o caráter de Deus, que molde nossa cosmovisão pela verdade de Deus, que nos ensine sobre o significado bíblico e as implicações do evangelho de Cristo. No que se refere à música, tal como à oração, tudo que ocorre diante da igreja, nas reuniões corporativas, cumpre um ministério de ensino da igreja. Como o pastor titular, você tem a responsabilidade de conduzir a igreja aos verdes pastos de canções centradas em Deus e em seu evangelho, longe das planícies áridas da teologia inconsistente, das meditações sobre experiências humanas e da agitação emocional. Os melhores hinos e as melhores canções modernas de adoração são aqueles que não se focalizam em nós mesmos

7 APLIQUE O PRINCÍPIO REGULADOR

e centralizam-se no caráter e no evangelho de Deus.[8] Exerça o discernimento para estabelecer a diferença e tenha cuidado com o que você está ensinando por meio da música que você encoraja as pessoas a cantar. Se for possível, recuse-se a entregar essa responsabilidade a outra pessoa. Deus também nos julgará como responsáveis por esse aspecto de nosso ministério de ensino — ainda que o deleguemos a outrem (Hb 13.17).

PENSANDO JUNTOS

1. Por que o pastor é responsável pela música que é cantada na igreja?
2. Existem músicas no repertório de sua igreja que ensinam mal a sua congregação?

VEJA A BÍBLIA

"Fazei isto em memória de mim" (Lc 22.19). As ordenanças são apresentações dramatizadas do evangelho. São cenas comoventes que representam realidades espirituais do evangelho, escritas e dirigidas pelo próprio Senhor Jesus. O pão e o vinho, na Ceia do Senhor, retratam o corpo e o sangue de Cristo partido e derramado em favor da remissão de nossos pecados; são uma recordação visual da obra de Cristo na cruz em nosso favor (Lc 22.19-20). De modo semelhante, o batismo retrata nossa morte espiritual para o pecado, nosso sepultamento simbólico com Cristo e nossa ressurreição com ele para uma vida nova (Rm 6.3-4). As ordenanças são, portanto, o teatro em que vemos o evangelho encenado, e a nossa participação nele dramatizada. São o cenário em que a palavra da promessa de Deus nos é comunicada de modo palpável — pegamos e comemos o pão e bebemos o vinho. Esses são meios de graça instituídos

---

8 As fontes que acho mais proveitosas são *The Baptist Hymnal* (Nashville: Convention Press, 1991), *Songs of Fellowship* (Eastbourne: Kingsway Music, 1995), *Maranatha Praise* (Maranatha! Music, 1993), *Grace Hymns* (Londres: Grace Publications Trust, 1984) e *Hymns II* (Downers Grove: InterVarsity Press, 1976). Eu também uso *Psalms, Hymns, and Spiritual Songs* (Cape Coral: Founders Press, 1994).

por Jesus, e Deus os usa para assegurar ao seu povo a dignidade do seu evangelho e a realidade de nossa participação nele.[9]

As ordenanças são os sinais e selos visíveis da participação na Nova Aliança. Além da pregação correta da Palavra de Deus, a ministração correta das ordenanças é o que distingue mais notavelmente a igreja do mundo. Portanto, é muito importante que o pastor seja fiel neste assunto. A fidelidade na ministração das ordenanças exige o batismo daqueles que querem ser membros da igreja. O batismo é a representação física da conversão espiritual. É o primeiro sinal externo da filiação à igreja no Novo Testamento, identificando-nos como povo de Deus. Por conseguinte, o batismo deve ser a primeira exigência externa para que uma pessoa se torne membro da igreja.

Fidelidade neste assunto também implica que exerçamos a disciplina eclesiástica quando necessário — protegendo as pessoas de receberem a Ceia do Senhor, se estão envolvidas em pecado escandaloso e impenitente ou se são suspeitas de ocultarem pecado impenitente por meio de sua prolongada ausência dos cultos da igreja. Esses pecados colocam em dúvida a genuinidade da profissão de fé de um membro. Por meio de uma atitude protetora que barra esse membro da Ceia do Senhor, o pastor prudente o advertirá nestes termos: "Quem come e bebe sem discernir o corpo, come e bebe juízo para si" (1 Co 11.29).

Ter esse cuidado em nossa ministração das ordenanças nos ajudará a impedir falsas conversões, proteger a natureza regenerada da membresia da igreja, evitar imoralidades e, assim, frustrar acusações de hipocrisia, tornando nossa evangelização mais cativante e consistente com nosso testemunho.

PENSANDO JUNTOS

1. Os cultos de domingo de manhã incluem todos os cinco elementos da adoração (ler, pregar, orar, cantar e ver a Palavra)? Se não, por quê?

---

9 Essa é a razão por que incorporar dramatização às reuniões de adoração é realmente desnecessário e quase antibíblico. Jesus instituiu suas próprias apresentações dramatizadas do evangelho (Mt 28.19-20; Lc 22.14-20; At 2.38-39; 1Co 11.23-26; Cl 2.11-12). Ao fazer isso, ele estava encorajando a trazermos nossas próprias dramatizações ou a usarmos as que ele já havia graciosamente ordenado?

2. Como você pode começar a trabalhar para incorporar os elementos que não estão presentes no momento?
3. As ordenanças cumprem o devido papel em sua igreja? Algum outro fator está substituindo-as?

SOBRE OS CULTOS MÚLTIPLOS

Outra maneira pela qual podemos "ver a Bíblia" é por meio da vida da igreja quando ela se congrega. Hoje muitos acreditam que uma igreja pode fazer tudo que acabamos de mencionar usando cultos múltiplos nos domingos. Alguns oferecem cultos múltiplos visando proporcionar diferentes estilos de músicas de adoração como um meio de atrair mais pessoas. Outros já experimentaram crescimento numérico explosivo resultante do uso de cultos múltiplos, os quais parecem ser a única resposta que se acomoda aos resultados inesperados. A Capitol Hill Baptist Church, que eu pastoreio, está enfrentando algumas dessas mesmas dificuldades relacionadas ao crescimento, enquanto escrevo este livro.

Reconhecendo o lugar da discordância, desfrutando de comunhão com igrejas que têm cultos múltiplos e experimentando dificuldades logísticas que, às vezes, tornam os cultos múltiplos inevitáveis, ainda relutamos em usar o formato de cultos múltiplos para atender às reuniões da igreja.

A principal razão é que a igreja é apenas isto: uma reunião. A palavra grega traduzida por "igreja" é *ekklēsia*, que, no Novo Testamento, também se refere a uma simples reunião de pessoas que não são o povo de Deus.[10] Por definição e por uso, uma *ekklēsia* é uma singularidade corporativa — um grupo de pessoas que estão todas juntas em um mesmo lugar, ao mesmo tempo. A própria definição da palavra "igreja" torna difícil aceitar o formato de cultos múltiplos para as principais reuniões dos membros da igreja. Os ajuntamentos múltiplos são a melhor maneira de refletir a unidade ou a singularidade corporativa da igreja? São a melhor maneira de facilitar o ajuntamento ímpar do povo de Deus no mesmo lugar, ao mesmo tempo? Os cultos múltiplos podem constituir igrejas múltiplas?

---

10 Veja Atos 19.32, 39, 41. Nessas passagens, *ekklēsia* é traduzida por "assembleia".

A maneira como Lucas e Paulo falam sobre as reuniões corporativas da igreja parece mostrar que todos os membros da igreja estavam presentes. Mesmo em uma igreja de três mil membros, "todos [*pantes*] os que creram estavam juntos" e... [todos os crentes] perseveravam unânimes [*homothumadon*] no templo" (At 2.44, 46).[11] Lucas recordou que "costumavam todos reunir-se [*homothumadon hapantes*], de comum acordo, no Pórtico de Salomão" (At 5.12). Em Atos 15.22, Lucas nos diz que "pareceu bem aos apóstolos e aos presbíteros, com toda a igreja [*sun holē tē ekklēsia*]", enviar Paulo e Barnabé a Antioquia. Em 1 Coríntios 14, quando Paulo tencionava prover um ensino normativo sobre ordem nas reuniões da igreja, ele nos mostrou o cenário, dizendo: "Se, pois, toda a igreja se reunir no mesmo lugar [*ean oun sunelethē hē ekklēsia holē*]..." (v. 23).[12]

Também é interessante o fato de que muitas das figuras bíblicas para a igreja são unidades corporativas. A igreja local é mencionada como um rebanho formado de muitas ovelhas (At 20.28), um corpo formado de muitos membros (1Co 12.14-27), um templo constituído de muitas pedras (Ef 2.19-22), uma família formada de muitos membros (Ef 2.19).

Outra vez, reconhecendo e até experimentando todas as dificuldades que acompanham o crescimento numérico em um lugar cercado de outros prédios, limitar-nos ao formato de um culto para as principais reuniões semanais da igreja, aos domingos, parece ser uma boa e necessária implicação das informações bíblicas.

Dito isso, se a igreja em que você ministra realiza cultos múltiplos, seria prudente ir *devagar* na realização da mudança para um único culto. Ensine. Cultive a unidade de pensamento, primeiro, entre outros líderes, depois, entre todos os membros. Esta não é uma questão pela qual você deve dividir a igreja! Esta é uma crença que

---

11 Embora *homothumadon* fosse traduzida por "de comum acordo" em Atos 2.46, como em Atos 5.12, a força do argumento descansa sobre a presença de "todos" os crentes em cada reunião específica. Também seria difícil imaginar que todos os crentes estavam "de comum acordo", se estavam recusando ou negligenciando o reunirem-se com os outros crentes, em ocasiões designadas.

12 Neste ponto, as dificuldades são as seguintes: a igreja deixa de ser igreja quando um dos membros está ausente da reunião? As divisões denominacionais estão impedindo as verdadeiras reuniões da igreja? É errado ter reuniões múltiplas na mesma cidade? E as perguntas poderiam ser multiplicadas. A questão fundamental é se, como membros da igreja, cumprimos o pacto de viver a vida cristã juntos. Em que sentido os cultos múltiplos estão refletindo a unidade corporativa da igreja local?

se fundamenta no nível da persuasão. Não é uma convicção, tal como a doutrina da divindade de Cristo, sobre a qual devemos romper nossa comunhão, por causa de discordância. Não é uma simples opinião, como a que diz respeito à cor de um tapete. É uma persuasão — avaliamos a informação bíblica e estamos persuadidos de que uma conclusão específica se fundamenta nas Escrituras. Ainda que esta não seja uma questão que se refere à doutrina da salvação, ela é uma questão importante considerada poucas vezes — mas, conforme cremos, de modo consistente — nas Escrituras. Podemos tentar persuadir os outros, conforme o fizemos neste capítulo, para a edificação da igreja. Todavia, dividir a igreja por causa de assuntos como este seria injustificável.

8 O PAPEL DO PASTOR

Já apresentamos tanto um entendimento específico da igreja[1] como um modelo específico de adoração corporativa (ver capítulos 6 e 7). Agora, temos de pensar mais particularmente sobre o papel do pastor na liderança geral da igreja e na reunião de adoração coletiva da igreja local.

PRATICANTES DAS MARCAS

Como já vimos na Introdução, a singularidade da igreja está em sua mensagem evangélica, que é dramatizada nas ordenanças do Batismo e da Ceia do Senhor. Não é surpreendente o fato de que os reformadores do século XVI se mostraram ansiosos por definir a verdadeira igreja em termos de pregação correta da Palavra e administração correta das ordenanças.

A natureza da verdadeira igreja, por sua vez, tem importantes implicações para a natureza de um verdadeiro pastor. Se a igreja verdadeira se distingue do mundo e de falsas igrejas pela pregação e pelas ordenanças, faz sentido que o líder mais visível da

---

1 Veja a Introdução.

igreja seja um praticante dessas marcas. Em outras palavras, o pastor deve liderar de maneira a levar a igreja a ser uma igreja verdadeira.[2]

O papel mais importante e fundamental do pastor é pregar o evangelho com clareza. A primazia da pregação nunca mudará, não importando o estágio de vida em que a igreja esteja. Quer sua igreja tenha 6 meses ou 60 anos de existência; quer tenha 5 ou 5.000 membros, a pregação sempre será primária porque a igreja é distinguida do mundo por viver cada palavra que procede da boca de Deus (Mt 4.4). Embora não queiramos criar uma separação entre a pregação e as ordenanças, ainda é apropriado afirmar que a pregação do evangelho tem a primazia sobre as ordenanças, porque é a pregação do evangelho que dá ao nosso entendimento informações a respeito do que é simbolizado no Batismo e na Ceia do Senhor.

Isto não diminui, de modo algum, a importância de administrar corretamente as ordenanças. Administrar de modo correto o Batismo e a Ceia do Senhor é crucial à fidelidade pastoral. Isto é verdade porque, falando em sentido mais amplo, o Batismo atende à porta de entrada da igreja, enquanto a Ceia do Senhor, à porta dos fundos. O batismo administrado de forma apropriada (ou seja, o batismo de crentes com base em uma profissão de fé digna de confiança) ajuda a garantir que somente os crentes genuínos são aceitos como membros da igreja. A Ceia do Senhor administrada corretamente (ou seja, dada somente aos membros com bom testemunho de igrejas evangélicas) ajuda a garantir que as pessoas que estão sob disciplina, por causa de pecados impenitentes, não escandalizem a igreja, nem comam e bebam juízo para si mesmas, ao participarem da Ceia do Senhor (1Co 11.29).

ENSINAR É TUDO

Ensinar é tudo. Não estou dizendo que ensinar deve ser a única tarefa do pastor deve fazer. Tampouco estou advogando uma ortodoxia sem vida. Estou realmente dizendo que tudo que ocorre na frente de uma reunião de adoração corporativa faz

---

[2] Para obter uma abordagem mais detalhada sobre o pastor como praticante das marcas de uma verdadeira igreja, veja o artigo escrito por Mark Dever, "The Noble Task", em *Polity: Biblical Arguments on How to Conduct Church Life* (Washington: 9Marks Ministries, 2001).

parte do ministério de ensino da igreja. Tudo ensina, quer você tencione, quer não. As canções ensinam às pessoas doutrina e afeições por Deus. As suas orações (ou a falta delas) ensinam às pessoas como elas mesmas devem orar. Os tipos de oração que você faz (ou deixa de fazer) ensinam às pessoas as importantes diferenças entre orações de adoração, de confissão, de agradecimento e de súplica. A maneira como você ministra a Ceia do Senhor ensina às pessoas o significado das ordenanças e até do próprio evangelho. Suas pregações ensinam às pessoas como elas devem estudar e usar adequadamente a Bíblia. Ensinar é tudo.

Se você é o pastor titular de sua igreja, Deus o considerará responsável por tudo que acontece à frente das reuniões de adoração de sua igreja. Então, parte de seu papel é ser tão intencional quanto puder a respeito de planejar esses cultos de um modo que se conformem com a centralidade de Deus e do evangelho em sua igreja. Seja ativo ao planejar os cultos de adoração corporativa. Escolha hinos e cânticos de adoração que estejam repletos da glória do caráter e das obras de Deus, hinos e cânticos que removam nosso olhar de nós mesmos e de nossos interesses e o fixem em Cristo e sua cruz. Escolha músicas que servem à intenção de letras centralizadas em Deus e atraem nossa atenção à obra do Espírito na vida da igreja.[3]

Ao liderar o culto de adoração matutino, no domingo, faça orações que estejam saturadas do uso correto das Escrituras — talvez incluindo até a passagem bíblica que será lida em voz alta no culto ou a passagem que será pregada naquela manhã. Inclua orações coletivas de adoração, confissão, agradecimento e súplica, de modo que você seja um modelo de vida de oração individual e saudável. Pregue sermões que estejam subordinados ao ensino principal da passagem, exemplificando, assim, estudo bíblico e aplicação responsáveis. Permita que o principal tema teológico da passagem seja apresentado nas músicas cantadas e em algumas das orações que forem dirigidas a Deus.

No que diz respeito ao seu ministério, isto significará que, periodicamente, você dedicará tempo, em seu calendário (dois ou três dias), para planejar de antemão os cultos — planejar talvez três ou quatro meses de cultos, de uma só vez. A princípio, isso exigirá trabalho árduo, mas o deixará livre para criar cultos inteiros que revelem

---

3 Critérios para escolher a música apropriada para a adoração corporativa serão discutidos no capítulo 13.

uma continuidade temática. Também o livrará das pressões de planejar cultos semanalmente, à medida que as ocasiões surgem.

PENSANDO JUNTOS

1. Quais são as duas principais responsabilidades de um pastor? Justifique sua resposta com base nas Escrituras.
2. Que outras exigências prejudicam as principais responsabilidades de um pastor? Por que isso acontece?
3. Quais são algumas maneiras de impedir que essas outras exigências atropelem as principais responsabilidades pastorais?
4. Por que você planeja a adoração corporativa de sua igreja da maneira como o faz? Há necessidade de mudança?

O DIA A DIA

O que você faz toda semana? Ah! Se eles soubessem! Se você é o pastor titular, muito do seu tempo será investido na preparação do ensino público de sua igreja. "Prega a Palavra" é o seu principal mandato (2Tm 4.2). Especialmente para os pastores novos, não é estranho, de modo algum, gastar vinte e quatro horas por semana no preparo do sermão ou no estudo para as ocasiões de ensino. A exposição das Escrituras é uma tarefa árdua, mas gloriosa. O pastor também se prepara para liderar as reuniões administrativas da igreja, participar da reunião dos presbíteros, visitar e discipular a congregação — e isso não inclui as miríades de conversas (agradáveis ou não) que ele deve conduzir durante a semana. Visto que muitas dessas responsabilidades são consideradas em outras partes deste livro, concentremo-nos agora na realização de uma reunião santa e proveitosa da administração da igreja.

À medida que a igreja cresce e aumenta a necessidade de uma equipe de cooperadores, o pastor terá de ser aquele que manterá todos em unanimidade de pensamento e supervisionará os ministérios dos membros dessa equipe. Ao liderar as reuniões dos cooperadores, é proveitoso começar com uma leitura bíblica e uma oração com base na passagem lida — a passagem pode ser aquela sobre a qual o pastor pregará no domingo seguinte. Também é sábio incluir um tempo breve de oração em favor da igreja — talvez usar, em cada reunião, apenas uma página do livro de oração dos membros da igreja, admitindo que todos os membros da equipe de cooperadores estão comprometidos em orar com base nesse livro, uma página por dia, em seu tempo pessoal com o Senhor. Você pode pensar em breves artigos encorajadores para distribuir entre os presentes, a fim de que leiam como parte regular do *crescimento e edificação da equipe.* Você pode até separar, ocasionalmente, tempo para pedir a opinião deles sobre um assunto atual ou um artigo que se refere à igreja, dando-lhes a oportunidade de pensarem juntos, por alguns minutos, sobre um assunto prático e teológico. Você pode, em certas ocasiões, abençoá-los com uma biografia particularmente encorajadora ou com um livro teológico que lhes proporcionará estímulo e alegria espiritual.

Será proveitoso para você ter um sistema que lhe permita estar sempre atualizado a respeito do que eles estão fazendo, sem que se sintam embaraçados. *Relatórios semanais* poderiam ser um bom instrumento para isso. Eu os recebo dos membros da equipe de cooperadores de nossa igreja toda semana. Contudo, se você espera recebê-los dos membros de sua equipe, evite fazê-los sentir que você tem expectativas irrealistas. Dê orientação e estabeleça um ritmo de trabalho, mas transmita abundante graça e paciência enquanto avançam. Crie uma atmosfera de graça e apreciação entre eles. Seja o primeiro a expressar gratidão. Seja um exemplo de confiança na soberania de Deus, mostrando-se tardio em frustrar-se e impacientar-se nas conversas com os membros. Nenhuma dessas características espirituais surge naturalmente em pecadores como nós. Peça ao Senhor que o capacite, pelo Espírito Santo, a crescer e liderar desta maneira.

A reunião da equipe de cooperadores é também uma ocasião para estabelecer *a agenda de atividades.* Isso incluirá atividades relacionadas à vida corporativa da igreja, tais como reuniões de futuros membros, classes de novos membros, batismos, cultos de comunhão, conferências etc. Também incluirá atividades de coordenação da equipe de cooperadores, tais como quem pregará e quem ensinará nos diferentes cultos, quem ensinará na classe de novos membros, quem será responsável pela realização de casamentos e cultos fúnebres, quem acompanhará certas decisões e detalhes referentes a conversas particulares com certos membros da igreja, quem fará a pesquisa necessária e preparará o currículo para a classe de adultos, quando um deles sairá de férias, que ministérios precisarão de substitutos, compromissos de pregação que o pastor terá fora da igreja e muitos outros itens.

Isto é muito para ser tratado nessas reuniões. Ao mesmo tempo, é bom mantê-las tão breves e estimulantes quanto possível. Portanto, tente manter tudo num ritmo vigoroso, mas agradável. O descontentamento pode surgir pouco a pouco, se as reuniões se estendem por muito tempo, mesmo que você ache que elas sejam estimulantes. Duas horas devem ser o tempo máximo, especialmente se vocês se reúnem a cada semana.

No que diz respeito à agenda semanal do pastor, incentivo-o a exercer disciplina. "Exercita-te, pessoalmente, na piedade" (1Tm 4.7). Estabeleça uma agenda e cumpra-a. Desenvolva uma rotina saudável. Estabeleça períodos semanais, mensais e trimestrais de preparação de sermões, de estudo para outras formas de ensino bíblico, de oração por si mesmo e pela igreja, de organização, de conversas (disciplina, aconselhamento e resposta às chamadas telefônicas), de visitação (em hospitais, nos lares etc.), de leitura para o desenvolvimento pessoal, de planejamento do ministério e de quaisquer outras atividades pastorais às quais o Senhor pode chamá-lo. Aquele que falha em planejar planeja falhar. Separe tempo agora para decidir quando você fará essas ações durante a semana, o mês ou o ano. Do contrário, o ministério pastoral pode assumir grandes proporções, de modo desordenado, e apresentar desafios à nossa família e ministério que poderiam ser vencidos mediante a prudência e a autodisciplina.

Deus lhe confiou somente um número finito de horas e dias. Administre-os bem, para a glória dele, a felicidade de sua família e a edificação da igreja.

OS TRÊS DEVERES

O ministério pastoral pode ser resumido em três deveres: alimentar, guiar e proteger.

Alimentar. A primeira responsabilidade do pastor é alimentar o rebanho com a Palavra de Deus (Jo 21.15-17; 2Tm 4.2). Um pastor não pode ser fiel à sua tarefa, se não alimenta bem o seu rebanho (Ez 34.2-3, 13-14; 1Tm 3.2; Tt 1.9). Ele tem de prover às ovelhas os verdes pastos nos quais elas se deitarão e se alimentarão (Sl 23.1-2). Assegure-se de que haja leite para os recém-nascidos (1Pe 2.2) e alimento sólido para os adultos

(Hb 5.11-14). Esclareça o evangelho para os incrédulos e cristãos nominais; esclareça as implicações permanentes do evangelho para os crentes genuínos.[4] Um homem pode ter uma personalidade carismática, pode ser um administrador excelente e um orador habilidoso; pode ter um programa impressionante; pode até possuir os talentos de um político e a capacidade de ouvir de um conselheiro, mas ele matará de fome as ovelhas, se não as alimentar com a Palavra de Deus. Os programas e a personalidade são dispensáveis. Mas, sem alimento, as ovelhas morrem.[5] Portanto, alimentar o rebanho é a maior prioridade de um pastor. "Apascenta os meus cordeiros" (Jo 21.15).

Guiar. As ovelhas precisam ser guiadas, e não somente alimentadas (Sl 23.3-4). Enquanto guiamos as ovelhas, temos de ir à frente, para que elas nos sigam aos verdes pastos. Por sua vez, isto significa que temos de iniciar conversas espirituais, elaborar estratégias de propagar o evangelho e dar bons exemplos na maneira como vivemos e lideramos (1Tm 4.2; 1Pe 5.1-5). Liderar a igreja também significa equipar as pessoas com o que elas precisam para o crescimento espiritual e o ministério na igreja (Ef 4.11-13). Significa também servir-lhes de uma maneira que se desenvolva uma cultura de liderança servil e que imite o caráter do Salvador (Mc 10.45; Jo 13.1-7). Uma parte da função de guiar o rebanho consiste em manter as ovelhas juntas e trazer de volta as desgarradas (Ez 34.4-12, 16). Esta função de guiar as ovelhas pode ser realizada de maneira piedosa somente quando o próprio pastor vigia com muito cuidado a sua própria vida e a doutrina (1Tm 4.16). Tudo será perdido se o pastor negligencia a vigilância de si mesmo.

Guardar. Um pastor fiel está sempre alerta contra os predadores, e, quando a necessidade surgir, ele se colocará em perigo para proteger as ovelhas (Jo 10.12-15). Muitos desses predadores virão na forma de ensinadores que pervertem a verdade

---

4 A melhor maneira de realizar ambos os objetivos em um mesmo sermão é pregar mensagens expositivas e evangelísticas – sermões que fazem do assunto principal do texto bíblico o ensino central da mensagem, que apresenta com clareza o evangelho como o resultado natural da leitura de cada texto bíblico com as lentes do evangelho (Lc 24.25-27, 45-47).
5 Essa é a razão por que uma igreja que está à procura de um pastor não deve se encantar com candidatos que tenham personalidade vibrante ou um programa inovador. Antes, a igreja deve examinar a capacidade deles em alimentá-la com o leite e o alimento sólido da Palavra. Devem ser consultadas as igrejas em que ele serviu anteriormente. A pregação do candidato ao pastorado (apoiada por seu caráter) é o que deve motivar a igreja a elegê-lo ou a rejeitá-lo. Igrejas que têm conflitos não desfrutarão de vida nova por abraçarem outro programa inovador, e sim por receberem a pregação fiel do evangelho.

(At 20.28-31). Essa é a razão por que os pastores e os presbíteros são chamados para serem homens capazes de encorajar os outros com a sã doutrina e "convencer os que o contradizem" (Tt 1.9). Às vezes, temos de ser aqueles que sabem como neutralizar uma situação potencialmente divisora. Outras vezes temos de nos engajar em conflitos doutrinários sobre assuntos importantes — aqueles que afetam o Evangelho e a segurança da igreja nele. Quando isso acontece, parte de nossa responsabilidade protetora da igreja à qual servimos consiste em envolver-nos em controvérsia doutrinária em favor da clareza do evangelho e da saúde da igreja. Deste modo, não somente protegemos o rebanho, como também guardamos o "bom depósito" que nos foi confiado (2Tm 1.14).

9 EXPOSIÇÃO EVANGELÍSTICA

Tendemos a pensar na pregação expositiva e na pregação evangelística como opostas, ou pelo menos incompatíveis. Mas toda pregação cristã não deveria expor a Palavra de Deus e proclamar seu evangelho? Jesus pensou assim. Já em Marcos 2, ele prega a si mesmo como o Noivo, o Filho do Homem e o Senhor do sábado. Em outras palavras, ele expõe aqueles textos e temas do Antigo Testamento como cumpridos em sua própria pessoa e obra — ele os expõe de maneira evangelística. Na verdade, esse era o entendimento de Jesus sobre todo o Antigo Testamento. "Então, lhes abriu o entendimento para compreenderem as Escrituras; e lhes disse: Assim está escrito que o Cristo havia de padecer e ressuscitar dentre os mortos no terceiro dia e que em seu nome se pregasse arrependimento para remissão de pecados a todas as nações, começando de Jerusalém. Vós sois testemunhas destas coisas. Eis que envio sobre vós a promessa de meu Pai; permanecei, pois, na cidade, até que do alto sejais revestidos de poder" (Lc 24.45-47). Isso não é uma citação de nenhum texto específico; é o próprio resumo de Jesus de Gênesis a Malaquias.

Vez após vez, no livro de Atos, os sermões dos apóstolos seguiram o mesmo padrão. Atos 2 expõe Joel 2 como cumprido nos eventos do evangelho. Atos 3 proclama Jesus como o profeta prometido de Deuteronômio 18. Atos 13 expõe as implicações do evangelho dos Salmos 2 e 16 e Isaías 49. "Nós vos anunciamos o evangelho da promessa feita a nossos pais, como Deus a cumpriu plenamente a nós, seus filhos, ressuscitando a Jesus, como também está escrito no Salmo segundo" (At 13.32, 33). Da sinagoga ao mercado, Paulo regularmente argumenta com base nas Escrituras que Jesus é o Cristo prometido — evangelismo expositivo, exposição evangelística. Pedro resume a mensagem dos profetas como "os sofrimentos de Cristo e as glórias que se seguiram" (1Pe 1.10-12). E Paulo expõe Gênesis 15.6, tanto em Gálatas 3 quanto em Romanos 4, conforme cumprido em Cristo. O padrão dominical e apostólico é declarar toda a Palavra de Deus a todo o povo de Deus, apontando para todos nós o cumprimento das promessas de Deus em Cristo (2Co 1.20).

O QUE FAZ A PREGAÇÃO EXPOSITIVA

A pregação expositiva considera o ponto da passagem e faz disso o ponto do sermão. Expõe o que está na Palavra de Deus — de maneira paciente, metódica e honesta — e aplica aos que ouvem. É claro que os cristãos precisam ser alimentados com uma dieta regular de exposição bíblica (Dt 8.3). Mas os não cristãos também precisam ser abordados pelo ponto da Palavra de Deus — de maneira paciente, metódica e honesta. Um dos grandes benefícios da pregação expositiva através dos livros da Bíblia é que ela dá aos não cristãos mais tempo para aprender o que a Bíblia diz no contexto.

Em uma era de analfabetismo bíblico e confusão de cosmovisão, a evangelização objetiva geralmente precisa ser tão paciente e meticulosa quanto a edificação dos crentes. Os incrédulos normalmente estão mergulhados em uma vida inteira de seus próprios pecados e das mentiras de Satanás. Enquanto isso, Deus é famoso por trabalhar devagar. Não deveria ser nenhuma surpresa, então, que ele muitas vezes leva semanas e meses (às vezes anos!) para o trabalho e adoração — e para trazê-los ao arrependimento duradouro do pecado e da fé em Jesus.

A pregação expositiva está perfeitamente preparada para confrontar os incrédulos com a lógica e a lei de Deus, a vontade e a ira de Deus e a graça de Deus para cobrir sua culpa. Ao expor o texto da Escritura, a exposição bíblica desembainha a única lâmina afiada o suficiente para perfurar os pensamentos e intenções de um coração enganado em si mesmo (Hb 4.12).

9 EXPOSIÇÃO EVANGELÍSTICA

É claro que a exposição bíblica sem o evangelho bíblico não salvará nem edificará ninguém. A fé vem de ouvir, e ouvir *a Palavra de Cristo* (Rm 10.17). A pregação sem Cristo falha em apresentar a qualquer pessoa a única pessoa poderosa o suficiente para salvar. Nossa pregação, então, deve apresentar o evangelho! Mas o que conta como um sermão evangelístico?

O QUE SÃO SERMÕES EVANGELÍSTICOS

Alguns dizem que os sermões evangelísticos devem ser dramáticos e emocionais. Outros estão convencidos de que precisam ser sensíveis à audiência — densos em linguagem, voltados para as necessidades sentidas, iluminados com humor e interesse humano. Outros ainda confundem a pregação evangelística com a apologética explicativa, ou a veem como inseparável dos cultos planejados de avivamento. Para alguns, qualquer pregação que tenha sucesso evidente nas conversões é evangelística — e o que não tem, não é. Mas nem o estilo, nem o ambiente, nem o sucesso determinam se um sermão é evangelístico. Essa honra pertence apenas ao evangelho.

É o conteúdo do sermão que determina seu caráter. O evangelho é claro e central? Então, e somente então, o sermão é verdadeiramente evangelístico. Melhor, o evangelho é apresentado como surgindo comprovadamente das palavras, temas, personagens e imagens do texto que está sendo pregado? Então essa é a *exposição* evangelística. Melhor ainda, o evangelho é levado ao coração com urgência, caridade, clareza e sinceridade, para a salvação dos pecadores e o fortalecimento dos santos? Então essa é a *pregação* expositiva evangelística.

Mas, se pregarmos evangelisticamente em nossas igrejas, não estaremos apenas pregando para o coro? Talvez, mas até os cantores pecam. O pregador puritano William Perkins observou há muito tempo que as igrejas têm "tanto crentes quanto incrédulos. Esta é a situação típica em nossas congregações."[1] Uma categoria que precisamos recuperar é "o membro não regenerado da igreja". Por mais cuidadosas que sejam nossas práticas de membresia, temos que admitir que somente Jesus pode discernir o coração

---

1 William Perkins, *The Art of Prophesying* (Edimburgo: Banner of Truth, 1996), p. 62 [edição em português: *A Arte de Profetizar* (Brasília: Monergismo, 2018)].

das pessoas (Jr 17.9, 10). Alguns de nossos membros podem viver por anos na mais sólida das igrejas, despreocupados com seus pecados e não convertidos em suas almas. Esta realidade seria motivo suficiente para uma exposição evangelística.

Mas a pregação evangelística sólida também é útil para os cristãos genuínos. Pense em como Paulo ensinou os gálatas a continuar no evangelho como haviam começado (Gl 3.1-6). Além disso, onde está o cristão entre nós que não tem espaço para crescer na compreensão do amor de Deus, obedecendo aos seus mandamentos, confiando no sangue e na justiça de Cristo, perseverando nas dificuldades e esperando o céu? O evangelho do sofrimento e da glória de Cristo nos encoraja ao longo do caminho para a Cidade Celestial enquanto carregamos nossas próprias cruzes no discipulado de Cristo. A exposição evangelística, então, não apenas informa e confronta o incrédulo; ela fortalece os fiéis. Coloca nosso sofrimento no contexto do de Cristo. Torna o sofrimento de Cristo mais caro aos nossos corações. Ela nos adverte dos perigos ao longo do caminho. Ela exalta Jesus como nosso Salvador e Senhor completamente suficiente. E, de todas essas maneiras, ele atrai nosso louvor a Cristo à medida que crescemos em nossa compreensão e apreciação por quem Jesus é e tudo o que ele realizou por nós em sua vida, morte, ressurreição e ascensão.

A exposição evangelística também é boa para os cristãos porque os ajuda a integrar a verdade bíblica em sua vida cotidiana. O evangelho se torna o padrão da verdade, o filtro do comportamento e uma barreira contra o pecado. À medida que crescemos no conhecimento da santidade de Deus, respeitamos e tememos seu desagrado paternal — pecamos menos porque amamos mais. Sua grandeza se torna a base de nossa fé, e sua verdade, a âncora de nossa confiança em sua Palavra. Sua criação do mundo, e de nós à sua imagem, nos ensina a realizar nossas vocações de maneira que o agrade e honre.

Como resultado, a exposição evangelística encoraja um tipo orgânico de fidelidade no evangelismo pessoal. À medida que o evangelho se torna mais central em nossos sermões, o evangelismo se torna mais natural para aqueles que nos ouvem — e para nós mesmos como pregadores! Quando pregamos o evangelho de maneira orgânica a partir de toda a Escritura e o aplicamos a tudo na vida, os cristãos lentamente aprendem a aplicar o evangelho da mesma forma a um filme popular ou a uma notícia específica; para este espinhoso dilema ético ou aquele tweet sarcástico. Folhetos evangelísticos impressos podem ser ótimas ferramentas. Mas quando estamos com nossos amigos e familiares descrentes, as transições orgânicas para o evangelho não

9 EXPOSIÇÃO EVANGELÍSTICA

têm preço. A exposição evangelística treina os cristãos ao longo do tempo para ver as conexões do evangelho que se dirigem ao nosso mundo e levam a conversas evangelísticas que são mais fiéis do que forçadas.

COMO PREGAR SERMÕES EXPOSITIVOS DE FORMA EVANGELÍSTICA

Como, então, pregamos sermões expositivos evangelisticamente? Um lugar para procurar uma resposta é a pregação de homens como James Montgomery Boice em Gênesis ou D. Martyn Lloyd-Jones em Efésios. Às vezes, pregar dessa forma se aprende pelo exemplo.

Mas também precisamos ver que toda a Bíblia é moldada pelo evangelho. Vemos em toda parte os temas cristocêntricos da criação, degeneração da criação e nova criação; êxodo e novo êxodo; pecado, sacrifício e substituição; profeta, sacerdote e rei; salvação através do julgamento; vida através da morte e ressurreição; exílio e retorno; e muitos outros. Deus está constantemente revelando, em toda a Bíblia, seu próprio caráter e expectativas, por que ele nos criou, como nos rebelamos contra sua lei e rejeitamos seu amor, o que ele fez por nós para nos reconciliar consigo mesmo em Cristo, as categorias que Jesus cumpriria para nós, e o chamado de Deus para que nos arrependamos de nossos pecados e confiemos em Jesus para perdão e novidade de vida no poder de seu Espírito. Compreender nossas Bíblias dessa maneira nos protege de mera moralização e nos capacita a pregar não apenas o que as pessoas devem fazer, mas o que Cristo fez que nunca poderíamos fazer.

Com isso em mente, existem algumas maneiras de tornar nossas exposições evangelísticas.

1. Pregue tendo em mente os não crentes: Primeiro, podemos nos acomodar aos visitantes não cristãos. Certamente, o propósito da principal reunião semanal é a edificação dos santos, não a evangelização (1Co 14). Jesus nos encarrega de alimentar suas ovelhas. Ao fazermos isso, pela graça de Deus, os cristãos se tornam mais evangelísticos e trazem seus amigos não cristãos à igreja para ouvir o evangelho.

Portanto, é sábio explicar periodicamente por que fazemos o que fazemos em nossos cultos, para que tanto os crentes quanto os incrédulos possam acompanhar bem o culto. Também podemos usar linguagem não técnica que os incrédulos possam entender. Podemos orientar as pessoas na Bíblia, talvez explicando como funcionam os números de capítulos e versículos ou direcionando-as para o número de página da passagem específica da Bíblia. E podemos usar uma tradução moderna que seja legível.

2. *Use títulos de sermão*: Também podemos usar os títulos de nossos sermões para incitar o interesse e chamar a atenção. Persuadir o interesse não precisa comprometer o conteúdo. Pense por que Deus falou seu texto de pregação aos nossos corações. Que condição ele está abordando? Que erro ele está corrigindo? Que verdade ele está ensinando? Por que precisamos ouvir o que ele diz? Que promessa ou esperança ele está nos oferecendo? Os títulos de séries e sermões podem fornecer uma prévia do conteúdo do texto e sugerir como ele se relacionará com os pensamentos, sentimentos, suposições, visões de mundo e relacionamentos das pessoas. Títulos de séries e sermões podem funcionar como anúncios verdadeiros.

3. *Use introduções de sermões*: As introduções de sermões também podem ser ferramentas úteis para demonstrar por que as pessoas, cristãs ou não, devem ouvir o sermão. É conveniente presumir que todos estão tão interessados em nossos sermões quanto nós, mas é claro que sabemos que as pessoas vêm à igreja distraídas ou desesperadas, tristes ou furiosas, cansadas, apáticas e até mesmo cínicas às vezes. Seja uma pergunta convincente, uma declaração provocativa, uma ilustração direta ou uma citação ilustrativa de uma notícia recente, a consideração em como você começa pode servir para capturar e prender a atenção até o fim.

4. *Pregue doutrinariamente:* Mas, primeiro, você precisa dar sua própria atenção aos conceitos que está apresentando. Que doutrina bíblica sua passagem ensina? Que visão de mundo ela aborda? E como seu próprio texto prega as verdades simples do evangelho da santidade de Deus, nosso pecado e suas consequências, a morte e ressurreição de Cristo e o chamado para se arrepender e crer? Apresentar um resumo claro e conciso do evangelho à medida que surge de seu texto de pregação em cada uma de suas exposições pode ajudar a garantir que você esteja pregando de maneira evangelística. Considere algo assim:

> Este santo Criador nos criou para amá-lo e servi-lo para sempre. Infelizmente, nos rebelamos contra sua lei e rejeitamos seu amor — pecamos

9 EXPOSIÇÃO EVANGELÍSTICA

contra ele. Podemos ignorá-lo por enquanto, mas não podemos evitá-lo para sempre. Um dia, a paciência de Deus com os pecadores terminará e seu julgamento começará. Então prestaremos contas a ele, e ele nos julgará com justiça por nossos pecados. Nossa única defesa estará na justiça e no sacrifício de Cristo. O próprio Deus enviou seu Filho eterno para se tornar homem, a fim de viver a vida sem pecado que deveríamos ter vivido e depois morrer a morte que merecíamos, em nosso lugar, por nossos pecados, na cruz Lá ele suportou a condenação de Deus por todos os pecados de todo o seu povo. Jesus sofreu nossa sentença por ordem do próprio Deus. Mas ele o ressuscitou dentre os mortos para provar que Jesus não morreu por nenhum de seus pecados, mas pelos nossos. E Deus aceitou Jesus de volta ao trono do céu para demonstrar sua aceitação do sacrifício de Jesus pelo nosso perdão. A justa ira de Deus contra aqueles em Cristo foi exaurida em Cristo. Com base nessa provisão de misericórdia e promessa de esperança, Deus ordena a todos nós que confessemos nossos pecados a ele, nos arrependamos de nossa rebelião e confiemos em Cristo para encontrar a reconciliação com Deus e uma nova vida em Jesus.

Você pode abreviar alguns aspectos dessa explicação e elaborar outros, com base em qual desses temas é mais proeminente em seu texto de pregação. Seja qual for o caso, algum resumo do evangelho como este deve ficar claro em cada exposição. Mas este resumo não deve ser oferecido como uma opção a ser considerada ou uma solução para uma necessidade sentida. Afinal, nem sempre sentimos nossas maiores necessidades ou escolhemos as melhores opções. Em vez disso, anunciamos este evangelho como a convocação do Todo-poderoso Juiz. Sabemos com certeza que nenhum de nossos ouvintes será capaz de se justificar diante de Deus com base em suas obras. Como tal, nossos ouvintes incrédulos correm o risco de um inferno eterno se recusarem a se arrepender. Nós, então, somos responsáveis perante Deus por notificar os outros, por meio de nossa pregação, de que eles são responsáveis perante Deus. É muito melhor, então, para todos os envolvidos que sejamos claros em vez de tímidos (veja Mc 8.38; At 17.31; Rm 3.19, 20; Hb 9.27).

5. *Use ilustrações*: Quando Paulo citou inscrições gregas e poetas aos atenienses em Atos 17, ele demonstrou o valor da ilustração. Claro, nenhuma ilustração pode substituir uma apresentação clara do evangelho. Mas livros populares, filmes, notícias e situações políticas podem ajudar nossos amigos não cristãos a ver como incontáveis temas do evangelho se cruzam com suas vidas, confrontam seus pecados e contradizem suas próprias visões de mundo. Um testemunho pessoal direto, seja contemporâneo ou histórico, também pode ajudar a levar a verdade do evangelho ao coração. A ilustração não deve diminuir a exposição, e as ilustrações de sua própria vida não devem ser autoexaltadas, mas Deus é honrado quando seu evangelho é demonstrado como verdadeiro; então ilustre o poder do evangelho em sua pregação.

6. *Aplique o texto*: Mas nossas aplicações devem ser tão evangelísticas quanto nossas ilustrações. Isso significa que teremos que ser claros e corajosos com nossos ouvintes sobre o pecado. Um bom médico deve estar certo e honesto sobre o diagnóstico antes de poder prescrever a receita certa. Da mesma forma, o Grande Médico diagnosticou a humanidade com pecado, e é uma pandemia. No entanto, o contágio pode incubar sem ser detectado. De fato, a maioria de nossos pacientes se considera assintomática.

Deus projetou a exposição evangelística para funcionar como um diagnóstico que pode revelar aos pecadores a doença cardíaca que eles nem percebem que os infectou (Hb 4.12). Tornamo-nos falsos médicos da alma quando nos preocupamos mais com a maneira como nossa conduta à beira do leito é recebida do que com o diagnóstico e a prescrição corretos. Não estamos tentando ganhar a aprovação do não cristão. Estamos tentando ganhar suas almas. Definir um osso quebrado é doloroso. Nenhum paciente quer precisar desse tratamento. Mas um médico negar a necessidade de tal tratamento em casos necessários não é sabedoria nem compaixão; é prevaricação.

Para responsabilidade pessoal, então, podemos pensar em cinco tipos de aplicações expositivas.[2] Você pode fazer uma tabela com linhas para cada ponto do sermão (à esquerda) e colunas para baixo para os tipos de aplicação em cada ponto (no topo). As colunas podem ajudá-lo a considerar primeiro o que é exclusivo da história da salvação e, em seguida, como o texto se aplica exclusivamente a Cristo conforme cumprido

---

2 Para um modelo da "Grade de Aplicações" que Mark usa ao preparar seus sermões, veja: https://simeontrust.org/application-grid-9marks/.

em sua pessoa e obra. Em seguida, podemos pensar em como o texto chama o não cristão a se arrepender de ações ou atitudes pecaminosas, ou a confiar em Cristo e no evangelho. Devemos também considerar como o texto se aplica à vida do indivíduo cristão na praça pública, vivendo no mundo, mas não pertencendo a ele. Finalmente, podemos meditar sobre como o texto se aplica à nossa vida cristã individual e também à vida corporativa e à saúde de nossa vida compartilhada na igreja local.

Nem sempre seguiremos a mesma ordem em nosso estudo, nem chegaremos a todos esses diferentes tipos de aplicação em cada ponto de cada sermão. Mas é uma boa disciplina garantir que estamos pensando não apenas em termos de edificar os crentes, mas também em termos de evangelizar os incrédulos em nossa pregação regular da Palavra de Deus. Ao pensarmos nessas aplicações evangelísticas, podemos fazer bem em perguntar como esse versículo ou esse ponto soará para um amigo não cristão e, em seguida, criar uma aplicação que aborde diretamente o pecado, a concepção errônea, a evasão ou o desespero do incrédulo.

Novamente é importante lembrar aqui que não estamos simplesmente adotando a mesma apresentação padronizada do evangelho em todos os sermões. Idealmente, estamos apresentando o evangelho a partir das ênfases orgânicas da passagem que estamos pregando. Por exemplo, se estamos pregando Josué 2 ou 6, não pregamos sobre o sangue de Cristo a partir da vermelhidão do cordão escarlate de Raabe. Mas ela ouve o evangelho de Deus libertando seu povo do Egito, ela teme o julgamento de Deus, ela se arrepende de sua visão de mundo anterior e sua falsa adoração, e ela lança sua sorte com o povo de Deus. Como resultado, ela experimenta o mesmo tipo de proteção contra o julgamento de Deus que os israelitas tiveram na primeira Páscoa em Êxodo 12, e pelas mesmas razões — ela ouve e acredita na advertência de julgamento de Deus e em sua promessa de salvação. Esse é o evangelho segundo Raabe.

Mas nossos ouvintes precisam saber como responder ao evangelho que pregamos, e é por isso que um convite é crucial. Como parte orgânica do próprio sermão, o pregador chama os pecadores a confessar seus pecados, arrepender-se deles, submeter-se ao reino de Cristo Jesus e confiar em sua morte e ressurreição para o perdão e a salvação. "Pecador, arrependa-se e creia." Esse tipo de chamado deveria ser comum em nossa pregação. Além disso, podemos convidar não cristãos para conversar conosco após o culto ou incentivá-los a falar com o amigo cristão que os trouxe. É melhor evitar qualquer tipo de convite que os leve a pensar que, ao responder ao nosso convite, eles responderam ao chamado salvador de Cristo. Esse é um erro bem-intencionado que leva à confusão e carnalidade nas igrejas. No entanto, com todas as cautelas observadas, ainda devemos chamar as pessoas para responder ao evangelho, não apenas para ouvi-lo.

PENSANDO JUNTOS

1. Quais são alguns elementos que podem nos ajudar a pregar sermões expositivos de maneira evangelística?
2. Como seu próximo sermão expositivo pode exaltar melhor a Cristo explorando a conexão do texto com os temas do evangelho?
3. Como seu próximo sermão evangelístico pode ser fortalecido e esclarecido pela proclamação expositiva de um texto?

10 O PAPEL DAS DIFERENTES REUNIÕES DA IGREJA

Os nutricionistas reconhecem, geralmente, que existem cinco grupos de alimentos; e cada um desses grupos sustenta o corpo de uma maneira única, mas harmoniosa. Se desejamos ter saúde, precisamos nos alimentar de uma combinação de alimentos que se incluem nos cinco grupos. Não podemos comer somente pão e sorvete, esperando que nos mantenhamos em forma e boa disposição! Isto se aplica também às diferentes reuniões da igreja; cada uma delas cumprirá um papel diferente no desenvolvimento da saúde corporativa — santidade, amor e sã doutrina.

    O que apresentamos neste capítulo não tenciona ser os elementos essenciais no planejamento das reuniões da igreja. É apenas um exemplo de como podemos usar, de modo eficaz, as diferentes reuniões semanais para cultivar a saúde na igreja local. É um modelo que temos usado em nossa própria igreja, em Washington, D.C. Pela graça de Deus, nós o temos usado com grande proveito.

A CLASSE DE EDUCAÇÃO DE ADULTOS

    A classe de educação dos adultos é a principal ocasião para *equipar* membros da igreja. Muitos interpretam essa classe como sendo aquela de comunhão entre pessoas da mesma faixa etária ou como um ensino voltado para um estágio específico da vida. E, embora esse modelo de comunhão entre pessoas do mesmo sexo e faixa etária seja bastante popular, entendemos que a classe de educação de adultos pode oferecer algo muito mais singular e proveitoso.

A comunhão baseada em afinidade é frequentemente duplicada nas reuniões semanais de estudo bíblico. Todavia, o que falta em muitas igrejas locais é um sistema de ensino integrado que comece a equipar os membros em áreas como cristianismo básico para iniciantes, a prática da vida cristã, visão panorâmica do Velho e Novo Testamento, teologia sistemática, história da igreja e crescimento cristão.

O objetivo é dar às pessoas uma bagagem de recursos crescente para que elas entendam as Escrituras com mais exatidão e vivam o cristianismo com mais fidelidade. Quando uma pessoa completa todas as aulas (e isso pode levar quatro ou cinco anos, dependendo da quantidade de material oferecido), ela é encorajada a assistir à classe de educação de adultos com um amigo cristão mais jovem, ou com seu filho, ou com sua filha adolescente. A classe pode ser usada como um instrumento que pode estimular conversas espirituais frutíferas sobre discipulado, durante a semana. Você pode pensar na escolha dos alunos de acordo com o currículo preparado e tornar disponíveis materiais de leitura para os que desejarem suplementar seu aprendizado ou se mostrarem interessados em lecionar essa classe no futuro. Para os membros mais velhos, assistir a diferentes classes de educação de adultos, durante vários anos, pode ser redundante. Mas aprimoramentos constantes do material de ensino, acréscimos ao currículo, uma variedade nas leituras complementares e mudança de papel — de aluno para discipulador ativo — podem acabar com qualquer monotonia.

O CULTO MATINAL DE DOMINGO

O culto matinal de domingo é o principal tempo para *alimentar* as ovelhas. Sendo assim, a exposição bíblica é prioritária. É comum reputar esse culto primariamente como um tempo de evangelização. O resultado disso é que muitas igrejas estão ajustando esses cultos às preferências musicais e culturais de seu público-alvo. No entanto, de acordo com 1Coríntios 14, o propósito da principal reunião semanal da igreja não é a evangelização, e sim a edificação.[1] Por conseguinte, parece sábio não acomodar nossos cultos às preferências dos incrédulos, e sim aos parâmetros bíblicos que nos foram dados visando à edificação mútua dos crentes.

O culto matinal de domingo é também a principal reunião de adoração da igreja. Visto que a adoração é uma resposta à revelação, é neste culto que servimos a refeição mais consistente na forma de exposição das Escrituras. Sendo este o principal tempo de alimentação corporativa para a igreja, a exposição bíblica é o principal elemento não somente deste culto, mas também de todo o ministério público da Palavra. E, uma vez que Cristo é o assunto essencial das Escrituras (Lc 24.25-27, 45-47), essa exposição deveria sempre levar a uma apresentação clara do evangelho. Isto significa que uma mesma mensagem deveria ser, normalmente, uma *exposição evangelística* — deveria expor tanto aos crentes como aos incrédulos o conteúdo do evangelho e suas implicações para cada pessoa, como um resultado natural de fazer que o ensino principal do texto bíblico seja o assunto central da mensagem. Esse tipo de pregação motivará os membros a trazerem amigos incrédulos, porque sabem que o evangelho será apresentado com clareza e que os incrédulos serão exortados com franqueza a se arrependerem e crerem. Essa exposição evangelística será complementada por leituras bíblicas escolhidas com prudência, orações com palavras criteriosas e cânticos significativos que enfatizarão o tema da passagem.

Em resumo, esse culto é a ocasião em que, juntos, lemos, pregamos, oramos, cantamos e vemos a Palavra de Deus, a cada semana.[2] Mas, novamente, isso não acontece apenas de forma espontânea. Temos que planejar isso. Vale a pena dedicar um tempo significativo para pensar em quais músicas cantar e quais passagens das Escrituras ler, com base em qual texto do sermão você pregará. Esse tipo de consideração pode dar a todo o culto uma sensação de coesão, o que pode tornar a reunião pública mais fácil de acompanhar — especialmente quando é bem conduzida desde o início.

---

1 Ver especialmente os versículos 3, 4, 5, 6, 12, 17 e 26. Também precisamos lembrar que nossa audiência na adoração é Deus, e não o homem.
2 Para obter uma breve explicação sobre o que está envolvido em cada um dessas atividades, ver capítulo 7.

Quando estou frequentando minha igreja local, mas não pregando, gosto muito de ser o único a liderar o culto matinal de domingo. Isso me dá a oportunidade de me relacionar com toda a congregação reunida não principalmente como pregador, mas mais especificamente como um pastor de ensino que os conduz pela mão através do culto público para que possam acompanhar e alimentar-se livremente sem se preocupar em se perder — é como conduzi-los para os pastos verdejantes. Também amo treinar e capacitar outros presbíteros e líderes para liderar nossos cultos públicos para que mais homens na igreja possam desenvolver uma voz de autoridade amorosa que possa servir como um guia constante para a congregação durante nosso culto.

A liderança de culto é uma ótima oportunidade para explicar o que estamos fazendo e por que estamos fazendo dessa maneira. Na melhor das hipóteses, a liderança do culto ensina os "porquês" por trás de nossos "comos" e ajuda a congregação a seguir nossa liderança no ministério público da Palavra.

Liderar um culto com planejamento, sabedoria e amor pode ensinar à congregação e aos nossos visitantes incrédulos como entender todo o culto à medida que o realizamos juntos. No nível básico, envolve apresentar as músicas que cantaremos e as leituras que ouviremos para que juntos entendamos como cada elemento nos prepara para ouvir o texto do sermão ou facilita nossa resposta a ele. Apenas algumas breves frases para explicar a música que estamos prestes a cantar ou a leitura que estamos prestes a ouvir e como isso se relaciona com o sermão (ou com outros elementos do culto) podem ajudar a congregação a se envolver com toda a sua mente.

Outra grande utilidade da liderança cuidadosa no culto é que ela evita que a congregação desenvolva um tipo errado de tradicionalismo que diz: "Sempre fizemos assim, mas não sabemos por quê". É saudável quando nossas congregações sabem por que realizarmos nossas práticas da maneira como as fazemos. A liderança cuidadosa do culto pode até fornecer uma justificativa cativante para nossa liturgia a nossos visitantes incrédulos e ajudá-los a navegar por águas desconhecidas.

O CULTO DE DOMINGO À NOITE

O culto de domingo à noite é o principal tempo para a *família* na igreja.[3] Poderia ser facilmente planejado como uma versão simplificada do Culto Matutino — teria os mesmos elementos (música, oração e pregação) em um espaço de tempo menor e uma atmosfera mais informal. Mas esse culto pode ser usado para desenvolver interesse mútuo e proximidade familiar que nutrem igrejas cristãs altruístas.

As reuniões de domingo à noite têm passado por tempos difíceis ultimamente. Afinal, as Escrituras nunca nos ordenam especificamente que nos reunamos mais de uma vez no Dia do Senhor. Mas vale lembrar que Jesus nos ensinou a orar o Pai Nosso na primeira pessoa do plural — nosso, nós, não eu, meu. Parece que Jesus quer que pelo menos nos lembremos de que somos individualmente parte de uma comunidade. Talvez seja por isso que o modelo da igreja primitiva reunia oração coletiva tão fielmente (At 1.14; 2.42; 4.24, 31; 6.12; 12.5). Paulo até ordena que as igrejas orem juntas como congregações (Rm 12.12; 15.30; 1Co 11; Cl 4.2; 1Tm 2.8).

Então, como você conduz um culto destinado a facilitar a oração comunitária, a proximidade familiar e a ênfase nas preocupações orientadas para o evangelho em nossa vida de oração compartilhada? Eis o que fazemos. Não é perfeito, mas é um bom começo. Iniciamos com canções de comunhão centradas em Deus. Em seguida, realizamos um breve período de oração. Depois, temos um tempo curto de avisos concernentes à vida da igreja. Depois disso, tentamos passar ininterruptamente a um breve tempo de pedidos de oração apresentados pela congregação. Esses pedidos são avaliados antecipadamente pelo pastor, para garantir que são apropriados. Em outras palavras, queremos ser intencionais no que diz respeito a levar a congregação a deixar, gradualmente, de orar apenas pelas necessidades físicas dos membros e não membros e a orar pelas necessidades espirituais dos membros e dela mesma, bem como pelas oportunidades evangelísticas, pelas perspectivas de implantação de igrejas locais e por missões internacionais. Incentivamos os membros a atentarem às suas necessidades espirituais e às oportunidades de ministério e a nutrirem um interesse de oração em

---

3 N. do T: Normalmente, na cultura norte-americana, diferentemente do que ocorre em muitas igrejas no Brasil, o culto dominical principal é o culto matutino, enquanto o culto noturno é um culto mais informal e familiar.

favor das necessidades e oportunidades dos outros na igreja. Para cada pedido compartilhado, uma oração curta é feita por um dos membros que se oferece voluntariamente (ou que é solicitado). Em seguida, um pequeno sermão devocional (de cerca de 15 minutos) é apresentado por um presbítero ou um jovem que se prepara para o ministério pastoral. A passagem sobre a qual ele prega aborda o mesmo tema considerado no sermão da manhã, mas do outro Testamento. Cantamos um hino ou uma canção final e terminamos com um breve tempo de silêncio, para meditarmos sobre o assunto central da mensagem devocional. Tudo isso demora, geralmente, uma hora e meia. E, quando as pessoas estão se tornando membros da igreja, lhes falamos com clareza que esperamos que elas participem normalmente desse culto.

Outra maneira proveitosa de usar um culto de domingo à noite é incorporar um tempo de conversa congregacional e oração sobre aplicações do texto do sermão que foi pregado no culto da manhã. Com o tempo, esse hábito pode dar aos santos a prática de conversar e orar juntos sobre as Escrituras e suas implicações para nós. Também pode servir como um instrumento pastoral para medir o quão bem as pessoas estão entendendo e aplicando nossos sermões. Supondo que você tenha um bom relacionamento com a congregação, você pode até abrir periodicamente a palavra para perguntas sobre o texto do sermão da manhã. Isso pode lhe dar a oportunidade de modelar humildade, paciência, acessibilidade e cuidados corretivos.

Esse culto é uma das principais maneiras corporativas em que tencionamos ser propositais em amar uns aos outros e nos envolvermos na vida uns dos outros. Deste modo, almejamos usar o culto de domingo à noite para cultivar o valor da saúde e do testemunho coletivo da igreja local. Quando comecei esse tipo de culto, poucos o frequentavam nos primeiros dois anos. Mas ele cresceu bastante e tornou-se uma das partes mais significativas de nossa vida semanal como igreja. A persistência compensa! Durante os últimos dez anos, vimos esse culto se tornar um tempo caloroso e agradável, à medida que surgem oportunidades de evangelização, casamentos são anunciados, oramos em favor de frutos do ministério, os membros são animados, missionários são lembrados e se tornam assunto de nossas orações, nascimentos são informados, e jovens pastores são enviados. Na verdade, ouvimos frequentemente comentários de novos membros que disseram haver começado a vir a esse culto para ouvir a pregação e que decidiram se tornar membros da igreja por experimentarem a vida fraterna e o amor da igreja nos domingos à noite.

10 O PAPEL DAS DIFERENTES REUNIÕES DA IGREJA

Se você tentar iniciar uma reunião de domingo à noite onde não existia anteriormente, ou se estiver reiniciando após um longo período de negligência, seja determinado. Atenha-se a ela, mesmo que o comparecimento inicial possa não ser tão completo quanto você esperava. Defina seu horizonte de tempo para anos, não apenas semanas ou meses. Acima de tudo, ore para que o Senhor torne sua congregação mais fiel para se reunir para a oração coletiva. O Senhor ama responder a essa oração.

PENSANDO JUNTOS

1. Por que não seria melhor usar a hora de educação dos adultos para o ensino e a comunhão de pessoas do mesmo sexo e idade?
2. Conforme o ensino bíblico, por que devemos evitar o uso do culto matutino de domingo principalmente para evangelização?
3. Por que devemos, de forma intencional, tornar o culto de domingo à noite diferente do culto da manhã?

O CULTO DE QUARTA-FEIRA À NOITE

O culto de quarta-feira à noite é o principal tempo de *estudo*. As filosofias de ministério divergem muito quanto ao uso desse culto e até mesmo quanto à sua existência. Quando começamos nosso culto de quarta-feira, poucas pessoas o frequentavam. Com o passar dos anos, à medida que as pessoas se beneficiaram do ensino das Escrituras, outros irmãos ficaram sabendo, e a audiência se tornou mais estimulante e firme. Temo-nos beneficiado muito do uso do culto de quarta-feira como um tempo para toda a igreja se reunir e receber estudo bíblico indutivo. Como *isso* funciona?

Sempre estudamos as epístolas nos cultos de quarta-feira à noite, pois elas se prestam particularmente bem ao método indutivo (observação, interpretação e aplicação). Estudamos devagar — um versículo ou dois por semana, investigando por alguns anos o mesmo livro. Isso parece enfadonho, mas nos dá a oportunidade de considerarmos, juntos, doutrinas importantes, a fim de descobrirmos, como igreja, maneiras como essas doutrinas se aplicam a nós, coletiva e individualmente; também nos proporciona ocasião de nos avaliarmos juntos para reconhecer se, como igreja, estamos ou não obedecendo o trecho das Escrituras que estamos estudando.

Geralmente, começo lendo uma parte de um livro escrito por um autor evangélico bem firme. Dou alguns avisos e faço uma oração. Em seguida, leio o contexto dos versículos (um ou dois) que estudaremos naquela noite. A pequena passagem que será alvo do estudo é escrita em um quadro-negro; eu começarei a fazer perguntas: primeiramente, sobre o que o texto diz (observação); depois, sobre o que o texto significa (interpretação); e, por último, sobre o que o texto significa para nós (aplicação).

As perguntas de observação podem incluir as seguintes: nesta passagem, o que Paulo diz que devemos fazer? Como devemos fazê-lo? O que ele diz que acontecerá? Quando isso acontecerá? A respeito de quem Paulo está falando? De acordo com o contexto, por que ele diz isso? Às vezes, essas perguntas iniciais são óbvias, mas apresenta à congregação um exemplo de estudo bíblico responsável e assegura que aplicaremos corretamente o texto à nossa vida. As perguntas de interpretação podem incluir: o que significa "orar sempre"? O que essa expressão não significa? Ela tem um significado duplo intencional que se ajusta ao contexto? Questões de aplicação poderiam assumir estas formas: você faz isso? Como? Quando você não aplica esta passagem, o que o impede de fazer isso? Estamos fazendo isso fielmente, como igreja? Poderíamos aplicá-la melhor? Como poderíamos fazê-lo melhor? Há maneiras em que devemos parar de aplicar essa passagem por a termos entendido erroneamente?

Quando comecei a fazer isso na igreja, tinha de esperar, às vezes, por trinta (ou sessenta!) segundos de silêncio, até que alguém levantasse a mão e oferecesse uma resposta. Mas, agora, a igreja se acostumou com a ideia e a tem praticado por alguns anos; aqueles silêncios são cada vez mais curtos e menos frequentes. Digo isso como um encorajamento! Não tema que o silêncio o impedirá de avançar com fé e de liderar um grupo de estudo bíblico tão grande como o nosso. O silêncio não durará para sempre! Eventualmente, alguém falará. Se isso não acontecer, reestruture a pergunta, com calma, ou peça a um membro mais maduro e instruído da congregação que compartilhe seus pensamentos. À medida que as pessoas obtêm mais prática em pensar assim, elas ficam mais à vontade para falar, e a conversa se tornará mais viva e produtiva. Você precisa apenas ser paciente com a congregação, enquanto eles se adaptam.

Em todo caso, assegure-se de haver estudado a passagem atentamente, de modo que você seja capaz de responder perguntas lógicas. Talvez, em alguns casos, você terá de dizer: "Não sei". Mas isso é normal. Ninguém espera que você seja onisciente (e, se alguém espera, está sendo insensato). Além disso, dizer: "Não sei", em público, às vezes é bom para sua humildade.

PENSANDO JUNTOS

1. Pense em três maneiras como um grupo de estudo bíblico indutivo pode beneficiar sua igreja?

AS ASSEMBLEIAS

As assembleias são as principais ocasiões *administrativas* da igreja. Mais conhecidas como assembleias de negócios, essas reuniões são um privilégio maior do que comumente imaginamos. Estamos juntos para tratar de assuntos do reino, enquanto a igreja cresce e se expande — dificilmente, achamos algo tão importante como essas reuniões! Como realizar uma assembleia de modo a não levar a igreja à discordância carnal?

O primeiro passo é dado na maneira como você recebe os novos membros. Assegure-se de que, até onde você possa dizer, cada pessoa que se torna membro de sua igreja seja realmente convertida (ver capítulo 4). Incrédulos que participam das assembleias de negócios da igreja sempre o farão com um coração egoísta, carnal e arrogante — nunca receberam um novo coração. Portanto, é lógico que a participação deles em tais reuniões não seja proveitosa nem cordial.

O segundo passo é realizar a assembleia em torno de alguns presbíteros qualificados que possam lhe oferecer sabedoria a respeito de que assuntos tratar e ajudá-lo a falar de um modo mais agradável e gentil, em vez de um modo severo ou defensivo. Cumprir sua agenda e suas falas planejadas por meio de um grupo de homens piedosos, sábios, informados e governados pelas Escrituras pode protegê-lo de falar de maneira inconvenientes, de modo inapropriado, em momentos inoportunos.

Outra medida importante é distribuir a agenda da assembleia uma semana antes, de modo que os membros da igreja possam examiná-la, orar sobre os assuntos e expressar, em particular, com você ou com o moderador, as suas preocupações, de modo que a assembleia não seja apimentada com questões conflitantes, divisionistas e imprudentes. Dar às pessoas algum tempo para pensarem a respeito dos assuntos e conversarem com os pastores em particular, pode remover o fator surpresa inerente às assembleias administrativas.

Se há presbíteros em sua igreja, assegure-se de que todos sejam unânimes sobre cada assunto da agenda, para que os membros possam conversar com todos eles e obter a mesma resposta. Uma das práticas mais proveitosas que temos feito é uma reunião com todos os presbíteros e diáconos antes de cada assembleia, a fim garantirmos unidade e boa comunicação entre os líderes. Não é bom para os crentes fracos verem seus líderes questionarem uns aos outros em uma assembleia administrativa. A unidade na congregação será atingida se os membros perceberem que os líderes que eles mesmos elegeram antes estão em harmonia nas propostas trazidas perante a congregação. Essa preparação prévia também pode servir como medida preventiva, desestimulando os membros menos amadurecidos, para que não lancem sementes de divisão.

Ter presbíteros na igreja pode implicar que um deles é melhor do que você em presidir as assembleias. Eu (e outros!) observei que tendia a me tornar defensivo quando certas questões eram levantadas nas assembleias. Agora, as assembleias são lideradas por outro presbítero cujos dons, personalidade e comportamento guia os membros de forma mais adequada no cumprimento de seu papel. Essa decisão produziu grande diferença na maneira tão tranquila como as assembleias se realizam. E louvo a Deus pela bênção de ter outros líderes piedosos que complementam as minhas virtudes e as minhas fraquezas.

Um dos momentos mais importantes que acontecem em uma assembleia da igreja é a apresentação de futuros membros. Eles não participarão da assembleia, visto que ainda não foram aceitos como membros. Mas, como pastor, apresento uma foto de cada um deles, por meio de um projetor, e conto brevemente (em um ou dois minutos) o testemunho da pessoa, a fim de que os membros expressem sua opinião a respeito da pessoa na qual votarão para ser aceita como membro da igreja. Essa prática dá aos membros a oportunidade de avaliar o testemunho da pessoa e de informar-lhes quem são os novos membros, para que comecem a estabelecer relacionamento com eles. Também lembra, de modo sutil, à congregação a importância de seu papel em receber os novos membros de maneira responsável, intencional e inteligente.

Algumas das outras pautas que podem ser tratadas nas assembleias podem ser um relatório financeiro, incluindo o período desde a última assembleia, relatórios de diferentes ministérios, relatório de um presbítero referente à nomeação de novos presbíteros e diáconos, informações atuais sobre os missionários bem como sobre as comodidades físicas da igreja, o "acompanhamento" daqueles que se afastaram da membresia e atitudes corporativas sobre casos de disciplina.[1]

As assembleias podem mudar, deixando de ser uma rotina monótona de negócios e tornando-se um tempo de encorajamento e discussão sinceros, de disciplina prudente e de estimulante percepção que visa à edificação mútua. Pela graça de Deus, essa mudança aconteceu em nossa igreja.

---

1 Isso poderia assumir a forma de apresentar os nomes das pessoas como motivo de oração e consideração (e poderia ser mencionado como colocá-las na "lista de cuidado" de pessoas cuja membresia pode estar em risco, por causa de seu comportamento) ou a forma de votar em favor da remoção de uma pessoa do rol de membros devido à sua ausência dos cultos ou a pecados impenitentes.
Em um governo congregacional, toda a igreja tem autoridade final no que concerne a disputas pessoais, disciplina, doutrina e questões de membresia (ver Mt 18.15-17; 1Co 5.1-13; Gl 1.6-9; 2Co 2.6 respectivamente). Sendo assim, as decisões finais, tomadas corporativamente, sobre essas questões devem ser apresentadas à igreja. Uma argumentação mais completa pode ser encontrada em Mark Dever, *Refletindo a Glória de Deus* (São José dos Campos: Fiel, 2008).

11 O PAPEL DAS ORDENANÇAS

Frequentemente, como evangélicos, aquilo que mais enfatizamos sobre as ordenanças é que elas não são necessárias à salvação. Além disso, hesitamos em expressar uma posição firme sobre o papel das ordenanças. Então, qual é o papel das ordenanças na igreja local? Como elas contribuem para a saúde e santidade corporativa da igreja?

O BATISMO

De acordo com a Bíblia, o batismo é fundamentalmente um sinal físico de uma realidade espiritual. Mateus 28.18-20 indica que esse passo inicial de obediência em nossa vida como discípulo de Cristo é somente para crentes. Romanos 6.1-4 é ainda mais específico, mostrando que o batismo simboliza a nossa morte e sepultamento com Cristo, como nosso cabeça e representante, e a nossa ressurreição espiritual, com ele, do sepulcro simbólico. Colossenses 2.11-13 indica, de forma clara, que o batismo é a representação física da circuncisão espiritual de nosso coração.[1] Assim, o batismo

---

1 O papel simbólico entre o batismo físico e nossa morte e ressurreição espiritual com Cristo, em Romanos 6, e o paralelo entre o batismo físico e a circuncisão espiritual (não a circuncisão física), em Colossenses 2.11-12, são as principais razões bíblicas que, correlacionando o batismo do Novo Testamento com a circuncisão do Velho Testamento, não contribuem para justificar o batismo infantil.

funciona como um identificador, revelando-nos primeiramente como membros da nova aliança — aqueles que receberam de Deus um novo coração (Ez 36.26-27). Em outras palavras, o batismo nos identifica como membros da comunidade chamada povo de Deus — a igreja.

O batismo é, portanto, a ordenança que guarda a porta de entrada da igreja local. Assegura que, tanto quanto possível, aqueles que se tornam membros de nossas igrejas são realmente membros da nova aliança, completos com um novo coração. Ao exigir que todos os membros sejam batizados como crentes em Cristo, estamos pedindo-lhes apenas que obedeçam ao primeiro mandamento que Jesus deu aos seus discípulos — identificarem-se externamente com o povo dele (Mt 28.19) — comprovando, assim, que são discípulos de Cristo. Essa é a primeira maneira pela qual protegemos a membresia da igreja, para garantir que todos os seus membros são nascidos de novo. Ou seja, ao ser batizado como crente, todo novo membro está afirmando publicamente que seu coração foi circuncidado pelo Espírito, que ele foi crucificado, sepultado e ressuscitado com Cristo. O novo membro está testemunhando, por meio de suas ações simbólicas, que se arrependeu e creu verdadeiramente no evangelho. Ao fazer isso, o novo membro está se identificando como um daqueles cujo coração foi verdadeiramente *regenerado* — uma nova criatura em Cristo e, com tal, um membro do povo de Deus.

Se o batismo funciona como uma proteção da porta de entrada da igreja, então, o batismo de crianças pode colocar em risco a certeza de que todos os membros da igreja são nascidos de novo e, consequentemente, o testemunho corporativo da igreja na comunidade. Conforme o desígnio de Deus, as crianças são maleáveis à instrução e ao exemplo de seus pais. Se as batizarmos prematuramente, arriscamo-nos a aprovar uma confissão feita tão-somente para agradar pais crentes ou para ser aceita por uma subcultura cristã, perpetuando assim um cristianismo nominal (ainda que involuntariamente).[2] Esperar para batizar os jovens somente quando atingem a sua maioridade

---

2 Isto não significa, com certeza, negar a possibilidade de conversões genuínas durante a infância. Oramos por esse tipo de conversão! Isto é apenas uma questão de podermos ou não discernir adequadamente, em criancinhas, o tipo de fruto que devemos encontrar a fim determinarmos a genuinidade de uma confissão de fé cristã.

pode ser um meio de garantir que não estamos, com o sinal do batismo, confirmando de modo errôneo uma profissão de fé espúria.³

Quando temos batismos em nossa igreja, nós o realizamos no final do culto matinal de domingo, por ser esta a ocasião em que haverá o maior número de membros e visitantes na igreja. Primeiramente, apresento os candidatos à igreja e peço-lhes que deem um breve testemunho (três minutos) a respeito de como foram convertidos e por que desejam ser batizados. Em seguida, faço duas perguntas:

1. Você está fazendo uma confissão de arrependimento para com Deus e de fé no Senhor Jesus?
2. Você promete que, pela graça de Deus, seguirá a Jesus para sempre na comunhão de sua igreja?

Depois das respostas afirmativas, os candidatos e eu nos preparamos para entrar no batistério, enquanto a congregação canta um hino. Uma vez na água, eu digo: "Fulano, com base em sua profissão de arrependimento para com Deus e fé no Senhor Jesus, eu o batizo em nome do Pai, do Filho e do Espírito Santo".

PENSANDO JUNTOS

1. Qual é o papel bíblico do batismo? O batismo cumpre esse papel em sua igreja? Por que sim? Ou por que não?

A CEIA DO SENHOR

De acordo com Paulo, em 1Coríntios 11.17-34, a Ceia do Senhor é a condensação de várias realidades na mesma ordenança. Primeiramente, ela é uma oportunidade

---

3 Visto que o batismo e o ser membro de uma igreja são meios de graça que não salvam, retê-los por um tempo não irá causar risco à alma da criança. E nos casos raros em que a consciência sensível de jovens crentes pode ser ferida por imaginarem que estão "desobedecendo" ao mandamento de Cristo, entendemos que a demora em batizar pode ser uma atitude prudente em esperar para vê-los produzir frutos que evidenciam o arrependimento, em um contexto dissociado da influência dos pais.

para expressarmos a unidade da igreja (vv. 18-19, 33). Em segundo lugar, a Ceia do Senhor é a comunhão do povo de Deus (vv. 20-21, 33). Em terceiro lugar, a Ceia é uma lembrança simbólica da vida impecável de Cristo e de sua morte expiatória em nosso favor (vv. 24-25). Em quarto lugar, a Ceia é uma proclamação proposital da morte, ressurreição e volta de Cristo (v. 26). Em quinto lugar, a Ceia é uma oportunidade apropriada para examinarmos a nós mesmos (vv. 28-29). Tomar a Ceia do Senhor é uma participação na unidade da comunhão da igreja em torno da recordação de Jesus Cristo e da proclamação de sua obra e Pessoa salvadora, por meio dos símbolos do pão e do vinho.

Em nossa igreja, começamos a observação da Ceia do Senhor meditando silenciosamente no Pacto de Compromisso da Igreja, como um meio pelo qual examinamos o nosso próprio coração. Depois, renovamos nosso pacto ficando de pé e lendo-o em voz alta, e em seguida distribuímos os elementos. Tomamos o pão individualmente para simbolizar o discipulado pessoal para com Cristo, e seguramos o cálice até que todos estejam servidos, a fim de que o bebamos juntos, como um símbolo de nossa unidade corporativa em Cristo.

Assim como o batismo guarda a porta de entrada da igreja, assim também a Ceia do Senhor toma o seu posto à porta de trás. A Ceia é um símbolo da unidade e da comunhão da igreja. Os pré-requisitos para a participação nesse símbolo são o arrependimento e a fé contínuos. Consequentemente, aqueles que não satisfazem os pré-requisitos de unidade com a igreja devem ser excluídos da participação no símbolo dessa unidade. Aqueles que não demonstram qualquer evidência concernente ao verdadeiro arrependimento e à fé devem ser excluídos da Ceia do Senhor. Ao impedirmos que o membro impenitente tome a Ceia, estamos tratando-o como um incrédulo. Ou seja, estamos privando-o do símbolo primordial da unidade e da comunhão da igreja e, ao mesmo tempo, deixando bem claro o limite de separação entre a igreja e o mundo.[4] A participação na Ceia do Senhor evidencia que a pessoa permanece na igreja e desfruta do privilégio de ser membro. A exclusão da Ceia do Senhor mostra

---

4 Esta ação indica se os líderes da igreja não estão mais em condições de (por causa da falta de frequência do membro aos cultos) observar bons frutos que evidenciam arrependimento ou se os líderes estão vendo os maus frutos que realmente contradizem a confissão de fé do membro e escandaliza o testemunho coletivo da igreja.

com nitidez que a pessoa perdeu o direito a esse privilégio e a coloca fora da membresia da igreja.[5]

PENSANDO JUNTOS

1. Qual é o papel bíblico da Ceia do Senhor? Ela cumpre esse papel em sua igreja? Por que sim? Ou por que não?

CONCLUSÃO

Ambas as ordenanças — o Batismo e a Ceia do Senhor — servem como identificadores simbólicos e esclarecem quais pessoas são membros da igreja. O batismo é o ato inicial e simbólico de obediência que nos identifica como discípulos, protegendo a ênfase na regeneração dos membros da igreja, assim como adentramos à igreja pela porta da frente. A participação na Ceia do Senhor é um ato simbólico e contínuo da unidade e comunhão em Cristo, um ato que nos identifica como membros permanentes que desfrutam de boa postura na igreja. A exclusão da Ceia do Senhor identifica aqueles que não têm evidenciado de maneira alguma o seu próprio arrependimento e fé ou têm manifestado sinais contrários ao arrependimento e à fé; por causa disso, elas estão fora da membresia da igreja.

---

5 Quando isso acontece, a igreja também deve retirar de seu rol de membros o nome dessa pessoa. Contudo, nenhuma dessas atitudes implica que o membro impedido de tomar a Ceia do Senhor e excluído do rol de membros não pode ser reintegrado, com base em arrependimento evidente. Também não significa que o membro disciplinado não é bem-vindo para assistir aos cultos. Todo o propósito da disciplina é encorajar, por meio desta sanção séria e negativa, o indivíduo disciplinado a se arrepender. Significa apenas que essa pessoa está impedida de reivindicar unidade com a igreja, ao tomar a Ceia do Senhor, e protegida de comer e beber juízo para si (1Co 11.29), porque seu comportamento não comprova a genuinidade de sua confissão de fé.

12 O AMOR MÚTUO

Jesus disse aos doze discípulos que o mundo saberia que eles eram seus discípulos pelo amor que manifestariam uns pelos outros (Jo 13.34-35). Isso também se aplica à igreja. Amor altruísta e humilde, semelhante ao de Cristo, é a assinatura daqueles que reivindicam ser membros da igreja local. Manifestar amor distintivamente cristão às outras pessoas é um instrumento evangelístico essencial à propagação do evangelho e ao crescimento da igreja. No entanto, isto significa para o pastor e líder da igreja que precisamos cultivar, de modo intencional, um ambiente de amor e interesse cristãos, a fim de que a igreja local seja conhecida como uma comunidade genuína e distintivamente cristã em sua vizinhança.

O cultivar esse tipo de comunidade de amor cristão era o alvo dos assuntos desenvolvidos nos capítulos 1 a 10. O objetivo de unir a igreja e colocar em ordem as nossas reuniões semanais é desenvolver uma cultura que produza efeitos evangelísticos em nossos amigos incrédulos. Neste capítulo, consideraremos alguns dos traços dessa cultura.

UMA CULTURA VIVA E ATIVA

Sempre achei estranho o fato de que os vendedores de iogurte tentem vender seu produto ressaltando que o iogurte contém "culturas vivas e ativas"! Isso nunca me impediu de comer iogurte. Mas, cada vez que leio essa expressão, antes de experimentar um iogurte refrescante, fico meio curioso para saber se os micro-organismos rastejarão de volta e pularão fora de minha boca!

Felizmente, essa pequena reflexão não arruína nossa próxima experiência com iogurte. A igreja deve ser cheia de culturas vivas e ativas — relacionamentos que são mutuamente encorajadores e ajudam as pessoas a se desenvolver em sua vida espiritual. As igrejas devem ser um ambiente repleto de amizades espirituais e dinâmicas, pelas quais os cristãos mais experientes ensinam e guiam na Palavra os cristãos mais novos; um ambiente em que os cristãos se ajuntam regularmente para orar e prestar contas uns aos outros, em que leem juntos livros cristãos fortalecedores e conversam a respeito de como usar esses livros para o seu crescimento espiritual. Esta cultura de amor, viva e ativa, tem pelo menos cinco aspectos diferentes. Talvez você possa pensar em mais alguns aspectos.

Pactual. O primeiro aspecto de qualquer igreja local comunitária é o de ser pactual. Ou seja, a igreja é uma comunidade de crentes que se tornaram parte da Nova Aliança no sangue de Cristo; e, como resultado, se uniram por meio de um pacto para ajudarem uns aos outros a correr a carreira cristã, com integridade, piedade e graça. É uma comunidade cujos membros têm o compromisso da fazer o bem espiritual uns aos outros — levando os fardos uns dos outros, compartilhando alegrias, dando apoio ao ministério da igreja, exercendo vigilância amorosa uns pelos outros, repreendendo, às vezes, os impenitentes e sujeitando-se à correção, quando a ocasião o exigir. Ao assinarmos o Pacto de Compromisso da Igreja (ver capítulo 4), estamos nos comprometendo a sustentar uns aos outros em amor e responsabilidade cristã e a submeter-nos tanto ao encorajamento como à correção de nossos irmãos em Cristo.

PENSANDO JUNTOS

1. Leia Efésios 4.15-16. Como o corpo cresce? Por que relacionamentos são importantes ao crescimento?
2. Leia Hebreus 10.24-26. Por que nos reunimos? Por que relacionamentos são importantes para cumprir esse propósito?

3. Como o Pacto de Compromisso da Igreja pode ser útil para edificarmos uns aos outros espiritualmente?

Cuidadosa. A cultura de amor mútuo da igreja também deve ser caracterizada por um cuidado — intencional — que demonstra nosso interesse em obedecer a Palavra de Deus em cada aspecto de nossa vida corporativa. Queremos mostrar, intencionalmente, a cada etapa da vida cristã, não somente que temos boas intenções, mas também que todos os nossos atos são feitos com o propósito de servir à funcionalidade central do evangelho.

Corporativa. Ao desenvolvermos uma cultura de amor cristão, queremos nos assegurar de que encorajamos as pessoas a atribuírem prioridade elevada à vida corporativa da igreja, e não apenas ao seu andar individual como o Senhor. A vida cristã possui uma natureza corporativa, porque o corpo de Cristo é uma entidade corporativa. Embora o nosso andar individual com Cristo seja crucial, empobrecemos em nossa busca pessoal de Deus, se não nos beneficiamos da ajuda disponível por meio de relacionamentos mútuos que nos edificam na família pactual da igreja (Ef 4.14-16; Hb 10.24-25).

Podemos encorajar os membros a priorizarem a vida corporativa da igreja por ensinar-lhes o papel bíblico da igreja na vida do crente, por orar em favor deles, estimulá-los a frequentar os cultos mais do que uma vez por semana, por anelarmos pela presença deles nas reuniões da igreja, por incentivá-los a tornarem conhecidos os seus desejos de servir como diáconos nos diferentes ministérios da igreja, por encorajá-los a orar uns pelos outros fazendo uso do livro de oração da membresia e por desafiá-los a servir na área para a qual eles, talvez, não se sintam necessária e plenamente equipados. Cultivar a prioridade da congregação local, na vida dos membros individuais, nos ajudará a refrear o individualismo egoísta e criará uma atmosfera de serviço humilde.

Mas, de novo, os crentes precisam aprender, com base nas Escrituras, que a vida corporativa da igreja deve ser central na vida individual do crente (Jo 13.34-35; Ef 3.10-11; 4.11-16; Hb 10.24-25; 1Jo 4.20-21). Não podemos viver sozinhos a vida cristã. Somos salvos individualmente de nossos pecados; todavia, não somos salvos para uma vida isolada. Somos salvos para vivermos em uma comunidade mutuamente edificante, de crentes que edificam e estimulam uns aos outros ao amor e às boas obras.

Transcultural. A igreja local é para todos. Esta é razão por que é difícil advogarmos a prática de ter como alvo uma igreja para um grupo específico, baseados em qualquer outro fator que não seja o idioma. Igrejas cujos alvos são grupos específicos talvez experimentem o efeito involuntário de obscurecer o poder unificador e transcultural do evangelho. Quando o evangelho nos capacita a viver em amor, ainda que não tenhamos nada em comum, exceto Cristo, um dos testemunhos do poder do evangelho é a transformação de um grupo de pessoas pecadoras e egoístas em uma comunidade de amor, unida por um relacionamento comum com o Senhor Jesus Cristo.

Faixa etária diversa. A igreja local é uma família. É o lugar onde as crianças e os adultos de todas as idades podem e devem se relacionar mutuamente visando ao encorajamento e à edificação. Os homens cristãos mais idosos têm, frequentemente, muito a ensinar aos jovens a respeito da vida e da liderança. E há inúmeras maneiras pelas quais os mais jovens podem servir e ajudar os mais idosos. As mulheres cristãs mais idosas têm, frequentemente, muito a ensinar às jovens a respeito de como servir no lar e na igreja; e as mulheres jovens podem servir às mais idosas de inúmeras maneiras, sociais, espirituais ou físicas. Jovens solteiras podem servir no berçário e ensinar as crianças, na Escola Dominical, desenvolvendo habilidades maternas e encorajando as crianças no que diz respeito à fé.

Temos experimentado o poder da comunhão entre as diferentes faixas etárias no testemunho do evangelho. Os visitantes se admiram do fato de que muitos jovens estão presentes aos cultos fúnebres de membros mais velhos ou de como uma viúva recebe a ajuda de tantos jovens crentes que vêm à sua casa. O ensino fundamental é que, no contexto de uma sociedade segmentada, a igreja pode permanecer como um referencial único na comunidade, por ser uma rede de relacionamentos multifamiliares e estimulantes que se fundamentam no evangelho.

UM TESTEMUNHO CORPORATIVO

O objetivo final de desenvolver esse tipo de comunidade — edificada no amor distintivamente cristão que flui do evangelho — é revelar a glória de Deus em nossa vizinhança, nossa cidade e, em última instância, no mundo. Retornamos a João 13.34-35: "Novo mandamento vos dou: que vos ameis uns aos outros; assim como eu vos amei, que também vos ameis uns aos outros. Nisto conhecerão todos que sois meus discípulos: se tiverdes amor uns aos outros". O amor de Cristo que temos um para com os outros foi planejado por Deus para servir como uma poderosa ferramenta para a evangelização.

Essa é a razão por que depender de um *programa* para a eficiência na evangelização se assemelha a buscar fora da igreja recursos para cumprir nossa maior responsabilidade como igreja. Programas evangelísticos não são maus em si mesmos. Alguns são muito bons. Mas temo que, às vezes, dependemos tanto deles, que chegamos a esquecer que a *própria igreja* é o programa de evangelização de Deus. Os relacionamentos de amor mútuo na igreja foram planejados por Deus para serem atraentes a uma cultura incrédula. O amor pactual, cuidadoso, corporativo, transcultural e entre faixas etárias diversas, que tem de caracterizar a igreja e glorificar a Deus, foi planejado também para evangelizar o mundo.

CONCLUSÃO

Internalizar e aplicar estas verdades bíblicas fará toda a diferença na maneira como edificamos a igreja local. Em vez de afirmarmos a prioridade do indivíduo acima de todo o corpo da igreja, ensinamos às pessoas que o crescimento em amor uns pelos outros e em interesse pelo bem corporativo da igreja é fundamental ao crescimento e saúde do corpo. Em vez de dependermos de programas, fazemos das pessoas discípulos. Em vez de dependermos de um corpo de líderes remunerados para realizarem todo o ministério da igreja, tanto por palavra como por obras, ensinaremos as pessoas a iniciarem conversas e relacionamentos com os outros membros da igreja, visando fazer-lhes o bem espiritual. Em vez de seguirmos o próximo modelo de ministério criado pelos homens, para fazer de nossa igreja um sucesso, confiamos no poder transformador do evangelho para mudar nosso coração e edificar uma comunidade de cristãos caracterizada por amor altruísta e interesse genuíno pelos outros. Ser intencional faz diferença.

13 MÚSICA

Ora, por que escrevemos um capítulo inteiro intitulado "Música"? Isso não é exagero? Por que não usamos uma terminologia mais santificada e o chamamos de "adoração"? Afinal de contas, é comum hoje falarmos em música, cânticos e adoração como palavras intercambiáveis. Primeiramente, adoramos. Depois, ouvimos o sermão.

Queremos desafiar essa suposição. A música no contexto do ajuntamento da igreja é somente um subconjunto da adoração corporativa. Ouvir a pregação da Palavra de Deus é uma das maneiras mais importantes de adorarmos juntos a Deus. De fato, é a única maneira pela qual podemos aprender como adorá-lo de modo aceitável.[1] Orar a Palavra de Deus, ouvi-la em público e vê-la nas ordenanças também são aspectos importantes da adoração. Contudo, falando de modo mais amplo, a adoração é uma vida completamente orientada no sentido de envolver-se com Deus, nos termos que ele propõe e das maneiras que ele provê.[2] Nosso culto racional, a adoração exposta no Novo Testamento, consiste em oferecer a Deus *todo o nosso ser* como sacrifício vivo, santo e agradável a ele (Rm 12.1-2; cf. também 1Co 10.31; Cl 3.17). Portanto, a música é um subconjunto da adoração que envolve toda a nossa vida.

---

1 Deus falou a Moisés, pouco antes do êxodo, que os hebreus o adorariam no monte Sinai. E, quando chegaram lá, ouviram estas palavras.
2 David Peterson, *Engaging with God: a Biblical Theology of Worship* (Downers Grove: Inter-Varsity Press, 1992), p. 20.

Esta reflexão nos lembra que nossa audiência, na adoração corporativa, não são as pessoas.[3] A adoração corporativa não consiste em agradar as pessoas, quer a nós mesmos, quer a congregação, quer os incrédulos interessados. A adoração no ajuntamento coletivo é uma renovação de nossa aliança com Deus, por nos encontrarmos e nos relacionarmos com ele nos termos que ele prescreveu.[4] Fazemos isso de modo específico ao ouvirmos a sua Palavra e atentarmos a ela, confessando nossa pecaminosidade e dependência dele, agradecendo-Lhe por sua bondade para conosco, apresentando-Lhe nossos pedidos, confessando a sua verdade e erguendo-lhe nossa voz e instrumentos em resposta e de acordo com a maneira como ele se revela em sua Palavra.[5]

Com esse pano de fundo, eis algumas sugestões práticas que podem nos ajudar a glorificar a Deus e edificar uns aos outros no que concerne à música na adoração corporativa.

O CANTO CONGREGACIONAL

Cantar o evangelho juntos, como uma igreja integrada, forja a unidade em torno da doutrina e prática distintivamente cristãs. Nossas canções congregacionais funcionam como credos devocionais. Elas nos dão linguagem e oportunidade de encorajar uns aos outros na Palavra e convocar uns aos outros a louvar nosso único Salvador. Uma das funções mais importantes do canto congregacional é que ele ressalta a

---

3 Alguns apelam a 1Coríntios 14.23, usando esta passagem como motivo para conformarmos a música de nossos cultos de adoração às preferências dos incrédulos interessados. Contudo, o propósito primário da principal reunião de adoração, conforme 1Coríntios 14, é a edificação dos crentes, e não a evangelização (veja os versículos 3, 4, 5, 12, 17 e, especialmente, 25 e 26: "Quando vos reunis... Seja tudo feito para edificação). Cf. Hebreus 10.24-25. Há espaço para evangelização na adoração coletiva e, até na adoração musical. Nosso argumento é que a evangelização não é primária neste contexto. O que necessitamos mais são vidas sensíveis aos interessados, e não cultos sensíveis aos interessados.
4 Esta observação me foi sugerida pelo perceptivo livreto escrito e publicado por Brian Janssen, *Sing to the Lord a New (Covenant) Music: Thinking about the Songs to God* (Hospers: livro autopublicado, 2002). Disponível por e-mail em: janssen@nethtc.net.
5 Quanto à teologia bíblica de adoração, veja D. A. Carson (ed.), *Worship by the Book* (Grand Rapids: Zondervan, 2002); Philip Graham Ryken, Derek W. H. Thomas e J. Ligon Duncan III (eds.), *Give Praise to God: a Vision for Reforming Worship* (Phillipsburg: Prebyterian & Reformed, 2003); e, especialmente, Peterson, *Engaging with God*.

13 MÚSICA

natureza *corporativa* da igreja e do ministério mútuo que nos edifica na unidade. Uma das razões por que nos reunimos todas as semanas é nos recordarmos que não estamos sozinhos em nossa confissão de Jesus Cristo e nossa convicção das verdades espirituais que sustentamos com tanta apreciação. Que bênção é ouvir todos os membros da igreja cantando juntos, com todo o seu coração. Quando ouvimos os outros cantando as mesmas palavras, todos juntos, tanto há uma melodia comum como uma harmonia diversa que expressa a unidade e a diversidade do corpo da igreja local, de um modo que nos estimula a prosseguirmos juntos. Em nossa cultura excessivamente egoísta, o canto congregacional é um dos meios mais visíveis que estimulam uma ênfase especificamente *corporativa* em nossa adoração e vida como igreja local.

Outra função importante do canto congregacional é que ele ressalta a natureza *participativa* da adoração por meio da música. De um modo geral, a adoração é algo que não podemos fazer como espectadores. Romanos 12.1-2 retrata a adoração como algo ativo. Também é interessante observar que não temos nenhum exemplo de coros de igreja no Novo Testamento — a Bíblia nunca apresenta os crentes do Novo Testamento realizando uma adoração musical em que alguns crentes representavam os demais, por meio do canto realizado por uma pessoa ou um grupo. Pelo contrário, a adoração por meio da música é participativa — toda a igreja participa corporativamente da adoração a Deus, com um só coração e voz. A Bíblia certamente nos convida a ouvir a Palavra de Deus e a responder-lhe. Mas esse tipo de ouvir é uma resposta específica a um método de comunicação ordenado por Deus — a pregação. No que diz respeito à adoração na forma de música, a Bíblia nos mostra os crentes se envolvendo, eles mesmos, em adoração — todos juntos. Isto não significa que solos e músicas especiais são necessariamente errados. Também não estamos negando que solos e músicas especiais podem comover espiritualmente aqueles que os ouvem. A questão é que tipo de adoração musical corporativa é apresentada como modelo no Novo Testamento e o que afirmamos sobre a adoração musical coletiva, se muitas de nossas canções são tocadas e cantadas por poucos, e não são todos que participam delas.

Uma dieta regular de apresentações de solistas e coros pode até causar o efeito involuntário de prejudicar a natureza participativa e corporativa de nossa música. As pessoas podem vir, gradualmente, a pensar na adoração em termos de observação passiva; e esse não é um modelo apresentado no Novo Testamento. Essa dieta pode também começar a obscurecer a linha de separação entre adoração e entretenimento, especialmente numa cultura encharcada por televisão como a nossa, na qual uma das mais insidiosas expectativas é ser entretido. É claro que esse obscurecimento não é algo proposital. Mas, no decorrer do tempo, o separar os "músicos, solistas ou coristas" do restante da congregação pode mudar sutilmente o foco de nossa atenção, de Deus para os músicos e seus talentos. E essa mudança é revelada por meio do aplaudir no final de uma apresentação. Quem é o beneficiário dos aplausos?

Se o que fazemos aos domingos de manhã é o culto público, então faz todo sentido que devemos ter preferência intencional pelo *canto* congregacional — o canto que envolve a participação ativa de *toda* a congregação.

Quando cantamos *juntos* louvores a Deus, estamos reconhecendo a natureza corporativa da vida confessional da igreja. Ou seja, estamos afirmando corporativamente que confessamos a doutrina cristã e experimentamos a vida cristã *junto* com a nossa comunidade da aliança. Portanto, o canto congregacional é aplicável tanto ao aspecto corporativo como ao participativo de nossa adoração coletiva regular. Ele nos mantém afastados da armadilha do entretenimento por envolver todo os cristãos no louvor ativo a Deus, respondendo vocalmente à sua bondade e graça, com louvor e ação de graças audíveis.

Bem, agora que sugerimos o canto congregacional como uma implicação da adoração corporativa na forma de música, seria proveitoso recordar três diretrizes para o canto congregacional.

Público, e não privativo. Muitos líderes de louvor encorajam os membros (por palavras ou por atos) a fecharem os olhos em busca de uma intimidade emocional com Deus, no contexto da reunião corporativa. Ora, ninguém que tenha bom senso argumentaria que fechar os olhos durante a adoração corporativa é errado. E muitos fecham os olhos durante a adoração corporativa apenas para assimilar mais plenamente o som da canção. Mas estamos errados ao encorajar as pessoas a pensarem na adoração corporativa em termos de nos fecharmos para o restante da igreja e desfrutarmos de uma experiência emocional privativa com Deus.[6]

Participei de um culto em que o líder de louvor começou a chorar de modo incontrolável na plataforma, depois de liderar uma canção. Isso foi um exemplo

---

6 Fechamos nossos olhos também na oração corporativa, mas curvar nossa cabeça é um ato de reverência, e não um esforço para esquecer as pessoas que nos rodeiam.

saudável de quebrantamento? Talvez. Não tenho dúvida de que ele tencionava que fosse. Não estamos questionando a pureza de seu coração, e sim a sabedoria de seu comportamento público. Por meio de seu exemplo, ele estava ensinando às pessoas que a experiência emocional privativa, embora realizada em frente de toda a igreja, é a expressão final da adoração (corporativa). Isso não é verdade, de modo nenhum!

O canto congregacional é uma expressão de unidade e harmonia da congregação reunida. Tornar privativa a adoração corporativa destrói este o propósito desta e confunde a verdadeira adoração com a emoção particular. A reunião de adoração coletiva é pública; devemos experimentá-la cientes de que somos um corpo. Muito do poder de edificação do canto congregacional procede realmente de desfrutarmos a presença de nossos irmãos adoradores. Se isso não fosse verdade, por que outra razão nos ajuntaríamos? Logo, é melhor não tornarmos privativo aquilo que Deus determinou que seria público.

Deve ser teologicamente rico. Em sua Palavra, Deus nos deu tanto sobre o que devemos nos sentir encorajados! Devemos usar o rico estoque das Escrituras para nos dar boas palavras para falarmos em nosso louvor a Deus, para recordar-nos as perfeições de seu caráter e a suficiência da obra de Cristo. Queremos cantar canções que elevem nosso ponto vista sobre Deus, que o apresentem em toda a sua graça e glória. Queremos entoar canções repletas de teologia que nos façam pensar sobre as profundezas do caráter de Deus, as nuanças de sua graça e as implicações de seu evangelho; que nos ensinam a doutrina bíblica que salva e transforma. No aspecto negativo, queremos evitar canções que nos estimulam a pensar sobre a nossa própria experiência emocional subjetiva, mais do que sobre as verdades objetivas do caráter de Deus e as implicações da cruz. Também queremos evitar repetições desnecessárias de frases proferidas à semelhança de mantras, como se o procurar um ápice emocional fosse a mais pura forma de adoração.

Observe a seguinte letra:

Quem é Este, na manjedoura,
A cujos pés os pastores caem?
Quem é Este, em profunda aflição,
Está jejuando no deserto?

É o Senhor! Maravilhosa história!
É o Senhor! O Rei da glória!
Humildes, a seus pés nos curvamos,
Corai-o! Coroai-o, Senhor de todos!

Quem é Este que pessoas bendizem
Por suas palavras de amabilidade?
Quem é Este ao qual são trazidos
Todos os enfermos e entristecidos?

Quem é Este que está de pé e chora
Ante o sepulcro onde Lázaro dorme?
Quem é Este que a multidão reunida
Saúda com canto vibrante e triunfal?

Oh! À meia-noite, quem é Este
Que ora no escuro Getsêmani?
Quem é Este que naquela cruz
Morre em aflição e agonia?

Quem é Este que do sepulcro
Vem para curar, ajudar e salvar?
Quem é Este que de seu trono
Governa sozinho todo o mundo?[7]

Este hino inclui referência somente a uma Pessoa. Mas, no coro há uma referência ao plural (*nos curvamos*); e isso diz respeito a nossa adoração a Deus, reconhecendo o seu caráter como Rei.[8] Todo o hino se centraliza em Deus, na pessoa de

---

7 Benjamin Russel Hanby (1833–1867), "Quem É Este na Manjedoura?", citado em *Baptist Hymnal* (Nashville: Convention Press, 1991), p. 124.
8 Muitos dos salmos foram escritos na primeira pessoa do singular, por isso afirmamos, com certeza, o seu uso na adoração devocional. Estamos apenas tentando nos referir à ausência frequente do aspecto corporativo em muitas das reuniões de adoração das igrejas.

13 MÚSICA

Cristo. E deve ser observado o senso de movimento e progresso — a letra nos leva da manjedoura ao trono de Cristo. É uma história musical e meditativa sobre a vida de Cristo, uma história que nos inspira a adorá-lo como ele é apresentado na Bíblia. E a música é meditativa, complementando a natureza reverente da letra. Esses são os sinais característicos de boas canções de adoração, sejam hinos, sejam cânticos: exatidão bíblica, centralidade em Deus, progressão histórica e/ou teológica, ausência de pronomes na primeira pessoa do singular e música que complementa o tom da letra.

Deve ser espiritualmente encorajador. O resultado da riqueza teológica sempre será exatidão crescente na adoração a Deus, conforme ele realmente é; essa exatidão, por sua vez, resultará em contínuo encorajamento espiritual para nós. Nossa esperança está no caráter de Deus e na verdade de seu evangelho! Na adoração musical corporativa, somos chamados a ensinar uns aos outros a louvar a Deus por seu glorioso caráter e suas obras. Estamos expressando de modo audível a unidade e a harmonia da igreja, bem como a natureza corporativa da vida cristã confessional.[9] Estamos encorajando uns aos outros, por meio do vigor de nossa voz, afirmando que não estamos sozinhos em nossa confissão e que todos os outros que cantam estão afirmando a verdade e a importância das palavras cantadas. Quanto mais pessoas houver, melhor será! Esse tipo de canto congregacional é um encorajamento para a nossa alma, recordando-nos a comunhão e a unidade nas verdades que cantamos. O que desejamos estimular nos outros é uma prioridade e uma ênfase concernentes ao canto congregacional, tanto em unidade como em harmonia, de modo que Deus seja honrado por nossa participação ativa e corporativa na adoração musical, e nós ouçamos uns aos outros, e sejamos edificados.

PENSANDO JUNTOS

1. O que torna o canto congregacional adequado à adoração corporativa?
2. Como uma dieta regular de apresentações musicais afeta negativamente a igreja local?

---

9 Estou usando a palavra "confessional" não no sentido de confessarmos os nossos pecados, e sim no sentido de confessarmos nossa fé comum na doutrina cristã e nosso esforço comum na piedade cristã.

3. Em sua igreja, apresentações musicais são mais valorizadas do que o canto congregacional? Por quê?
4. De que maneira as três diretrizes para a música de adoração coletiva se aplicam à sua igreja?

ACOMPANHAMENTO

O que podemos dizer sobre acompanhamento musical para o canto congregacional? Às vezes, essas são águas turbulentas para atravessarmos. Com frequência, pastores tentam agradar a todos com o estilo musical e acabam não agradando a ninguém. Alguns pastores tentam adequar a música às expectativas dos ouvintes incrédulos. Alguns dão pouca atenção ao acompanhamento, pensando que, se este não é um "assunto de salvação", não é importante. Eis algumas orientações para o canto congregacional que temos praticado com grande entusiasmo e proveito.

A música serve à letra. Não faz sentido entoar canções cujas letras dizem algo diferente da música. Por isso, precisamos começar com o entendimento de que a música tem o propósito de complementar as letras, e não de contradizê-las. Letras alegres devem ser colocadas em músicas alegres; letras tristes devem ser cantadas em músicas tristes. O acompanhamento musical não deve ser escolhido com base no agradar a maioria das pessoas ou no adequar-se ao gosto dos membros ou dos interessados. O acompanhamento musical deve ser escolhido primariamente com base no tipo de música que reforçará a intenção e a mensagem dos diferentes tipos letras e poesias bíblicas.

O triunfalismo é prematuro. Muitos de nós ouvimos canções que terminam com uma nota elevada e esplendor instrumental, geralmente um pouco antes do sermão. Certamente não é moralmente errado tocar notas elevadas. Mas a atitude triunfalista de algumas canções — a ideia de que todas as batalhas acabaram e de que é tempo de desfrutar vitória completa sobre todos os inimigos espirituais — ainda é prematura nestes últimos dias. Esse triunfalismo em nossas músicas é inconveniente como uma preparação para ouvir um sermão evangélico. No sermão, ouviremos a Palavra de Deus corrigindo, instruindo, repreendendo, advertindo e, também, encorajando, animando e deleitando nosso coração. A música meditativa cumpre melhor o propósito de preparar o nosso coração para ouvir e atentar à Palavra de Deus.[10]

Ainda temos muito que fazer na seara de Deus. Muitas batalhas estão à nossa frente. A igreja ainda não é a igreja vitoriosa — ainda é a igreja militante. Gozo, alegria, contentamento, amor e inúmeros sentimentos positivos são expressos corretamente. Contudo, a nossa música não deveria contradizer nossa posição na história da obra salvífica de Deus. O reino foi apenas inaugurado. Ainda tem de vir em sua plenitude. Nossa música deveria mostrar uma moderação apropriada.

O simples é melhor. Certamente não há nada errado em usar guitarras ou uma condução rítmica. Existem muitos exemplos contemporâneos de igrejas e bandas de adoração que estão unindo, de modo proveitoso, a música popular com letras teologicamente corretas. Todavia, estamos persuadidos de que a instrumentação esparsa, levemente amplificada e líderes discretos são mais adequados para as reuniões de adoração semanais. A principal razão é que os instrumentos mais tranquilos permitem que a congregação ouça a si mesma cantando, dão às letras o papel central e encorajam a igreja a cantar em voz mais alta. Ter poucos instrumentos na plataforma ou mesmo fora, ao lado dela, significa poucos elementos à nossa frente para competir por nossa atenção e aplauso. A presença de uma banda de adoração contratada talvez não traga necessariamente ao culto uma atmosfera de espetáculo. Mas a ausência de uma banda contratada ajudará a impedir que a neblina do desempenho obscureça a atmosfera de adoração. Usamos um piano, um violão e quatro vocalistas posicionados fora e ao lado da plataforma (de modo que a atenção não seja atraída para eles); a voz deles é levemente amplificada, para que não abafe a voz da congregação. Essa simplicidade nos instrumentos também ajuda a manter um espírito de unidade quando há uma diversidade de gostos e opiniões musicais representadas em uma congregação.

Seríamos tolos se argumentássemos que instrumentos eletrônicos e bandas de adoração contratadas são errados ou necessariamente desviam a atenção. Mas, ao nos refrearmos do uso de poderosos instrumentos de som e da grande dependência de amplificação eletrônica, protegemos a nós mesmos e aos outros de tudo isso

---

10 Há uma diferença entre a música meditativa e a manipulação. Escolha com sabedoria. Melodias arrebatadoras e excessivamente emocionais são igualmente inapropriadas.

como necessário à adoração corporativa. A escassez de instrumentos musicais é outra maneira pela qual mantemos nosso método básico, para que o evangelho permaneça claramente no centro, até na maneira como adoramos com canções. O resulto é que isso se torna um modelo mais reproduzível no preparo para o plantio de igreja menores.

Uma das práticas musicais que ironicamente encoraja a participação congregacional é, na verdade, cantar um verso de uma música ou hino *a cappella* — sim, na verdade sem nenhum tipo de acompanhamento instrumental! Isso parece contra-intuitivo a princípio. A sabedoria comum é que mais acompanhamento irá encorajar uma espécie de "espaço seguro" para cantores não qualificados. E muitos cristãos veem justificativa para tal abordagem no Salmo 98.5-6.

Mas o centro da adoração do céu em Apocalipse não são os instrumentos; é a articulação verbal na música. E somos ordenados nas epístolas a falar uns com os outros em salmos, hinos e cânticos espirituais (Ef 5.19; Cl 3.16). De uma perspectiva prática, você já considerou que mais ruído instrumental geralmente funciona apenas como uma desculpa para assistir a um concerto involuntário, em vez de participar do culto congregacional? Ao passo que, se você incentivar o canto da harmonia com um quarteto vocal levemente amplificado e um pianista que toca apenas as quatro partes para que a congregação possa acompanhá-las, você pode se surpreender com o quão encorajado o canto da congregação pode se tornar.

Então, quando você decidir fazer *a capella,* faça-o em músicas com harmonia a quatro partes. Esta é uma boa maneira de dar à congregação mais o que fazer no serviço. Também melhora o som do canto *a capella,* o que incentiva ainda mais a participação da congregação. E fique tranquilo: disponibilizar as partes musicais para a congregação imprimindo as partituras do boletim é sempre um bom uso do papel![11]

Em tudo isso, é importante reconhecer que as músicas não apenas ensinam a doutrina (Cl 3.16), mas também a fixam como um adesivo melódico que pode durar por toda a vida. Isso significa que selecionar músicas e hinos congregacionais é um dos aspectos mais importantes do trabalho do pastor. Se você, como pastor principal da pregação, não se sente qualificado musicalmente para escolher as músicas, escolha

---

11 Para exemplos desse tipo de canto hoje, confira os álbuns musicais feitos da conferência Together for the Gospel. Você pode encontrá-los em www.t4g.org, na guia *Resources*.

outro presbítero que possa fazer esse importante trabalho. A despeito disso, todos nós temos muito mais probabilidade de citar um hino do que um sermão em nosso leito de morte, portanto, certifique-se de que as músicas que vocês estão cantando juntos são aquelas que você deseja ouvir tocando em sua alma ao ir para a glória.

Os líderes são modestos. Muitos de nós já estivemos em igrejas cujos líderes de música fazem movimentos ostentosos com as mãos, usam linguagem corporal e expressão facial. Vocalistas que são modestos servem bem à congregação ao se colocarem em segundo plano, de modo que nossa atenção não seja direcionada para eles. Podem fazer isso falando pouco, minimizando os gestos e se posicionando completamente fora da plataforma. Os líderes de música de nossa igreja ficam ao lado, cantando em um microfone discretamente amplificado, para que haja uma voz firme que a congregação possa acompanhar.

VARIEDADE — UM TEMPERO ESSENCIAL

Igrejas saudáveis evitam guerras sobre a adoração. Evitam até desentendimentos sobre a adoração. Líderes eclesiásticos sábios percebem que usar ampla variedade de canções e estilos amplia o gosto da congregação, expondo-os a diferentes tipos de música, de diferentes períodos, e cultivando neles, pelo menos, um modesto nível de apreciação para a melhor escolha das músicas. Por outro lado, variedade nas canções de adoração ajuda a impedir que as pessoas assumam uma posição defensiva ou militante sobre certo estilo ou época da música. E, o melhor de tudo, variedade musical nos ensina a obter proveito espiritual de diferentes tipos de canções. Eis algumas categorias funcionais.

Hinos e cântico de louvor. Sejamos todos honestos e admitamos que podemos encontrar, realmente, bons e maus exemplos de ambos. A sabedoria, então, consiste em não escolher uma categoria em detrimento da outra, e sim em selecionar o melhor de ambas e intercalá-las em cada culto.

Escalas maiores e menores. Não devemos nos limitar a canções de escala maior! Os salmos revelam que grande parte da vida cristã pode ser gasta em escalas menores. É tempo de a igreja se tornar honesta quanto a essa realidade. A igreja também precisa ser capaz de lamentar de forma unânime. E as canções de escala menor nos ajudam a fazer isso. Elas nos ajudam a sermos sinceros a respeito de nossas provações e sentimentos que encaramos em nossa peregrinação rumo ao céu. Elas nos ajudam a expressar nossos pensamentos e emoções tristonhos de formas que honram a Deus e nos encorajam a perseverar. Negligenciá-las resultará em empobrecimento espiritual.[12]

Variedade de fontes. Não nos limitemos ao hinário que achamos nos bancos, quando chegamos na igreja. Há abundância de fontes de músicas consistentes que podem ampliar o escopo de nosso repertório musical. As sete fontes que mais usamos em nossa igreja são:

- *Hymns of grace* (Los Angeles: The Master's Seminary Press, 2015).
- *Trinity hymnal* (Suwanee: Great Commission Publications, 1990).
- *African American Heritage Hymnal: 575 Hymns, Spirituals, and Gospel Songs* (Chicago: GIA Publications, 2001).
- *Grace Hymns* (Londres: Grace Publications Trust, 1984).

O momento certo. A maneira mais intuitiva de decidir "o que cantar em determinada ocasião" é pensar a respeito do que você pregará e consultar o índice de assuntos dos hinários, a fim de observar que canções são adequadas. Mas esta é exatamente a razão por que continuamos a entoar a mesma canção em todo o tempo! Todos temos as canções favoritas em cada categoria de assuntos, por isso nossa atenção é sempre atraída para elas.

Experimente isto. Em vez de seguir de maneira intuitiva, comprometa-se de forma intencional a cantar todas as canções do hinário de sua igreja ou outros poucos hinários durante um ou dois anos. De janeiro a março, cante os hinos 1 a 100; de abril a junho, os hinos 101 a 200; e continue assim durante todo o ano, acrescentando novas fontes, à medida que você as adquire. Selecione hinos teologicamente exatos das seções do hinário que talvez sua igreja não tem cantado por algum tempo e encaixe essas canções nos temas teológicos dos cultos que você está planejando para determinada parte do ano.

---

12 Veja Carl Trueman, "What Should Miserable Christians Sing?", *Themelios* 25, n. 2: 2-4.

Como você pode ver, isso exige um pouco de reflexão e planejamento antecipado de sua parte. Novamente, é difícil sermos igreja intencional, se não somos... bem, intencionais.

CHEGANDO LÁ

É claro que, se você é um novo pastor que acabou de entrar numa situação que exige reforma, a condição da música provavelmente não será ideal... talvez nem próxima do ideal. Fique tranquilo! Não tente mudar imediatamente toda a música. A juventude é, frequentemente, a mãe da impaciência. E um pastor jovem, altamente motivado, que possui convicções fortes, pode ser tentado a avançar a passos largos com uma igreja que anda a passos lentos. Muitas igrejas não sabem música. Além disso, muitas igrejas estão no lado mais fraco; e, por isso, não podem gerar muito volume de voz. E alguns membros não possuem habilidade musical. Portanto, se você planeja o seu culto dominical usando um monte de canções que ninguém sabe, isso não será encorajador para ninguém, não importa quão bíblicas sejam as canções. As pessoas não cantarão com confiança; e o canto parecerá tímido e acabará produzindo desânimo e, talvez, até um efeito alienador.

Comece com o que *eles* sabem, e não com o que você sabe. Comece a desenvolver a confiança musical deles com canções que eles conhecem bem. Se a igreja tem bastante pessoas idosas, há chances de que eles saibam os hinos antigos que têm letras saudáveis e melodias cantáveis. Cante esses hinos. Observe também as escolhas musicais deles e ache algumas canções que digam algo sobre o caráter de Deus, o nosso pecado, a pessoa e a obra de Cristo. Talvez eles não tenham muitos dos cânticos bíblicos modernos; mas isso não é um problema. Encontre os melhores que eles têm e trabalhe com esses. Isso será para eles um grande testemunho de sua paciência e humildade, se você os encontrar onde eles estão e começar dali.

Enquanto você planeja como lidar com a música, pense sobre o progresso gradual em termos de dois eixos — o eixo da habilidade e o eixo do conhecimento (ver figura 13.1). Dependendo da habilidade de sua igreja, tente ensinar-lhes uma canção ou duas por mês. Comece com canções fáceis — que não tenham muitos ziguezagues. Quando você introduzir uma música pela primeira vez, talvez precise que o pianista toque a melodia uma vez, para que as pessoas a ouçam, antes de tentarem cantar.

Talvez seja igualmente bom tentar colocar uma canção nova logo depois de algumas canções bem conhecidas. Isso pode desenvolver a confiança musical da congregação, de modo que eles se sintam estimulados e prontos para aprender outra canção. Além disso, depois de haver cantado uma canção nova pela primeira vez, como igreja, pense em apresentá-la outra vez na próxima semana, a fim de que as pessoas a pratiquem de novo e se tornem familiares com ela. Cantem-na por duas ou três semanas seguidas; então, guarde-a por algum tempo na pilha de "canções que já sabemos". Se você ensinar apenas uma ou duas canções novas a cada mês, vocês aprenderão, como igreja, entre vinte e vinte e quatro novas canções naquele ano. Isto é maravilhoso!

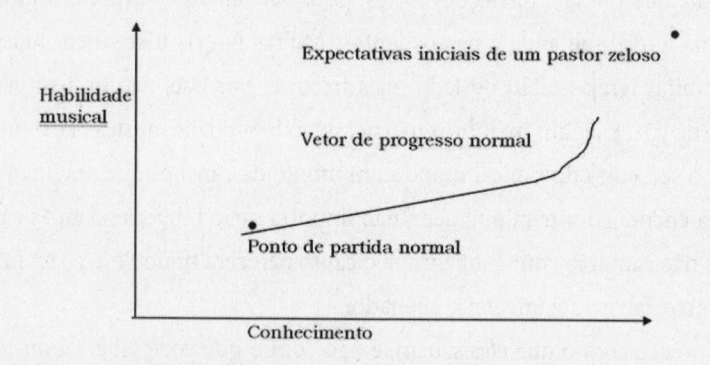

Figura 13.1 — gráfico do progresso musical para uma igreja normal

À medida que você continua a ensinar, no decorrer dos anos, descobrirá que não tem muitas pessoas de dotes musicais em sua igreja. Isso não é um problema. O crescimento no número de canções conhecidas superará o nível de habilidade musical de sua igreja, pelo menos no início. Apenas continue a ensinar-lhes canções que tenham melodias fáceis e letras consistentes. Continue a expandir a base de conhecimento deles; e seja gentil e compreensível no que diz respeito à capacidade limitada deles para aprender melodias mais difíceis. Desafie, mas não desanime.

PENSANDO JUNTOS

1. Como a sua igreja pode se beneficiar de uma variedade musical mais ampla?

2. De que maneira pouco acompanhamento musical pode melhorar o canto congregacional?
3. Os líderes de música de sua igreja são modestos? Ou atraem atenção sobre si mesmos?

CONCLUSÃO

Temos pensado a respeito do que fazer quando a igreja se reúne. Conforme vimos, tudo que acontece em frente da congregação faz parte do ministério de ensino da igreja. As Escrituras regulam esse ministério. De acordo com isso, cada elemento das principais reuniões da igreja deve ter respaldo das Escrituras, ou na forma de um mandamento claro, ou na forma de uma dedução boa e necessária de uma passagem específica. A princípio, isso talvez pareça constrangedor. Mas, com o passar do tempo, isso o livrará da tirania das últimas inovações ou das modas mais populares — a que podemos nos referir como a tirania do novo.

Nós, como pastores e líderes, levaremos nossas igrejas a pensarem na adoração corporativa de um certo modo, tão-somente pela forma como a estruturamos e a conduzimos. Um alvo importante de uma igreja resoluta é assegurar-se de que tudo que acontece em frente da congregação seja feito com fidelidade deliberada à intenção das Escrituras e seja bom e saudável para o crescimento da igreja. A implicação disso é que o pastor, sendo ele o principal professor das Escrituras, reconhecido pela igreja, é o responsável por tudo que é pregado, orado, cantado e visto nas reuniões de adoração pública. Se isso é verdade, o pastor é responsável por ser resoluto em decidir o que ele pode excluir ou não do culto.

Ser intencional quanto às reuniões semanais, especialmente as principais reuniões de adoração, exige muito trabalho. Em particular, exige o planejamento dos cultos dominicais com antecedência de semanas ou meses, em vez de apenas realizá-los semana após semana. A princípio, isso talvez pareça assustador. Mas, uma vez que você comece, se tornará bastante libertador, porque lhe dará uma perspectiva ampla, com a qual você poderá planejar seu ministério anual, o que, por sua vez, o libertará da tirania do urgente. Imagine só: liberdade da tirania do novo e da tirania do urgente!

LEITURA RECOMENDADA PARA A SEÇÃO 2

- **SOBRE A ADORAÇÃO**

Carson, D. A. *Worship: Adoration and Action* (Eugene: Wipf & Scott, 2002).

Carson, D. A. (Ed.). *Worship by the Book* (Grand Rapids: Zondervan, 2002).

Croft, Brian; Adkins, Jason. *Gather God's People: Understand, Plan, and Lead Worship in Your Local Church* (Grand Rapids: Zondervan, 2015).

Davies, Horton. *The Worship of the American Puritans* (Morgan: Soli Deo Gloria, 2003).

Davies, Horton. *The Worship of the English Puritans* (Morgan: Soli Deo Gloria, 2003).

Gibson, Jonathan; Earngey, Mark, eds. *Reformation Worship: Liturgies from the Past for the Present* (Greensboro: New Growth Press, 2018).

Merker, Matt. *Culto Público: a Igreja Reunida como Povo de Deus* (São Paulo: Vida Nova, 2022).

Peterson, David. *Engaging with God: a Biblical Theology of Worship* (Downers Grove: InterVarsity Press, 1992).

RYKEN, Philip Graham; THOMAS, Derek W. H.; DUNCAN III, J. Ligon, eds. *Give Praise to God: a Vision for Reforming Worship* (Phillipsburg: Presbyterian & Reformed, 2003).

• SOBRE A MÚSICA

JANSSEN, Brian V. *Sing a New (Covenant) Song: Thinking about the Songs We Sing to God* (Hospers: livro autopublicado, 2002. Para obter cópias, contate o autor em *janssen@nethtc.net*)

Master's Seminary, *Hymns of Grace* (Los Angeles: Master's Seminary Press, 2015).

Sovereign Grace Ministries Music (www.sovereigngraceministries.org/music).

Trinity Hymnal (Suwane: Great Commision Publications, 1990).

• SOBRE O PASTORADO

BRIDGES, Charles. *The Christian Ministry* (Carlisle: Banner of Truth, 2001. Reimpressão).

SPURGEON, C. H., *Um Ministério Ideal*, 2 vols. (São Paulo: PES, 1991).

SPURGEON, C. H., *Lições aos Meus Alunos*, 3 vols. (São Paulo: PES, 1990).

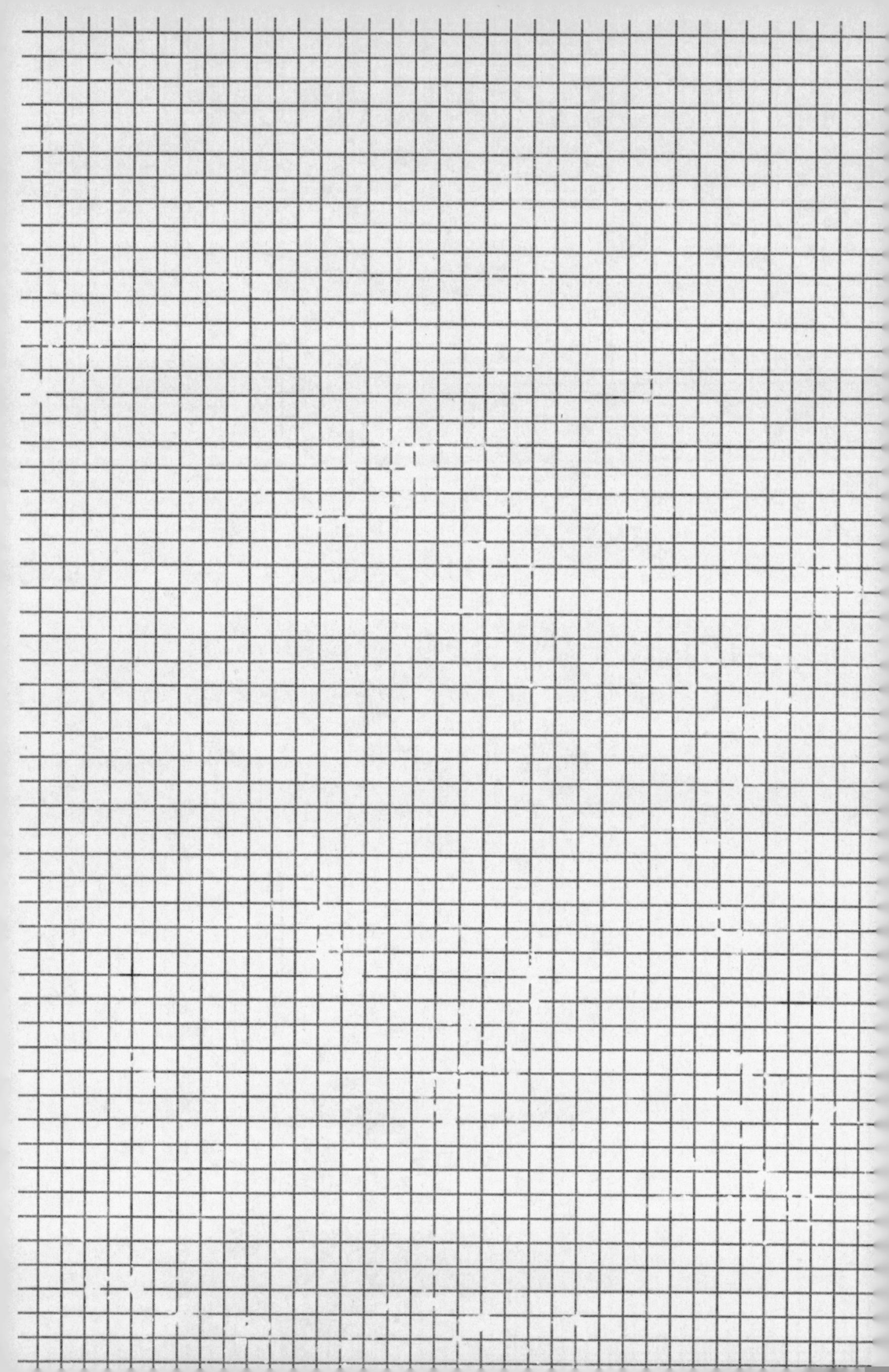

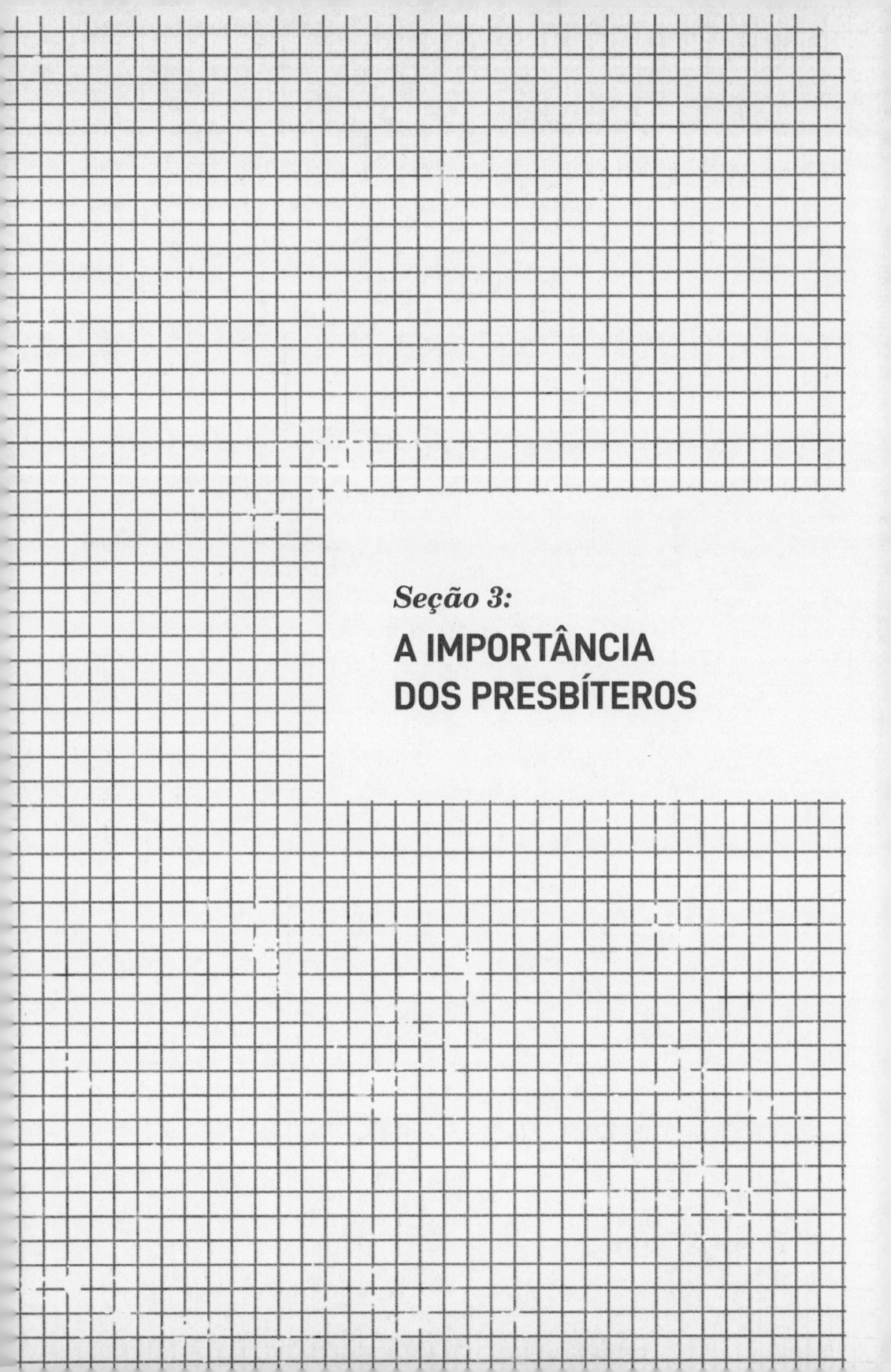

Seção 3:
A IMPORTÂNCIA DOS PRESBÍTEROS

14 A IMPORTÂNCIA DOS PRESBÍTEROS

É comum em alguns círculos evangélicos contemporâneos sustentar a ideia de que a estrutura de liderança da igreja se resume, de fato, a uma questão de semântica. Chamá-los de diáconos ou de presbíteros é amplamente irrelevante, se você tem algumas pessoas maduras que lideram a igreja e conduzem seus afazeres. Nos círculos batistas, particularmente entre as igrejas da convenção batista do sul dos Estados Unidos, durante os últimos cento e trinta anos, o modelo de liderança que prevalece parece ser o de um único pastor/presbítero apoiado por diversos diáconos e, frequentemente, responsável diante de um corpo administrativo.

Admitimos que a Bíblia deixa amplo espaço para hesitarmos no assunto de estrutura da igreja. Mas, embora a evidência seja escassa, ela é consistente. As igrejas do Novo Testamento são governadas pela congregação, mas lideradas por uma pluralidade de presbíteros (auxiliados por diáconos servis) para se dedicarem ao ministério da Palavra e à oração.[1]

---

1 Quanto a uma argumentação bíblica mais ampla em favor de presbíteros no contexto do governo congregacional, veja Mark Dever, *Entendendo a Liderança da Igreja* (São José dos Campos: Fiel, 2019); Jeramie Rinne, *Presbíteros: Pastoreando o Povo de Deus como Jesus* (São Paulo: Vida Nova, 2016); Phil Newton e Matt Schmucker, *Equipe Pastoral: Fundamento e Implementação* (São José dos Campos: Fiel, 2023). Quanto a uma argumentação histórica e batista sobre o mesmo assunto, veja Mark Dever (ed.), *Polity: Biblical Arguments on How to Conduct Church Life* (Washington: 9Marks Ministries, 2001).

Nesta seção, começaremos a pensar sobre a necessidade de reunir uma pluralidade de presbíteros e o que fazer para reuni-los, com sabedoria bíblica. Neste capítulo, focalizaremos particularmente a revisão das informações bíblicas e pensaremos nos benefícios práticos de ter uma pluralidade de presbíteros que não fazem parte do corpo administrativo.

BREVE CONTEXTO BÍBLICO

Atos 20.17-38 nos mostra que as palavras *presbíteros* (*presbuteros*, v. 17) e bispos (*eposkopous*, v. 28) são intercambiáveis e que ambos realizam a obra de pastorear (*poimainem*, v. 28) ou apascentar o rebanho de Deus. Portanto, um pastor é um presbítero, e um presbítero é um bispo — todas as três palavras se referem ao mesmo ofício e à mesma obra de pastorear.[2] Observe também que Paulo "mandou" alguém "a Éfeso chamar os presbíteros [*presbuterous*, plural] da igreja [*ekklesias*, singular]". O modelo é uma pluralidade de presbíteros em cada igreja local.[3]

Em 1Timóteo 3.1-13, distinguem-se os ofícios de presbítero (*episkopos*) e diácono (*diakonos*). Ambos precisam satisfazer as mesmas exigências quanto ao caráter, mas os presbíteros precisam ser capazes de ensinar[4] — uma habilidade não exigida do ofício de diácono. Na verdade, D. A. Carson observou que todas as qualidades estabelecidas para o ofício de presbítero são recomendadas, em outras passagens do Novo Testamento, a todos os cristãos — todas as qualidades, exceto a de ensinar. Percebemos, então, que os presbíteros são diferentes dos diáconos no fato de que o ensino é essencial à responsabilidade do presbítero, enquanto a tarefa do diácono consiste de outras atividades. Ambos os ofícios têm de existir em uma igreja para que ela seja organizada, liderada e servida de acordo com a Palavra de Deus.

Atos 6.1-4 esclarece melhor a distinção entre presbíteros e diáconos. Nesta passagem, lemos sobre a controvérsia que houve entre as viúvas dos gregos e as dos hebreus a respeito da equidade na distribuição de alimentos entre elas. Os discípulos

---

2 Observe este mesmo intercâmbio entre os vocábulos "presbíteros" e "o bispo" (episkopon) em Tito 1.5-7.
3 Cf. Atos 14.23. Nessa ocasião, Paulo e Barnabé indicaram presbíteros (*presbuterous*, no plural) em cada igreja (*kat' ekklesian* — singular distributivo).
4 Cf. também Tito 1.9.

reuniram toda a congregação e disseram: "Não é razoável que nós abandonemos a palavra de Deus para servir [*diakonein*] às mesas. Mas, irmãos, escolhei dentre vós sete homens de boa reputação, cheios do Espírito e de sabedoria, aos quais encarregaremos deste serviço; e, quanto a nós, nos consagraremos à oração e ao ministério [*diakonia*] da palavra" (At 6.2-4). A divisão dos trabalhos é clara. Os sete homens foram escolhidos para "servir" às mesas; e isso deixaria os apóstolos desimpedidos para "servir" à Palavra.

Os diáconos servem para atender às necessidades físicas e financeiras da igreja, fazendo-o de um modo que acabe com divisões, traga unidade e apoie a liderança dos presbíteros. Sem este serviço prático dos diáconos, os presbíteros não ficariam livres para se dedicarem à oração e à ministração da Palavra às pessoas. Os presbíteros necessitam de diáconos que sirvam de modo prático, e os diáconos precisam de presbíteros que liderem de modo espiritual.

PENSANDO JUNTOS

1. Leia Atos 14.23. O que isto implica com respeito à maneira como Paulo estruturou as igrejas que ele mesmo estabeleceu?
2. Observe, pelo menos, cinco destes versículos: Atos 11.30; 16.4; 20.17; 21.18; Fp 1.1; Tt 1.5; Tg 5.14; 1Pe 5.1. O que você aprendeu sobre o número e as responsabilidades dos presbíteros na igreja local?
3. Compare Atos 20.17 com Atos 20.28. Depois compare Tito 1.5-6 com Tito 1.7. Quais os termos que parecem ser usados como sinônimos?

O ASPECTO PRÁTICO DA PLURALIDADE

Já vimos os principais argumentos bíblicos em favor da distinção entre presbíteros e diáconos, dos papéis de cada ofício e de uma pluralidade de presbíteros em uma única igreja.[5] Quais são os benefícios práticos de ter mais do que um presbítero

---

5 Um excelente guia prático sobre como realizar esta mudança se encontra em Newton e Schmucker, *Equipe Pastoral*.

em cada igreja? Em outras palavras, vale a pena o esforço de mudar de uma estrutura de liderança de um único pastor e vários diáconos para uma liderança formada por uma pluralidade de presbíteros apoiados por múltiplos diáconos auxiliando-os?[6] Pensemos sobre algumas das vantagens de promover a mudança.

Compensa as fraquezas do pastor. Nenhum pastor é tão dotado que possa fazer, por si mesmo, toda a obra do ministério igualmente bem. Há fraquezas em todo ministério pastoral. Necessitamos de pessoas para compensar nossas deficiências humanas. Quando você se cerca de homens piedosos cujos dons, paixões e habilidades equilibram as suas, você oferece liderança mais bem proporcionada para as pessoas seguirem.

Dilui as críticas da congregação. No modelo de liderança de um único pastor e vários diáconos, é o pastor quem frequentemente recebe sozinho o maior impacto das críticas. As decisões podem ser mal compreendidas, e os motivos, mal interpretados; e, logo, o pastor se torna alvo de todas as observações críticas, porque ele é visto como aquele que toma todas as decisões e dá o voto final — e, neste modelo de liderança, ele é sempre criticado. No modelo de pluralidade de presbíteros, a liderança é compartilhada com um grupo de presbíteros, reconhecido e confirmado pela igreja e que não faz parte do corpo administrativo. Esta provisão alivia o pastor do fardo de receber todas as críticas, porque agora a liderança e a responsabilidade de tomar decisões são compartilhadas. Agora, outros homens podem se colocar ao lado do pastor numa situação difícil e assumir, juntos, tanto a responsabilidade como a crítica. Além disso, a congregação talvez se mostre mais disposta a seguir as decisões árduas de um grupo de líderes constituído tanto do corpo administrativo como de presbíteros que não fazem parte desse corpo, do que a seguir aquelas decisões tomadas por um pastor remunerado. Algumas críticas podem ser evitadas somente pela confiança crescente que um grupo de presbíteros não administradores produz entre os membros da igreja.

Aumenta a sabedoria pastoral. Compartilhar a liderança com um grupo de presbíteros piedosos e capazes, que não fazem parte do corpo administrativo, guarda, invariavelmente, os pastores (em especial, os mais jovens) de falarem ou agirem de

---

6 Aqui exporemos o argumento sem nos referirmos aos múltiplos aspectos do diaconato. Quanto a isso, ver Mark Dever, *Refletindo a Glória de Deus: Elementos Básicos da Estrutura da Igreja* (São José dos Campos: Fiel, 2008).

forma incoerente e de falarem ou agirem corretamente de forma inútil. Nenhum de nós é onisciente. Todos precisamos nos humilhar, compartilhar a liderança e pedir conselhos. De fato, muitos de nós somos impacientes no que se refere a implementar uma visão que resultará em mudança. Presbíteros piedosos podem nos ajudar a determinar um ritmo de mudanças que a igreja possa acompanhar. Podem também nos ajudar a formular planos, articular objetivos e lidar com situações sensíveis, melhor do que podemos fazer quando agimos por nós mesmos.

Torna inerente a liderança. Ou seja, fundamenta a liderança em membros não administradores. Isto é importante porque a congregação precisa ser capaz de funcionar e continuar a crescer, se algo terrível acontecer ao pastor remunerado. A última coisa que desejamos fazer como pastores vocacionados é tornar a igreja tão dependente de nós, que entrará em colapso se morrermos, formos chamados para outra igreja ou (Deus não permita) cairmos em algum pecado que nos desqualifique. Desejamos que nosso trabalho continue a dar frutos por muito tempo depois de havermos partido! Mas isso significa que a liderança precisa estar arraigada em membros que não fazem parte do corpo administrativo. A melhor maneira bíblica de fazermos isso é incorporar uma estrutura de liderança fundamentada em uma pluralidade de presbíteros em que o número de presbíteros que não fazem parte do corpo administrativo supere o de presbíteros administradores.

Possibilita a disciplina corretiva. Sem a disciplina corretiva, a igreja não tem meios de manter a pureza de seu testemunho público corporativo, protegendo-a da hipocrisia de membros envolvidos em pecado escandaloso. E a realização da disciplina corretiva é muito mais difícil sem uma pluralidade de presbíteros. Realizar disciplina corretiva exige uma estrutura de liderança que não se renda às pressões espirituais e relacionais do processo. A pluralidade de presbíteros, por aumentar a sabedoria do pastor, diluir as críticas, compensar as fraquezas do pastor e tornar inerente a liderança, ajuda a transferir para os diversos apoiadores o fardo da disciplina corretiva. A pluralidade de presbíteros é essencial para a preservar o testemunho corporativo da igreja local perante a comunidade de incrédulos.

Dissipa a mentalidade "nós versus ele". Quando ocorrem entre o pastor e a congregação discordâncias referentes à liderança da igreja ou a uma decisão árdua que afete toda a congregação, uma desagradável mentalidade "nós versus ele" começa a brotar. Isso pode fazer com que o pastor se sinta extremamente isolado e talvez produza atitudes antagonistas por trás do relacionamento natural do pastor com a igreja. Admito que a pluralidade de presbíteros talvez possa mudar esse relacionamento para a mentalidade "nós versus *eles*". No entanto, a pluralidade de presbíteros alivia o isolamento do pastor e pode impedir que as antipatias surjam frequentemente, se o pastor for bastante sábio a ponto de receber conselhos. Mais uma vez, a pluralidade de presbíteros, por aumentar a sabedoria do pastor, diluir as críticas, compensar as fraquezas do pastor e tornar inerente a liderança, pode fazer muito para desarmar a bomba da mentalidade "nós versus ele".

PENSANDO JUNTOS

1. Como você acha que uma pluralidade de presbíteros poderia ser saudável para a sua igreja como um todo?
2. Como você acha que uma pluralidade de presbíteros poderia ser saudável para você como pastor?
3. Quais são alguns obstáculos que o impedem de mover-se em direção a uma pluralidade de presbíteros?
4. Quais são alguns motivos pelos quais você pode começar a orar para que haja mudanças saudáveis em sua igreja?

CONCLUSÃO

Igrejas podem funcionar sem presbíteros. Isso acontece muitas vezes. Mas o padrão bíblico é consistente, e os benefícios práticos, evidentes, tanto para o pastor como para a igreja. A pergunta não é por que devemos ter presbíteros, e sim por que *não devemos* tê-los. Posso dizer com sinceridade que a mudança para um modelo de liderança de pluralidade de presbíteros, em nossa igreja, foi o acontecimento mais benéfico em meu ministério pastoral em Washington até agora.

Quando propomos a ideia de pluralidade de presbíteros, alguns pastores reagem mostrando a dificuldade de realizar a transição, de outros modelos para um modelo de liderança realizada por presbíteros. Como você lida com a escolha de presbíteros? Há um processo que nos ajuda a sermos concordes a respeito de quem deve ser presbítero? Trataremos destas e de outras perguntas nos próximos quatro capítulos.

15 PROCURE HOMENS BONS

Parece que os pastores de nossos dias estão olhando para todos os lados em busca de ajuda para receber uma visão, atrair grande número de pessoas, liderar a igreja e mudar a cultura. Nesse processo, eles sempre acham ideias competitivas a respeito do que é necessário para ser um líder de igreja e do que significa ser esse líder. Como vimos no capítulo anterior, o presbitério é o modelo bíblico para a liderança da igreja local. As perguntas que desejamos abordar neste capítulo são: o que você deve fazer para achar presbíteros? Que tipo de pessoa você está realmente procurando?

RECONHECER ANTES DE TREINAR

Todo pastor é responsável por desenvolver na igreja uma liderança constituída de homens que não fazem parte do corpo administrativo.[1] Às vezes, parece intuitivo aos pastores assumir uma atitude de treinamento no que diz respeito à formação de presbíteros. Ou seja, escolhem um candidato fundamentados talvez na fidelidade à frequência às reuniões da igreja, na disponibilidade para servir e na capacidade de

---

1 Esta seção pressupõe que todo presbítero regente é um presbítero apto a ensinar; ou seja, não há essa distinção em 1Timóteo 5; e o ensino é a essência do ofício de presbítero. Se você está em uma igreja que distingue esses dois deveres como ofícios separados, essa distinção afetará o processo de treinamento.

aprender, oferecem-lhe um programa de treinamento de um ano, depois do qual indicam-no e confirmam-no como um presbítero, a fim de aprender o restante enquanto exerce sua função.

É claro que não existe nada inerentemente incorreto nessa estratégia. De fato, discipular as pessoas é algo que devemos fazer. E treinar os presbíteros que reconhecemos é uma parte integral da responsabilidade pastoral (2Tm 2.2). No entanto, é sábio *reconhecer* homens que já são qualificados e realizam um trabalho semelhante ao de presbítero, em vez de "tornar" certos homens presbíteros apenas por dar-lhes treinamento. Em outras palavras, você não está apenas procurando por um potencial ainda não explorado, mas por uma razão positiva pela qual um homem deve ser um presbítero.

"Os pecados de alguns homens são notórios e levam a juízo, ao passo que os de outros só mais tarde se manifestam. Da mesma sorte também as boas obras, antecipadamente, se evidenciam e, quando assim não seja, não podem ocultar-se" (1Tm 5.24-25). Estas palavras se encontram num contexto de indicação de presbíteros. Paulo estava ensinando Timóteo a reconhecer homens que tinham qualidades de presbíteros — bem como aqueles que não as tinham — por meio do comportamento deles.

Ao *reconhecermos* os presbíteros, antes de treiná-los, estamos apenas reconhecendo que um homem já está vivendo com os traços do caráter de presbítero e fazendo uma obra de relacionamento peculiar a este ofício, sem possuir o título. Ao *treinarmos* presbíteros antes de reconhecê-los como tais, estamos escolhendo um homem que não tem demonstrado qualquer desses traços de caráter e tentando moldá-lo em uma forma que ele ainda não assumiu. Reunir os presbíteros por meio do reconhecimento nos capacita a separar aqueles homens da igreja que já estão realmente provando, pelo seu estilo de vida, que são presbíteros, embora não tenham o título. As atitudes deles evidenciam que Deus está levantando-os para liderar a igreja, e seu interesse altruísta pela vida corporativa da igreja nos informa que eles têm aparência e maturidade de presbíteros.

Esses são os melhores tipos de homens que devemos ter como presbíteros, porque veem o presbiterato não somente como um ofício para o qual devem ser treinados e exercê-lo, mas também como uma maneira sábia e espiritual de viver, independentemente de suas capacidades para o ofício. Esse é o tipo de homem que mais provavelmente será frutífero no ofício de presbítero. Ele adotou um estilo de vida de presbítero, antes mesmo de assumir o ofício, e, por isso, talvez continue nesse estilo de vida muito tempo depois que acabar seu mandato oficial.

Imediatamente surge a pergunta: o que devo fazer se não houver esse tipo de homem para reconhecermos em nossa igreja local? Que outra opção eu tenho, exceto o treinamento? Neste caso, o melhor caminho a seguir é continuar ensinando fielmente a Palavra de Deus, continuar engajando-se em discipulado pessoal e ensinando aos homens o que significa ser maduro no Senhor e continuar a procurá-los. Talvez você tenha de examinar seus padrões quanto ao presbiterato — seus padrões são mais elevados do que aqueles que a Bíblia exige que sejam? Continue pregando e orando. Continue desenvolvendo uma cultura de discipulado pessoal e mantenha-se paciente.

Então, o que devemos reconhecer em tais homens? O que é exatamente um presbítero? Seremos sábios se começarmos nos desvencilhando de alguns mitos.

O QUE UM PRESBÍTERO NÃO É

Um presbítero bíblico não é apenas um homem mais idoso. Há muitos bons cristãos com mais idade que não satisfazem as qualificações de caráter para o presbiterato bíblico. Espero que o Senhor abençoe nossa igreja com muitos homens maduros. Contudo, o mero avanço na idade, mesmo acompanhado de elevada postura na membresia da igreja, não é suficiente para preencher os requisitos delineados em 1Timóteo 3 e Tito 1. De fato, existem alguns homens de trinta anos de idade (ou talvez mais novos) que estão mais qualificados para serem presbíteros do que alguns que têm duas vezes a idade deles. Somente a experiência de vida não qualifica um homem para ser presbítero.

Um presbítero bíblico não é apenas um homem de negócios bem-sucedido. De fato, alguns dos princípios ou traços de caráter que levam homens de negócios ao sucesso, talvez os coloque realmente no degrau mais baixo da escada de liderança da igreja.[2] Não estamos procurando homens que "sabem o que querem e sabem como consegui-lo". Também não procuramos homens que sabem como

---

2 Ou seja, amar o dinheiro, ser controverso, não ser gentil, não cuidar bem de sua própria casa (1Tm 3.1-7).

gerenciar pessoas, levantar recursos financeiros, subir de posição ou fechar um bom negócio. Liderança na igreja é fundamentalmente diversa da liderança dos negócios no mundo (Mc 10.34-35; Jo 13.1-7). A igreja não é apenas uma entidade filantrópica. É o corpo de Cristo e, como tal, é a instituição corporativa mais singular do mundo. Ela funciona com base nos princípios de doutrina, sujeição, santidade, fé, esperança e amor distintivamente cristãos. É claro que isso não significa que é impossível ser ao mesmo tempo um presbítero biblicamente qualificado e um homem de negócios bem-sucedido. Significa apenas que sucesso e liderança nos negócios do mundo não garantem sempre ou necessariamente sucesso na liderança da igreja local.

Um presbítero bíblico não é apenas um membro da igreja envolvido na comunidade. Ser eleito como vereador do município ou diretor de uma instituição filantrópica é um grande privilégio e uma oportunidade evangelística sem igual para qualquer cristão. Mas, outra vez, isso não é necessário nem suficiente para satisfazer as qualificações de um presbítero. Um homem pode ser presidente de uma associação qualquer, técnico de um time de futebol, um vereador ou um líder de um grupo de escoteiros e não ser qualificado para o presbiterato. Servir à comunidade destas maneiras não impede que um homem se qualifique. Contudo, quando procuramos alguém que satisfaça as exigências bíblicas, o serviço prestado à comunidade não pode, sozinho, ser nosso principal critério.

Um presbítero bíblico não é apenas um velho e bom camarada. Viver no mesmo lugar por muitos anos, ter os mesmos amigos ou ser membro da mesma igreja durante mais de trinta anos não faz de um homem um presbítero. Servir na capacidade de presbítero, em uma igreja local, não depende de sua disposição de "cooperar", ou de fazer parte de uma rede social, ou do lugar de onde ele veio. A agradabilidade pode ser frequentemente enganosa.

Um presbítero bíblico não é uma mulher. Esse critério é estabelecido em 1Timóteo 3.1-7, e Tito 1.5-9 e pressupõe uma liderança masculina na igreja. O ofício de presbítero é um ofício que o seu portador tenha a capacidade de ensinar. Ensinar é um ato de autoridade, e as mulheres estão proibidas de exercer autoridade sobre os homens na igreja (1Tm 2.9-15). Paulo fundamenta essa proibição na ordem da criação expressa em Gênesis 1 e 2 — Adão foi criado primeiro; depois, Eva, revelando assim o lugar que Deus idealizou para o homem como cabeça da mulher. Ambos foram criados igualmente à imagem de Deus, mas ele lhes deu papéis com os quais complementariam um ao outro, no lar e na igreja.[3]

Um presbítero bíblico não é um político. O ofício bíblico de presbítero é um ofício eletivo. Mas o homem que o assume não deve fazer campanhas sutis e públicas para obtê-lo; também não deve ser alguém que usa uma linguagem notável ao promover suas posições políticas no contexto da igreja local.

PENSANDO JUNTOS

1. Como sua igreja escolhe seus líderes? Quais os critérios predominantes? Por quê?
2. O que um homem deve ser antes de tornar-se presbítero em sua igreja local?

O QUE UM PRESBÍTERO É

O que é, então, um presbítero? Essa pergunta pode ser respondida, primeiramente, em termos do ofício e, em segundo lugar, em termos do homem. O ofício de presbítero foi idealizado para que a igreja seja conduzida por meio do ensino da Palavra.[4] O caráter do homem que se qualifica para esse ofício é descrito em 1Timóteo 3.1-7 e Tito 1.6-9. Um presbítero é um homem de caráter exemplar, semelhante a Cristo, capaz de liderar o povo de Deus por meio de ensinar-lhes a Palavra de Deus, de um modo que os beneficie espiritualmente. Portanto, estamos procurando homens que *revelem* caráter exemplar e demonstrem aptidão e frutos no ensino da Palavra de Deus.[5] Esta definição serve como um bom perfil espiritual do tipo de homem que você deve procurar para ser presbítero.

---

3 Quanto a uma abordagem exegética e prática sobre o papel do homem e da mulher no lar e na igreja, veja 9*Marks Journal*, "Complementarianism: A Moment of Reckoning", dezembro de 2019. Quanto a uma abordagem específica sobre 1Timóteo 2.9-15, veja Andreas Köstenberger e Thomas Schreiner (eds.), *Women in the Church: an Interpretation and Application of 1 Timothy 2:9-15*, 3ª ed. (Wheaton: Crossway, 2016).
4 Isto é diferente do ofício diaconal, que tem como desígnio servir à igreja ao atender às suas necessidades físicas e questões financeiras.
5 Consideraremos mais atentamente a necessidade prática deste caráter no Capítulo 16, e o que significa ser "apto para ensinar", no Capítulo 17.

OS QUADRANTES DE QUALIFICAÇÃO

Uma maneira útil de pensar a respeito do critério para escolher líderes pode ser os termos dos quadrantes apresentados na Figura 15.1. Outra vez, a chamada para ser um presbítero é uma chamada para guiar por meio do ensino bíblico. Isto significa que, no mínimo, você precisa de homens que, antes e acima de tudo, compartilhem um entendimento profundo e bíblico das verdades fundamentais da teologia e do evangelho cristãos. As áreas a serem consideradas em primeiro lugar são a autoridade e a suficiência das Escrituras, a soberania de Deus, a divindade e a exclusividade de Jesus Cristo e a expiação. Nenhum homem deficiente nos fundamentos da doutrina bíblica pode ser cogitado para o presbiterato, não importa quão dotado ou quão agradável ele seja. A Palavra edifica a igreja, por isso não é saudável para qualquer de nossos presbíteros ter reservas quanto às verdades cristãs fundamentais.

Uma vez que tenhamos determinado que um candidato é correto quanto às doutrinas bíblicas essenciais, nossa prática consiste em confirmar se ele compartilha de nossos distintivos doutrinários particulares — em nosso caso, por exemplo, a necessidade do batismo de crentes para a aceitação como membro da igreja local. Essas questões, embora não sejam necessárias à salvação, são importantes para a maneira como decidimos conduzir nossa vida como igreja. Esses distintivos podem variar, dependendo das convicções da igreja. Contudo, o princípio é que os líderes de uma congregação entendam e sejam defensores conscientes das doutrinas distintivas da igreja local. Os presbíteros precisam concordar sobre essas questões, para que sua unidade não seja rompida e, assim, sejam capazes de prover uma liderança unificada que a congregação possa seguir.

Teologia essencial	Distintivos doutrinários
• autoridade e suficiência das Escrituras • soberania de Deus • divindade e exclusividade de Cristo • a expiação	• batismo de crentes • congregacionalismo

Amor pela congregação	Distintivos culturais
• frequentar regularmente os cultos • discipulado altruísta • servir consistentemente	• papel do homem e da mulher no lar e na igreja • oposição à homossexualidade

Figura 15.1 – Quadrantes de Qualificação

Em terceiro lugar, é extremamente proveitoso assegurar-se de que o candidato seja tão corajoso que mantenha uma posição firme contra a cultura em certos assuntos bíblicos, tais como o papel da mulher na igreja. Um presbítero tem de ser para a igreja um exemplo de coragem e disposição de viver um estilo de vida diferente da cultura em áreas nas quais Cristo e a cultura estão em conflito. Se um presbítero se rende às pressões de se conformar com a cultura no que diz respeito a assuntos bíblicos bem definidos, seu exemplo e ensino fará com que a igreja se pareça mais com o mundo.

Finalmente, precisamos ser capazes de perceber, com base no envolvimento do candidato com a igreja, se ele a ama. Queremos ser capazes de reconhecer o amor dele para com os outros membros da igreja, pelo fato de que ele já está envolvido na realização de uma obra semelhante à de presbítero, mesmo antes de receber esse título. Por isso, devemos esperar que um homem a ser reconhecido como presbítero esteja frequentando regularmente os cultos da igreja, relacionando-se com os outros, para fazer-lhes o bem espiritual, e servindo à igreja tão fielmente quanto lhe seja possível.

1. Qual é a diferença entre reconhecer os presbíteros e treiná-los?
2. Por que é sábio reconhecê-los em vez de treiná-los?
3. Em sua igreja, quem pode estar qualificado para servir como presbítero?

CONCLUSÃO

Uma das dinâmicas humanas mais significativas no crescimento espiritual contínuo da igreja é o tipo de liderança que ela segue. Quando homens biblicamente qualificados estão liderando a igreja com caráter e habilidade, isto é uma bênção profunda e ampla para a unidade, a santidade e o crescimento espiritual da igreja. Afirmando-o de modo um pouco negativo, muitos erros e sofrimentos poderiam ser evitados tão-somente por meio de assegurar-nos de que se tornem presbíteros apenas homens biblicamente qualificados.

A escolha dos presbíteros é um tempo essencial na vida de uma igreja que se desenvolve. É um tempo tão essencial, que nas páginas seguintes continuaremos a pensar sobre a avaliação do caráter, das habilidades e da aptidão dos presbíteros potenciais.

16 AVALIAÇÃO

As igrejas raramente crescem acima do nível de maturidade de seus líderes. Isso talvez seja possível, mas certamente não é provável. A implicação é que a escolha dos presbíteros pode ser uma ajuda significativa ou um obstáculo expressivo à maturidade e ao crescimento da igreja. Líderes maduros e capazes serão um exemplo de comportamento santo e ensinarão doutrina correta, e isso promoverá a saúde e o crescimento da congregação. Por outro lado, líderes imaturos, menos capazes de ensinar, serão modelos de um comportamento que talvez não esteja isento de censura e ensinarão doutrinas que talvez não se conformem com a piedade; e ambos os pontos provavelmente limitarão o nível de maturidade dos membros, porque eles não estarão ouvindo sã doutrina nem percebendo-a na vida de seus líderes.

Os pastores precisam compreender que a seleção de presbíteros é fundamental para a saúde e o crescimento da igreja. O processo *tem de* ser governado pelos critérios bíblicos e realizado de maneira sábia, paciente e agradável. Neste capítulo, consideraremos brevemente a avaliação do caráter, das habilidades e da aptidão de um presbítero potencial. O Capítulo 16 abordará por que o caráter é tão crucial; e, no Capítulo 17, passaremos juntos pelo processo de instalação de novos presbíteros.

AVALIE O CARÁTER

Um bom candidato para o ofício de presbítero é conhecido pelo seu comportamento (1Tm 5.24-25), porque o seu comportamento revela o seu caráter, e o caráter é aquilo que faz um presbítero. A reputação diante dos incrédulos é importante (1Tm 3.7). Mas esta exigência não justifica a indicação de um homem tão-somente porque ele é um honesto líder de negócios na comunidade. Ele pode ser realmente um comprovado líder de negócios; mas ele é contencioso? É dado a excessos? É amável com sua família e generoso em seus recursos financeiros? É cordial tanto no falar como na conduta? Ele ama o dinheiro, ou por viver buscando-o, ou por guardar para si grande quantidade de dinheiro, ou por gastá-lo abundantemente consigo mesmo? Ele tem domínio de si mesmo? É paciente quando é tratado de modo injusto? Todas essas perguntas são implicações diretas do critério de caráter encontrado em 1Timóteo 3.1-7 e 2Timóteo 2.24-25.

PENSANDO JUNTOS

1. Leia 1Timóteo 3.1-7. Por que é importante que os presbíteros sejam gentis e não contenciosos?
2. Leia 2Timóteo 2.24-25. Por que é importante que os presbíteros não sejam dados a ressentimentos?

Poderíamos esquadrinhar muitas outras passagens bíblicas a fim encontrarmos sabedoria em discernir hábitos do estilo de vida que evidenciam o coração de um presbítero. O homem evidencia amor a Deus e à igreja, por frequentar regularmente as reuniões da igreja como um membro comprometido (Hb 10.24-25; Jo 13.34-35; 1Jo 4.20-21)? Ele contribui para a saúde espiritual da igreja pela maneira como fala e lida com os outros (Fp 2.1-5; Ef 4.29)? Usa suas palavras para edificação, destacando evidências da graça de Deus nos outros, ou para diminuir os outros por críticas constantes? Ele se reúne com os cristãos mais novos ou com aqueles que passam por lutas, para fazer-lhes o bem espiritual (Ez 34)? Ele tem cuidado pela vida espiritual das outras pessoas (At 20.28)? Ora regularmente pela igreja e por seus membros? É capaz de transmitir o evangelho com clareza aos incrédulos e faz isso com regularidade? Está crescendo em seu conhecimento de Deus e sendo frutífero no ministério pessoal na igreja (Cl 1.9-14)? É uma influência que causa divisão ou unidade? Ele exerce sabedoria espiritual que é, "primeiramente, pura; depois, pacífica, indulgente, tratável, plena de misericórdia e de bons frutos, imparcial, sem fingimento" (Tg 3.17)? Mostra humildade de caráter por aceitar facilmente a correção ou é orgulhosamente recalcitrante em suas próprias opiniões (Pv 12.1)? Em resumo, o homem está sendo um exemplo para os outros membros da igreja, "na palavra, no procedimento, no amor, na fé, na pureza" (1Tm 4.12; 1Pe 5.1-5)?[1] Se não, é melhor ser paciente e continuar procurando.

Esse cuidado é um esforço para obedecer a exortação de Paulo a Timóteo: "A ninguém imponhas precipitadamente as mãos. Não te tornes cúmplice de pecados de outrem. Conserva-te a ti mesmo puro" (1Tm 5.22). É melhor esperar que Deus levante outros homens do que compartilhar da culpa de erros cometidos no pastoreio, por homens indicados prematuramente (cf. Hb 13.17).

AVALIE AS HABILIDADES

À medida que avaliamos o caráter, precisamos também avaliar as habilidades de ensino do candidato. É claro que, em certo sentido, devemos ter determinado nível de segurança quanto ao caráter do homem, antes de o colocarmos para ensinar. Portanto, ele precisa estar frequentando regularmente as reuniões; ser interessado e envolvido na adoração e na vida corporativa da igreja; não ser conhecido por qualquer imperfeição de caráter particularmente notória ou escandalosa; ser correto quanto à doutrina. Deve ser um homem que todos sabem que é fiel na leitura bíblica e na oração particular, que pratica um testemunho de fidelidade e obediência ao evangelho, que tem um estilo de vida santo.

Uma vez que tenhamos essas informações básicas sobre o caráter, podemos nos sentir razoavelmente confiantes para dar a esse homem, seja jovem, ou seja maduro, oportunidades para experimentar suas habilidades de ensino, o que será para nós uma ocasião para testá-las. Esse teste se harmoniza com 1Timóteo 3.10: "Sejam estes

---

1 Deve ser entendido que ninguém satisfaz perfeitamente esses critérios. Mas essas são as perguntas que devemos fazer; e essas são qualidades que você deve procurar. No capítulo 17 veremos por que a obra do presbítero exige uma medida crescente de todos esses traços de caráter.

[diáconos] primeiramente experimentados; e, se se mostrarem irrepreensíveis, exerçam o diaconato" (1Tm 3.10). Se os diáconos têm de ser testados como servos nos assuntos físicos e financeiros da igreja, parece que uma implicação proveitosa e necessária é que os presbíteros potenciais devem ser testados quanto a sua aptidão e habilidades para ministrar a Palavra.

O que significa ser "apto para ensinar" (1Tm 3.2)? Muitos têm pensado que esse ensinar significa necessariamente a pregação formal, pública e expositiva das Escrituras. Embora isso possa estar incluído, essa não é a definição exclusiva ou obrigatória de "apto para ensinar". Habilidade para ensinar a Palavra implica apenas que o homem é capaz de explicar as Escrituras com exatidão às outras pessoas, de maneira que as beneficie espiritualmente. Os outros membros da igreja devem reconhecê-lo como um homem que tem, na igreja, um ministério de discipulado abrangente, no qual ele está explicando e aplicando as Escrituras aos outros, de maneira que os ajuda a crescer no conhecimento, amor e frutos cristãos. Pode significar que ele é proficiente como alguém que elabora o currículo de ensino da igreja ou como discipulador e líder de grupos pequenos.

Com esse entendimento do que significa ser apto para ensinar, podemos ver como alguns presbíteros se encontram em situações de ensino *público* mais frequentemente do que outros. No entanto, para o desenvolvimento da autoridade deles entre a congregação, é sábio escolher homens que estão, pelo menos, dispostos a ensinar publicamente e que demonstram algum interesse e propensão para fazer isso. Toda autoridade na igreja pertence a Jesus Cristo, que confere essa autoridade a seus pastores auxiliares por meio de sua Palavra. Visto que a autoridade do presbítero se deriva do seu manuseio das Escrituras, ele precisa ser capaz de ensiná-las publicamente, ainda que o faça com pouca frequência, para que a sua autoridade seja percebida como algo que deriva da Palavra de Deus e de sua exatidão em manuseá-la (e não do vigor de sua personalidade ou do sucesso de seus empreendimentos nos negócios).

A classe de educação dos adultos e os cultos de domingos à noite são os melhores ambientes para que os dons de ensino público de um homem sejam testados. A liderança de grupos pequenos ou o aprendizado com um líder desses grupos podem ser maneiras úteis e eficazes de discernir se um homem é capaz ou não de ensinar. Contudo, dar-lhe essas oportunidades não será frutífero, a menos que um homem qualificado esteja na classe ou no culto, para observá-lo a ensinar e prontificar-se a lhe oferecer, posteriormente, uma orientação saudável a respeito do que melhorar para ele crescer em aptidão.[1]

Também nos mostramos sábios quando observamos quão frequente e eficazmente um homem usa a hospitalidade para fazer o bem espiritual aos outros membros ou aos visitantes (1Tm 3.2) e quando observamos quão envolvido ele está em discipular os mais novos, tornando-se responsável por eles e sendo um exemplo de comportamento piedoso. Devemos nos sentir livres para fazer perguntas tanto ao candidato como aos demais membros da igreja sobre esses assuntos.[2] Pedir aos membros o seu comentário demonstra humildade na maneira como você lidera e pode capacitá-lo a tomar decisões mais sábias e mais bem informadas a respeito de quem você recomendará à congregação como presbíteros potenciais.

AVALIE A APTIDÃO

Depois de haver examinado o caráter e as habilidades do candidato, é tempo de avaliar se ele é ou não o homem que se encaixa bem no contexto dos presbíteros já existentes. Duas importantes considerações predominam — dons e paixão e o estilo de comunicação, relativos aos outros presbíteros.

No que diz respeito aos dons e à paixão, sempre é proveitoso ter equilíbrio entre os presbíteros. Entre os presbíteros de nossa igreja, um é dotado e motivado para a obra missionária, um tem elevados talentos administrativos, um é mais meticuloso quanto à exatidão teológica e comportamental, um tem uma grande visão com planos de discipulado e pregação, outros possuem notáveis habilidades para tomada

---

1 Seria prudente manter uma "revisão de culto" informal aos domingos à noite. Esse tempo fornece um contexto para oferecer e receber críticas construtivas e encorajamento para aqueles que têm ajudado ou liderado a classe de educação de adultos ou os cultos de domingo de manhã e de noite. Considere a ideia de convidar à sua casa, nos domingos à noite, os professores e os presbíteros que os observaram para fazer isso. Esse tipo de crítica construtiva pode também ser oferecida em encontros para discipulado durante a semana. Temos implementado um tempo que chamamos "revisão de culto" aos domingos à noite, visando o aprimoramento dos professores que não fazem parte do corpo administrativo e dos presbíteros potenciais; e isso tem proporcionado, por consequência, tremendo proveito da igreja.
2 Ao pedir a opinião dos outros, queremos evitar nos referir publicamente a essas questões chamando-as de "pesquisas", tão-somente porque, se as chamarmos assim, encorajamos os membros menos maduros a considerarem o resultado como um mandato democrático.

de decisões, e assim por diante. O ensino principal é que os presbíteros não administradores equilibram as fraquezas do pastor e mestre principal, e, felizmente, todos os presbíteros não compartilham das mesmas fraquezas. Se todos fossem singularmente dotados para as mesmas tarefas, outras importantes considerações seriam negligenciadas no processo rotineiro de tomada de decisões.

No que diz respeito ao estilo de comunicação, é sábio observarmos como um presbítero potencial interage com o restante do grupo. Ele é confiante e insistente ou relutante e inseguro? Costuma ouvir tudo e dar a sua opinião somente no final? Ele tende a ser um dos primeiros a compartilhar suas ideias? Facilita o consenso por sintetizar os pensamentos e opiniões dos outros ou ressalta distinções importantes? É um seguidor submisso, um pensador independente, um oponente equilibrado ou um oponente polarizador? A lista poderia prosseguir.

É claro que, para observar os seus dons e padrões de comunicação em relação aos outros presbíteros, você terá de vê-los interagindo juntos. Para isso, será sábio convidar presbíteros potenciais a participarem de uma ou duas das reuniões de presbíteros como um tipo de prova, para observar como a presença deles pode contribuir para a dinâmica da conversa. A conversa é elucidativa, proveitosa, edificante e produtiva? Ou talvez cause distração, seja forçosa, quieta e inútil, cheia de incertezas, e não seja tão proveitosa como se esperava?

Em nossa igreja, temos feito uma exigência informal de que tenhamos unanimidade entre os presbíteros, antes de seguirmos adiante na indicação de um presbítero para a confirmação congregacional. Essa exigência é apenas uma atitude de prudência — não a inserimos em nosso estatuto. Mas digamos que um presbítero em atividade, chamado Tomás, acha que um presbítero potencial, chamado Guilherme, não é qualificado para o ofício. De qualquer maneira, Guilherme é indicado, e a congregação o confirma no presbiterato. Tomás pode ser capaz de trabalhar com Guilherme, embora o considere desqualificado. Mas a discordância de Tomás em referência à indicação de Guilherme introduz o potencial de atrito desnecessário entre o grupo, e isso pode levar à ruptura da unidade entre os presbíteros e, talvez, entre os membros da igreja.

CONCLUSÃO

Esperamos ter ajudado a estabelecer o fato de que o processo de avaliar os candidatos ao presbiterato deve ser conduzido primariamente com base em qualificações bíblicas. Não importa se um potencial candidato "se encaixe" bem no presbitério existente, isso se provará falso, se o candidato não possuir as qualificações de caráter e habilidade. Em grande parte, edificar uma igreja saudável consiste em colocar no seu devido lugar uma estrutura de liderança bíblica e preenchê-la com as pessoas biblicamente qualificadas. Isto não significa ser pragmático; pelo contrário, significa ser intencionalmente bíblico a respeito da maneira como nos organizamos e, consequentemente, a respeito de quem procuramos como líderes.

Quando tratamos do assunto de avaliar os presbíteros potenciais, esta atitude intencional assume a forma de perguntas específicas e bíblicas sobre o caráter e as habilidades de um homem, e não somente perguntas a respeito da personalidade, reputação nos negócios seculares, percepção política e tópicos semelhantes. Ser uma igreja intencional implica ser cuidadoso em permitir que a Palavra de Deus direcione tanto a nossa procura como a nossa avaliação de homens que podem ser presbitérios potenciais.

17 POR QUE O CARÁTER É CRUCIAL?

Seria fácil bater na cabeça dos potenciais candidatos ao presbiterato — e até mesmo na nossa! — com o porrete de 1Timóteo 3.1-7. Se levássemos essas exigências ao extremo, é óbvio que ninguém seria qualificado para o presbiterato, porque ninguém as satisfaz perfeitamente em pensamentos, palavras e ações. Portanto, é apropriada uma palavra de cautela sobre padrões irrealistas.

Ao dizer isso, concordamos com D. A. Carson, que observou, afetuosamente, que "talvez o ponto mais extraordinário a respeito dos pré-requisitos bíblicos para os presbíteros é que eles não são extraordinários". Certamente não é demais pedir que um homem exerça domínio próprio, não seja viciado em bebidas alcoólicas nem ame o dinheiro, seja capaz de controlar seu temperamento, seja gentil, fiel à esposa e casto em seu estado de solteiro, paciente e atitudes semelhantes a essas.

Além disso, a obra do presbítero exige realmente o exercício dessas qualidades de caráter. Neste capítulo, consideraremos o que exatamente se exige tanto do caráter como do comportamento do presbítero, para que ele "seja irrepreensível" (1Tm 3.2).

SER UM EXEMPLO

A razão primordial por que o caráter é tão importante em um presbítero é o fato de que ser um exemplo de piedade para os outros é essencial ao seu ministério. Ele tem de ser "padrão dos fiéis, na palavra, no procedimento, no amor, na fé, na pureza" (1Tm 4.12). Ele tem de pastorear o rebanho de Deus "espontaneamente, como Deus quer", não como dominador dos que lhe foram confiados, antes, tornando-se *modelo* do rebanho (1Pe 5.2-3; cf. Tt 2.7-8). Paulo escreveu aos cristãos de Tessalônica: "O nosso evangelho não chegou até vós tão-somente em palavra, mas, sobretudo, em poder, no Espírito Santo e em plena convicção, assim como sabeis ter sido o nosso procedimento entre vós e *por amor de vós*". E seu exemplo intencional teve o efeito planejado, porque aqueles cristãos se tornaram "*imitadores*" de Paulo e "do Senhor" (1Ts 1.5-6). Os presbíteros guiam, antes e acima de tudo, por meio do exemplo.

O exemplo dado pelos presbíteros será importante para ajudar a moldar a ideia da igreja a respeito do que é a maturidade espiritual. Um presbítero pode ser um bom ou mau exemplo, mas não será capaz de evitar ser um ou outro desses exemplos. À medida que os presbíteros são exemplos de santidade no viver, cordialidade no falar, altruísmo nos relacionamentos, exatidão na doutrina e de um interesse amoroso pelos outros membros, a igreja será encorajada a pensar na vida espiritual de modo semelhante ao modo de pensar dos presbíteros, e a pregação do pastor será ilustrada por esses exemplos vivos de piedade. Por outro lado, se um presbítero é um exemplo de escolhas questionáveis, linguagem contenciosa e preocupação de satisfazer suas próprias necessidades, a igreja será ensinada a pensar assim sobre a vida espiritual, e a pregação do pastor provavelmente será contestada pela falsa imagem de maturidade retratada por esse presbítero.

Os exemplos dados pelos presbíteros também serão importantes no desenvolvimento do testemunho corporativo da igreja para sua comunidade. Visto que os membros da igreja seguem os exemplos de seus líderes, o comportamento dos membros se tornará mais ou menos piedoso dependendo do exemplo dado pelos líderes. Os exemplos dos presbíteros começarão a desenvolver uma cultura corporativa entre os membros da igreja, uma cultura fomentada, pelo menos, pelo próprio caráter, linguagem e comportamento dos presbíteros. Com o passar do tempo, essa cultura se tornará mais e mais evidente à comunidade em que se localiza a igreja, à medida que os membros interagem com seus vizinhos e são exemplos de cristianismo para eles.

17 POR QUE O CARÁTER É CRUCIAL?

Pelo que será conhecida a sua igreja daqui a dez anos? Pelo amor, santidade e doutrina distintivamente cristãos? Ou sua igreja será apenas um reflexo da cultura? A resposta, em grande parte, está no exemplo de caráter dado pelos líderes. Eles estão sendo exemplos de amor, santidade e doutrina distintivamente cristãos? Ou são apenas reflexos da cultura?

PENSANDO JUNTOS

1. Leia Ezequiel 34.1-10. Como os pastores de Israel falharam em cumprir sua tarefa?
2. Quais as implicações desta passagem para o ministério pastoral hoje?

REUNIÕES

Encaremos o fato: as reuniões de presbíteros podem ser bastante desagradáveis. Tomar decisões de grupo a respeito de orçamento, casos de disciplina e orientação da igreja pode testar a paciência e a amabilidade dos melhores dos homens. Essa é uma das razões por que você deve querer assegurar-se de que somente homens de caráter piedoso, conforme definido em 1 Timóteo 3.1-7 e Tito 1.6-9, sejam inteirados das conversas.

O critério de não ser contencioso é especialmente importante nesse caso (1Tm 3.3; 2Tm 2.24). Em nossos círculos, o tamanho normal de um corpo de presbíteros está entre doze ou treze homens. Sabemos que esse número pode ser maior em outras igrejas (em particular, aquelas que fazem distinção entre presbíteros docentes e presbíteros regentes). Quando você tem, pelo menos, cinco ou seis homens juntos para discutir assuntos ligados ao cuidado dos membros ou para formular estratégias de propagação do evangelho, afirmar opiniões de maneira imatura assume grande importância. Muitos presbitérios de igrejas locais experimentaram divisão desnecessária simplesmente porque alguns dos homens que haviam sido indicados para o ofício ainda não eram capazes de afirmar crenças ou opiniões sem tornarem-se contenciosos ou conflitantes. Homens de espírito cordial, que se mostram intencionais em escolher suas palavras, tom de voz e perspectiva, embora não sejam os mais eruditos ou os mais expressivos, devem ser preferidos em lugar daqueles que são contenciosos, embora sejam eruditos e se expressem bem.

Temperança (1Tm 3.2) também é muito importante nas reuniões de presbíteros. Cada presbítero precisa ser capaz de discutir situações emocional e teologicamente tensas com um ânimo frio e uma mente equilibrada. Paulo encorajou Timóteo a ser "sóbrio em todas as coisas" (2Tm 4.5). Isto faz parte da conduta que cada presbítero é chamado a manifestar. Temperamento explosivo e língua descontrolada são presságios de conflito. Mas o homem que é tardio para se irar, como o seu Senhor, será de valor inestimável, quando as pressões do pecado tentarem reduzir a harmonia do grupo no calor da intensa discussão.

É claro que nada disso significa que um homem de gênio forte não possa ser um presbítero, tão-somente por causa de sua personalidade. Alguns dos presbíteros de nossa igreja são divergentes, têm opiniões fortes e são bem emocionais. Contudo, são capazes de controlar tanto seu temperamento como sua língua durante as discussões potencialmente explosivas.

Os presbíteros se reúnem com regularidade. Portanto, tenha cuidado para escolher homens que tenham um caráter capaz de lidar com discussões nas quais homens despreparados podem macular seu testemunho ou criar discórdia por meio de seu comportamento.

A GRANDE REUNIÃO

A nossa responsabilidade para com Deus é a razão mais constrangedora de todas quanto ao fato de que o caráter é crucial para os presbíteros. Os presbíteros são homens que têm de "prestar contas" a Deus (Hb 13.17). Se os pastores auxiliares andam num passo que é muito rápido para as ovelhas, ou se eles tratam as ovelhas com severidade ou sem compaixão e graça, ou se eles são infiéis em cumprir suas responsabilidades ou ímpios na maneira como servem de exemplo da vida cristã, então, o Grande Pastor das Ovelhas verá isso — e julgará os presbíteros como responsáveis (Jr 23.1-4).

Os presbíteros, visto que são mestres, incorrerão em "maior juízo" (Tg 3.1); e isso implica que Deus vincula os mestres a um padrão mais elevado de santidade. Se um tem grandes talentos de ensino público, mas é conhecido por sua natureza contenciosa, sua linguagem impura, descontrole dos apetites, é imprudente indicá-lo para o presbiterato. Mestres imaturos tornam-se os mais notáveis hipócritas. E, se permitimos que os imaturos ensinem e sejam exemplos de doutrina que não se conforma à piedade, compartilhamos da culpa deles por não alimentarem o rebanho de Deus nos verdes pastos, culpa que nos trará o intenso desprazer paternal de Deus (1Tm 5.22; Jr 23.9-40; Ez 34).

Paulo estava bem consciente do dia vindouro, em que ele seria finalmente julgado pelo Supremo Senhor. De fato, ele apelou a este dia de julgamento para acabar com a controvérsia na igreja de Corinto a respeito de quem era batizado por quem. Paulo disse:

> Todavia, a mim mui pouco se me dá de ser julgado por vós ou por tribunal humano; nem eu tampouco julgo a mim mesmo. Porque de nada me argúi a consciência; contudo, nem por isso me dou por justificado, pois quem me julga é o Senhor. Portanto, nada julgueis antes do tempo, até que venha o Senhor, o qual não somente trará à plena luz as coisas ocultas das trevas, mas também manifestará os desígnios dos corações; e, então, cada um receberá o seu louvor da parte de Deus (1Co 4.3-5; cf. 2 Co 5.9-10).

No contexto da instrução dos cristãos de Corinto, para que abandonassem seu espírito de partidarismo, Paulo mostrou que tinha consciência de sua responsabilidade para com Deus; e essa consciência o livrava da escravidão aos pensamentos e opiniões de homens (ou seja, o temor dos homens) e o motivava a ser fiel como líder piedoso. Considerar sua responsabilidade para com Deus capacitou Paulo a responder ao criticismo e ao julgamento humano com paciência santa, em vez de amargura e ira.

PENSANDO JUNTOS

1. Leia Jeremias 23. O que Deus esperava que os supostos profetas e pastores fizessem?
2. Como eles falharam no obedecer a Deus quanto à responsabilidade que ele lhes havia dado?
3. Como resultado, que aspectos de seu caráter Deus enfatizou aos seus servos, nos versos 23-24?
4. Quais algumas implicações de Jeremias 23 para os pastores de hoje?

Todo presbítero precisa compreender que seu ministério será finalmente julgado não pelo que as pessoas pensam ou pela maneira como elas reagem, e sim por Deus mesmo. Naquele dia, Deus "não somente trará à plena luz as coisas ocultas das trevas, mas também manifestará os desígnios dos corações". Todos os motivos, atitudes, desejos, inclinações, decisões — cada simples palavra que ele sussurra e pensa em sua mente — tudo será revelado e exposto, para ser examinado por seu Deus e Senhor. Antecipar a realidade do juízo de Deus tanto sobre o presbítero quanto sobre o seu ministério é a motivação crucial para uma vida caracterizada por piedade meticulosa.

CONCLUSÃO

Louve o Senhor pela justiça de Cristo lançada em nossa conta! Sem ela, ninguém seria qualificado para servir como presbítero na igreja de Deus. Além disso, ser uma igreja intencional significa também demonstrar cuidado bíblico no que diz respeito a quem se torna um presbítero e por quê. Nenhuma igreja é perfeita, e você está sujeito a cometer um erro (ou vários!) no processo de determinar quem está qualificado para liderar como presbítero. Mas os presbíteros que demonstram caráter piedoso são uma grande bênção para a igreja, principalmente por vivenciarem uma vida cristã exemplar que os outros podem imitar, enquanto seguem a Cristo.

Os presbíteros piedosos não somente são um exemplo, mas também impedem divisões e conflitos, por administrarem com cuidado situações potencialmente explosivas. A humildade deles faz que dificilmente sejam ofendidos; a santidade deles os faz dignos de confiança imediata; a gentileza deles no falar faz com que seja fácil ouvi-los como fonte de disciplina e crítica; e a receptividade deles provê um contexto para encorajamento e edificação espiritual. Ser intencional no que concerne à piedade de nossos líderes é relevante não somente porque edifica, mas também porque *liberta* a igreja da tirania de ambições egoístas e da vanglória — e isso, por sua vez, livra-a de divisões contenciosas que se originam em desejos e motivos imoderados de homens biblicamente desqualificados (Fp 2.1-5; Tg 4.1-3). E, com o passar do tempo, presbíteros piedosos podem guiar a igreja, por meio de seu exemplo de conformidade a Cristo, a uma liberdade sempre crescente do pecado que facilmente a assedia, até que sejamos, para sempre, livres de nossa corrupção pelo retorno do Rei, que nos tomará para sermos aperfeiçoados na cidade cujo arquiteto e construtor é Deus.

18 COMECE A TRANSIÇÃO

Depois de haver estabelecido algo sobre a importância e o caráter dos presbíteros, bem como sobre o método de procurá-los, como você começa a transição de um modelo menos fiel de liderança eclesiástica para um modelo de liderança de presbíteros? Neste capítulo, discutiremos cinco etapas da liderança pastoral que devem ser lembradas ao se fazer a mudança.[1]

    Será prudente lembrar que esse processo pode tomar considerável quantidade de tempo. Muitas igrejas nunca conheceram qualquer outra estrutura de liderança, exceto a de um único pastor, uma junta diaconal e um corpo administrativo. Portanto, se você é um novo pastor de uma igreja antiga, aja com muito cuidado. Ajuste suas expectativas, de modo que esteja pronto para um processo que talvez demore cinco anos ou, em casos especiais e difíceis, mais do que isso. O crescimento exige tempo. Exige uma perspectiva de um longo período. Comprometa-se com as pessoas e com o processo; expresse grande amor por elas, provendo-lhes instrução paciente sobre esses assuntos.

---

[1] Novamente, quanto a este assunto, recomendamos Phil Newton e Matt Schmucker, *Equipe Pastoral: Fundamento e Implementação* (São José dos Campos: Fiel, 2023).

EXPOSIÇÃO

Você não pode esperar que pessoas, numa igreja evangélica, sigam-no em uma transição, a menos que você as ensine, com base nas Escrituras, por que essa transição é necessária e boa.[2] Especialmente quando você está assumindo o pastorado de uma igreja bem estabelecida, que desenvolveu tradições apreciadas mas sem respaldo bíblico, os membros precisam ser convencidos de que você os está guiando a uma nova maneira de ministrar que é biblicamente mais fiel, e não menos do que isso. De fato, o ensino bíblico é com muita frequência a única maneira pela qual os membros podem abandonar padrões de liderança e organização apreciados mas não bíblicos.

Isso não significa que seu primeiro sermão, como novo pastor, deve ser a respeito de 1Timóteo 3.1-7. Significa que, antes de tudo, você tem de mostrar que é um fiel pregador do evangelho, exortando ao arrependimento e à fé, fazendo do assunto principal da passagem escolhida o assunto central de cada um de seus sermões, de um modo que leve naturalmente a uma apresentação clara do evangelho como implicação do texto. Se alguns dos membros da igreja não são cristãos, isso lhes dará oportunidade de serem convertidos pelo evangelho ou de rejeitá-lo porque foram ofendidos por ele. Se os outros membros da igreja são cristãos, a pregação do texto como o assunto central do sermão, com ímpeto evangelístico, conquistará a confiança deles quanto à sua capacidade de manusear as Escrituras e sua disposição de submeter-se a elas. À medida que você começa a avançar nas Escrituras, por meio da pregação, chegará a passagens que falarão sobre presbíteros e diáconos, e as implicações para a estrutura existente na igreja se tornarão mais aparentes.

E o mais importante talvez seja isto: depender do poder das Escrituras, para instruir os membros a respeito do modelo de presbíteros e diáconos, revelará à igreja que tais assuntos não são ideias suas. Quando você toma o ensino principal do texto e o transforma no ensino central do sermão, seu ensino emerge das Escrituras como uma

---

2 Esta necessidade de instrução bíblica é a razão por que é tão difícil trabalhar pela reforma de uma igreja, se ela não tem um pastor ou se o pastor não é comprometido com a pregação expositiva e o governo bíblico na igreja. O púlpito é o instrumento primordial tanto no aspecto da mudança, em termos tanto de tempo como de entendimento. Sem a instrução bíblica, a mudança será difícil de ser aceita na igreja local — e assim dever ser!

implicação evidente para a vida corporativa da igreja. Isto é crucial. Cristãos verdadeiramente convertidos precisam saber que você não está apelando a mudanças tão-somente para tornar em realidade o seu sonho pessoal de liderança, e sim que você está seguindo a Palavra ao exortar a igreja a retornar à fidelidade bíblica em sua vida corporativa. A pregação expositiva o ajuda a ganhar a confiança da igreja e lhe permite apresentar o modelo de liderança conduzida por presbíteros como uma ideia das Escrituras, e não de você mesmo.

RECONHECIMENTO

Uma vez que a igreja tenha sido ensinada com clareza a respeito do modelo de liderança conduzida por presbíteros, os membros têm motivação para procurar aqueles que podem se qualificar como presbíteros. E, quando forem ensinados sobre as qualificações bíblicas para o presbiterato, os membros da igreja terão percepção para reconhecer quem dentre eles pode satisfazer os requisitos.

É sensato que o pastor — como único presbítero reconhecido pela congregação — seja o primeiro a assumir a tarefa de descobrir quem pode estar qualificado para tornar-se presbítero. Ele deve solicitar recomendações e envolvimento informais da congregação e pode até demonstrar prudência em formar para isso uma comissão de membros que o ajudarão no processo de descoberta. Mas, como líder espiritual reconhecido pela congregação e autoridade entre eles, o pastor-presbítero é aquele que será incumbido da responsabilidade de reconhecer e indicar presbíteros potenciais.[3]

INDICAÇÃO

Uma vez que o pastor tenha reconhecido um homem potencialmente dotado para o presbiterato, esse homem é indicado pelo pastor (outra vez, porque ele possui o ofício

---

3 Alguém pode levantar a objeção de que pregar sobre presbíteros não tem qualquer proveito para a congregação, se o pastor é aquele que tem a responsabilidade primária de reconhecer e indicar o candidato. Mas a igreja tem de ser informada bíblica e suficientemente para concordar que a forma de congregacionalismo liderado por presbíteros é um ensino bíblico, para discernir quem talvez não seja digno do presbiterato e confirmar ou rejeitar a indicação do pastor, com base no caráter e habilidades descritas em 1Timóteo 3.1-7 e Tito 1.6-9.

de presbítero) na assembleia anterior àquela em que a igreja tiver de realizar a votação. Não devemos deixar de enfatizar que somente os presbíteros devem indicar outros presbíteros, porque eles são os membros espiritualmente mais maduros da igreja e porque conhecem melhor os membros da igreja. É um embaraço pessoal um homem ser indicado ao presbiterato, ano após ano, por um membro que não tem a menor ideia, por exemplo, de que aquele homem luta com pecados tais como a pornografia.

Visto que o pastor será provavelmente o único presbítero, a proposta de indicação terá de ser apoiada por outro membro da igreja. É melhor que a indicação permaneça com a igreja por uns dois meses. Essa demora dá aos membros bastante tempo para considerarem o homem indicado e conversarem com o pastor ou presbíteros em particular — com amabilidade — compartilhando com eles quaisquer preocupações a respeito das qualificações do homem indicado. Os membros que tencionam falar publicamente contra o candidato devem expressar sua objeção ao pastor, em particular, tão rápido quanto possível. Essas precauções intencionais podem ser bastante frutíferas em minimizar a quantidade de conflito na arena pública.[4]

PENSANDO JUNTOS

1. Quem é responsável por indicar presbíteros em sua igreja? Por quê? Essas razões são bíblicas?
2. Por que um contexto de exposição consistente das Escrituras é importante para realizar mudanças estruturais na liderança da igreja?

ELEIÇÃO

A confirmação da igreja (a eleição) para um presbítero indicado deve ser feita nas assembleias, preferivelmente dois meses depois da indicação inicial, dependendo da frequência das assembleias. Tudo o que falta é receber os votos da igreja. A

---

4 Também pode ser prudente dar a cada indicado a oportunidade de compartilhar seu testemunho numa reunião normal e com boa frequência da igreja. Isso apresentará o candidato aos novos membros e pode ajudar os membros desconfiados a se tornarem mais seguros quanto ao caráter e à personalidade do indicado.

18 COMECE A TRANSIÇÃO

porcentagem necessária para a eleição de um homem indicado ao presbiterato pode variar de 50,1% a 100%. Isso deve estar esclarecido no estatuto da igreja. Escolher um índice menor de porcentagem aumenta a probabilidade do indicado ser eleito. Escolher um índice de porcentagem mais elevado aumenta a probabilidade da cooperação e do apoio da congregação.

POSSE

Depois de ser indicado e eleito, é aconselhável que o novo presbítero (ou novos presbíteros) seja empossado no próximo culto matinal de domingo. A posse consiste apenas no ato de o pastor guiar os novos presbíteros na aceitação dos votos peculiares ao seu ofício. Alguns dos outros presbíteros podem se unir ao pastor na imposição de mãos sobre os novos presbíteros e na oração em favor deles. Eis uma lista de votos que os presbíteros assumem publicamente na Capitol Hill Baptist Church (com suas respostas em itálico):

1. Você afirma a sua fé em Jesus Cristo como seu Senhor e Salvador pessoal? *Sim, afirmo.*
2. Você crê que as Escrituras do Velho e do Novo Testamento são a Palavra de Deus, totalmente digna de confiança, inspirada completamente pelo Espírito Santo, a suprema, final e única regra infalível de fé e prática? *Sim, creio.*
3. Você crê sinceramente que a Declaração de Fé e o Pacto de Compromisso desta igreja expressam a verdade ensinada nas Sagradas Escrituras? *Sim, creio.*
4. Você promete que, se a qualquer tempo não estiver em harmonia com alguma das afirmações da Declaração de Fé e do Pacto de Compromisso, tornará conhecido, por iniciativa própria, ao pastor e outros presbíteros que ocorreu uma mudança em seus pontos de vista, desde a sua afirmação deste voto? *Sim, prometo.*
5. Você se submete ao governo e à disciplina da Capitol Hill Baptist Church? *Sim.*
6. Você promete se submeter aos seus colegas presbíteros, no Senhor? *Sim, prometo, com a ajuda de Deus.*

7. Você foi induzido a aceitar, conforme reconhece em seu coração, o ofício de presbítero com base no seu amor a Deus e no desejo sincero de promover a glória dele no evangelho de seu Filho? *Sim.*
8. Você promete ser zeloso e fiel em promover as verdades do evangelho, a pureza e a paz da igreja, sempre que lhe surgirem perseguição e oposição por causa disso? *Sim, prometo, com a ajuda de Deus.*
9. Você será fiel e diligente no cumprimento de seus deveres como presbítero, em público ou em particular, e se esforçará, pela graça de Deus, para embelezar com a maneira de viver a sua confissão do evangelho e andar com piedade exemplar diante de sua igreja? *Sim, eu serei, pela graça de Deus.*
10. Você está disposto a assumir a responsabilidade pessoal sobre a vida desta igreja como presbítero, para supervisionar o ministério e os recursos da igreja e se dedicar à oração, ao ministério da Palavra e ao pastoreio do rebanho de Deus, confiando na graça de Deus, de um modo que abençoe a Capitol Hill Baptist Church e toda a igreja de Cristo? *Sim, estou, com a ajuda de Deus.*

Então, direcionamos as seguintes perguntas à assembleia:

1. Vocês, membros da Capitol Hill Baptist Church, reconhecem e recebem publicamente este homem como presbítero, como um dom de Cristo à sua igreja? *Sim.*
2. Vocês o amarão e orarão por ele em seu ministério; trabalharão juntos com humildade e alegria, para que, pela graça de Deus cumpram a missão da igreja, dando-lhe toda a honra e apoio em sua liderança, para a qual Deus o chamou, para a sua glória e honra? *Sim.*

COOPERAÇÃO

Nunca é demais enfatizar que, havendo a igreja votado em um homem para exercer o presbitério, os membros devem cooperar com ele e submeterem-se à sua liderança com alegria. Sem uma intenção e um esforço sinceros de cooperar com a liderança da igreja, não há qualquer objetivo em eleger presbíteros para liderarem a congregação. A menos que os presbíteros estejam liderando de maneira antibíblica e pecaminosa, os membros que não cooperam são um flagelo para a congregação local e devem procurar a comunhão de outra igreja, se a presença deles causa divisões.

RODÍZIO

As Escrituras nunca exigem nem proíbem limites de mandato ou mandatos vitalícios para os presbíteros; por isso, cremos que as igrejas têm liberdade para decidir este assunto como acharem conveniente. Visto que um presbítero qualificado tem o potencial de se desqualificar para o ofício e que as dinâmicas dos relacionamentos entre os presbíteros podem mudar com o passar do tempo, achamos que estabelecer limite de tempo para os presbíteros que não fazem parte do corpo administrativo é mais adequado à congregação do que consignar-lhes um ofício vitalício. Como medida de prudência, nossa igreja tem achado proveitoso indicar um homem para o presbitério por três anos. O tempo que determinamos tem-se mostrado suficiente para estabelecer continuidade na liderança, enquanto provê um tempo de descanso para cada presbítero não administrador. Rodízios regulares dão a um presbítero tempo suficiente para desenvolver um sentimento saudável de possuir as responsabilidades de presbítero, enquanto o protege de um senso exagerado de preservação da sua esfera de domínio. Um dos mais importantes benefícios de rodízios regulares é que isso motiva a congregação a ver mais líderes maduros assumindo o lugar daqueles que entraram no período de descanso. Isso protege a congregação da excessiva dependência de líderes que não fazem parte do corpo administrativo e promove um crescimento saudável de liderança que é proporcional a qualquer crescimento numérico que o Senhor se agrade em outorgar à igreja.

Conforme a nossa prática atual, cada presbítero não administrador pode servir por dois mandatos consecutivos, mas tem de descansar por um ano depois desses mandatos. E, depois do descanso, tem de ser confirmado novamente pela igreja, se deseja servir em um terceiro mandato. Presbíteros que fazem parte do corpo administrativo não estão sujeitos à exigência de um ano de descanso, nem à confirmação depois de seis anos, visto que sua subsistência depende da obra que realizam como presbíteros. As Escrituras deixam espaço para uma diversidade de práticas quanto a este assunto, mas este rodízio específico serve muito bem à nossa igreja.

CONCLUSÃO

Reconhecer e eleger presbíteros para liderar a igreja é um grande privilégio — a igreja é a menina dos olhos de Deus e, como depositária do evangelho, é o centro do plano redentor de Deus para o mundo. Eleger presbíteros é também uma responsabilidade solene, porque, ao fazer isso, estamos colocando pessoas como líderes na instituição que, no aspecto espiritual, é a mais importante do mundo. Portanto, é obvio que devemos ter o cuidado de sermos bíblicos e prudentes na maneira como realizamos o processo, para que, em vez de causarmos atrito ou divisão desnecessária entre o povo de Deus, nosso método conduza o rebanho aos verdes pastos da Palavra e às águas tranquilas da comunhão pacífica.

19 O CORPO ADMINISTRATIVO

Antes de avançarmos, para falar sobre o que acontece quando os presbíteros se reúnem, é sábio parar e pensar sobre um assunto relacionado à questão de liderança: o que devemos fazer a respeito do corpo administrativo.

À medida que você prega com fidelidade o evangelho, exorta as pessoas ao arrependimento e à fé, semana após semana, não será surpreendente que veja Deus abençoar a Palavra proferida por seus lábios, através dos anos. Talvez ele não traga milhares de pessoas, talvez não converta as pessoas tão imediatamente como você gostaria, mas a Palavra de Deus nunca volta vazia. E uma das implicações pode ser um número maior de pessoas vindo para ouvir o evangelho pregado regularmente e se tornando membros da igreja. Quando chegam esses tempos — quando Deus resolve atrair soberanamente mais pessoas para ouvirem a sua Palavra e se tornarem membros da igreja local — você precisará de cooperadores de tempo integral, que o ajudarão a colher os frutos e pastorear o número crescente de ovelhas com responsabilidade.

Como você conseguirá esses cooperadores? Que posições administrativas você criará primeiro? Por quê? Que tipo de pessoas você procura para ter como cooperadores? Como organizá-las? Por que você agirá dessa maneira?

POR QUE NÃO ESPECIALIZAR?

Uma das maneiras mais populares de contratar e organizar o corpo administrativo da igreja tem sido a de dividir as múltiplas responsabilidades ministeriais em departamentos especializados, como música, jovens, educação de adultos, comunidade, evangelização, discipulado e outros semelhantes. Portanto, é sensato procurar alguém que seja particularmente capacitado ou dotado para liderar uma dessas áreas. Por isso, contratamos um ministro de música ou um pastor de jovens, um diretor de educação dos adultos, um pastor de evangelização e assim por diante. E, se formos realmente bem-sucedidos, teremos um só homem para dois ministérios — um pastor de evangelização *e* discipulado!

Ora, se você chegar a ser um pastor que organizou seu ministério desta maneira, permita-me introduzir meus comentários dizendo que não existe nada errado nesta maneira de agir. Em nenhuma de suas passagens, a Bíblia proíbe departamentos de ministérios especializados. Contudo, a especialização é melhor para os líderes e a congregação?

PENSANDO JUNTOS

1. *Pare sua leitura!* O que você acha? Há perigos que devem ser evitados na administração fundamentada em ministérios especializados?
2. Se o seu corpo administrativo é especializado, você está mostrando cautela em evitar esses perigos?
3. Se você não tem ministros contratados, pode imaginar uma estrutura de administração alternativa?

Profissionalismo. A ideia de especialização vem, primariamente, do mundo profissional. O profissional que se especializa em determinado aspecto de sua carreira mais abrangente é, de várias maneiras, mais valioso e negociável do que o generalista. O especialista concentra-se em uma única coisa e se torna conhecido por fazê-la bem. Quanto melhor ele faz tal coisa, mais conhecido ele se torna, e mais lucrativos são os seus esforços. E ninguém argumentará que existe algo errado em especializar-se numa

19 O CORPO ADMINISTRATIVO

carreira secular. É assim que as áreas de trabalho normalmente se desenrolam. Por isso, temos todos os tipos de médicos, e advogados, e consultores, e assim por diante, que têm descoberto seu próprio nicho de mercado, alguns dos quais são, de fato, crentes firmes que têm motivações espirituais. E, quando nós mesmos precisamos de um pediatra ou de um advogado cível, somos gratos por seus serviços, porque eles são, afinal de contas, "peritos" em sua área.

É fácil importar essa mentalidade de "profissional especializado" para a igreja. De certo modo, tudo que temos a fazer é mudar a linguagem de "especialização e carreira" para "dom e vocação". Mas o ministério vocacional na igreja não é apenas outra profissão secular. Sim, há um sentido em que desejamos fazer o máximo no que Deus nos dotou a fazer. Deus coloca cada membro no corpo como ele deseja. Contudo, é igualmente verdadeiro que todo membro da igreja deve estar disposto a servir onde ele é mais necessário, nem sempre apenas na área em que ele possui mais dons. Eu posso ser um co-pastor, mas, se há uma necessidade urgente de cooperadores no berçário, eu não deveria rejeitar o servir ali uma vez por mês, quer eu seja ou não dotado para servir no ministério infantil.

Portanto, o ministério não pode ser dividido em grupos específicos de mercado. De fato, ele não deveria ser transformado em mercado de maneira alguma. Mas o efeito da especialização é uma mentalidade de ministério profissionalizada e norteada pelo mercado. Em outras palavras, quando afirmamos que precisamos atender ao mercado específico de "ministério de jovens", revelamos o pensamento de que a solução para os problemas dos jovens é a contratação de um profissional que se especializou nesta área.

No outro lado da equação, o impulso dos potenciais candidatos a esse trabalho é verem-se a si mesmos como ministros formados para um mercado específico, que estão especialmente equipados para preencher esse vácuo. Essa formação de ministros para atender a grupos específicos estimula-os a se tornarem bastante limitados no seu envolvimento com a igreja e no serviço que prestam. Em vez de se tornar capaz de servir em diversas áreas e disposto a servir onde houver necessidade na igreja, o ministro de um grupo específico é encorajado a confinar sua esfera de influência e serviço ao grupo particular para o qual ele foi contratado. Se ele continuar a fazer bem seu trabalho no ministério especializado para o qual ele é pago, assume-se implicitamente que ele é um cristão maduro, em crescimento constante, quando, de fato, seu crescimento pode estar sendo encurtado pela estreiteza do foco de seu ministério. Todavia, ministros vocacionais são apresentados como modelo para a igreja, e, assim, a opinião da igreja quanto à maturidade cristã também é prejudicada. Essa não pode ser a melhor maneira de encorajar ministros vocacionais a pensarem sobre si mesmo, o seu serviço à igreja e a maturidade cristã.

Fragmentação. A especialização tende a inserir um vácuo profissional entre um pastor e outro, bem como entre os membros da congregação.

Em um paradigma mais geral de ministério, os pastores trabalham mais notavelmente juntos, lado a lado, servindo à igreja. A especialização tende a enclausurar os pastores em seus cubículos de ministério (por assim dizer), trabalhando cada um nos projetos pertinentes ao seu grupo específico, reunindo-se frequentemente por pouco mais do que o tempo de uma oração ou de uma reunião administrativa formal. Os relacionamentos pastorais profundos não estão sendo mais estabelecidos, com intimidade, nas trincheiras da obra do ministério. A obra tem sido fragmentada em departamentos. Assim, o ministério pastoral se torna inutilmente alienador. A proximidade e a consequente comunhão do corpo de pastores são comprometidas bem no início.

O vácuo profissional entre os membros da igreja se evidencia quando os envolvidos em um ministério ou programa se polarizam, afastando-se das pessoas que estão em outros ministérios. Considere, por exemplo, o ministério de jovens. Quando especializamos a mocidade, nós os separamos dos adultos. Mas, não estamos procurando treiná-los para se tornarem adultos? Então, por que os estamos separando da própria fonte de influência que pode ajudá-los a crescer? Fazemos isso, via de regra, porque temos especializado profissionalmente nossos ministérios, para torná-los mais agradáveis ao nosso público-alvo. Assim, os adultos passam pelos adolescentes no corredor como navios na escuridão, nunca imaginando que um poderia ajudar o outro. Os membros do coral se mantêm tão ocupados com o programa de música, que estão quase completamente indisponíveis para o ministério de cuidado das crianças ou de serviço aos mais idosos. Aqueles que são dedicados ao programa de evangelização começam a menosprezar os outros que não são igualmente comprometidos, a ponto de vir à reunião de terça-feira à noite.

Enquanto isso, o pastor de discipulado e desenvolvimento teológico é tentado a pensar que cantar na igreja não é realmente o seu pendor; por isso, suporta essa atividade até que possa encontrar alegria na pregação de sermões. E cada um pensa que, por estar profundamente envolvido em um ministério especializado, chegou à sua maturidade espiritual, não considerando nem observando a deterioração dos tendões que (costumava manter e) mantêm o corpo unido. O corpo se esfacela, mas poucos sabem (nem mesmo perguntam) por quê.

Conflitos de domínio. Em um paradigma de ministério mais geral, todos os pastores compartilham o ministério. Cultivar este sentimento saudável de posse compartilhada é bom. Mas a fragmentação que os ministérios especializados geralmente introduzem leva os pastores a se tornarem possessivos quanto à sua área particular de ministério. Amarguras sutis e ressentimentos começam a se desenvolver quando as fronteiras dos ministérios são provadas ou atravessadas. E guerras de domínios sobre música ou aconselhamento começam a se tornar comuns principalmente porque os pastores começam a pensar em certa área de ministério como o "meu domínio", e as decisões tomadas sobre esta área estão sob a "minha jurisdição".

Norteamento por programas. Ministérios especializados levam, às vezes, a uma dependência de programas. Em vez de encarar o ministério corporativo da igreja como um todo unificado, ministros especializados se tornam, quase naturalmente, míopes — desenvolvem uma visão de túnel que se focaliza em uma única parte do todo. Quando a parte "deles" parece ser multifuncional, as únicas soluções que eles podem ver são localizadas, porque a separação em departamentos os cegou para a possibilidade de que o problema em sua área pode ser causado por uma dificuldade em uma área diferente, mas conectada às outras. Por exemplo: "Nossa evangelização não é eficiente, então, precisamos de um programa que nos ajude". Talvez. Será que a deficiência de nossa evangelização não resulta do fato de que há tanta ausência de discipulado, que o testemunho da igreja na comunidade tem sido maculado pela hipocrisia de seus membros?

Em outro sentido, esse norteamento por programas acaba sendo outra característica da profissionalização do ministério.[1] Usar na evangelização uma abordagem norteada por programas acaba dizendo à igreja, embora de modo involuntário, que a maturidade nesta área específica da vida cristã significa envolvimento no programa atual usado pela igreja. A verdade da questão é que o envolvimento no programa pode ser apenas o começo. A maturidade é um *estilo de vida* piedoso, e não a frequência a um acontecimento semanal.

---

1 Cf. John Piper, *Irmãos, Não Somos Profissionais: um Apelo aos Pastores para Ter um Ministério Radical* (São Paulo: Shedd, 2009).

QUAL É A ALTERNATIVA?

Há algumas boas razões (embora pragmáticas) para sermos céticos quanto à sabedoria de estabelecermos ministérios especializados, quando pensamos em desenvolver um corpo administrativo formado por pastores de tempo integral. Afirmando de modo positivo, reter um paradigma mais geral de ministério cultiva a unidade entre o corpo de pastores, reduz as chances de o ministério ser visto como uma carreira profissional e minimiza a fragmentação dos ministérios, da equipe de pastores e da congregação. Mas parece que o modelo de ministério especializado está em quase todos os lugares. Então, o que fazer agora?

Um ministério equilibrado. O que pretendemos é trabalhar para estabelecer um modelo administrativo que contribui para a integração dos ministérios, a camaradagem evangélica dos pastores e a unidade dos membros da igreja. Evidentemente, isso tem implicações na maneira como estruturamos os ministérios da igreja. Significa que resistimos à tentação de dividir todos os aspectos do ministério pastoral em departamentos. Não haverá Departamento de Música, a ser dirigido pelo Ministro de Música; nem Departamento de Mocidade, nem de Evangelização, nem de Educação de Adultos etc. Esqueça os departamentos! Eles envolvem divisões, e estas não são, de modo algum, úteis para a igreja.

"Ora, como podemos realizar qualquer ação sem os departamentos?" Seria melhor apresentar a visão de ministério pastoral como uma unidade corporativa, um todo integrado e indivisível. É claro que ainda há diferentes aspectos nesse todo. Mas, à medida que organizamos os diferentes aspectos do ministério da igreja, não tentamos fazer isso por ressaltar e institucionalizar essas diferenças em departamentos. Em vez disso, queremos ver o ministério pastoral (e, por extensão, a maturidade cristã) como uma unidade integrada cujas partes distinguíveis crescem juntas em proporção ao todo. Deste modo, não há um "departamento" que se torna possessivo, e não há quaisquer barreiras entre os ministérios. Tudo é fluido, integrado — um corpo.

Como essa visão geral de um ministério integrado se realiza na vida e na administração da igreja? Eis algumas sugestões baseadas no que temos visto acontecer em nossa igreja.

19 O CORPO ADMINISTRATIVO

Pastores versáteis. Em vez de contratar especialistas, temos achado proveitoso contratar pastores que estão dispostos a serem generalistas.

1) *Assistentes pastorais.* Se a igreja em que você serve é pequena ou está começando, o seu orçamento não é muito grande; por isso, você não pode se dar ao luxo de ter um co-pastor de tempo integral. Isso não é um problema. Contrate assistentes pastorais. A posição de assistente pastoral é um compromisso de tempo integral temporário (que dura dois ou três anos) assumido por um homem que pode ou não ser reconhecido pela igreja como alguém dotado e chamado para o ministério pastoral de tempo integral. O assistente pastoral serve em submissão ao pastor titular; e isso significa, geralmente, fazer qualquer ação: rascunhar correspondências, fazer viagens para discipular alguém, pregar periodicamente, fazer visitas em hospitais, escrever material de ensino, reunir pessoas em grupos pequenos e assistir às reuniões de presbíteros.

Os melhores assistentes pastorais são, geralmente, homens solteiros, quase graduados e estudantes de seminários que estão pensando em ingressar no ministério pastoral e desejam testar seus dons no contexto de uma igreja local.[2] Eles podem ser mais facilmente acomodados do que um esposo e pai de dois filhos e apreciarão (ou, pelo menos, não se importarão em) morar no apartamento da igreja.

Essa assistência pode realmente ser dobrada em um programa de aprendizado e treinamento, especialmente se você, como pastor, se mostrar deliberado em dar aos assistentes pastorais recursos de leitura, encontrar-se com eles periodicamente para fazer-lhes bem espiritual, observar-lhes a realizar o ministério e dar-lhes retorno construtivo, visto que estão obtendo experiência. Eles não querem ser considerados pastores maduros no mesmo sentido dos pastores que formam o corpo administrativo, mas serão capazes de fazer muito trabalho árduo que leva adiante o ministério pastoral. E talvez até possuam caráter e disposição para servir como presbíteros.

O cargo de assistente pastoral pode servir para treinar os jovens a serem generalistas no ministério. Ajuda-os a desenvolver um repertório de experiência pastoral

---

2 Não se gasta muito com homens solteiros, e um homem que está cursando uma universidade demonstra responsabilidade. É bom contratá-los antes de irem para o seminário, para que não desperdicem tempo e dinheiro, se comprovarem que não têm qualificações para o ministério. Assim você os ensina como o lugar essencial de treinamento para o ministério pastoral é a igreja local, e não o seminário. E você pode oferecer-lhes realmente um forte senso de serem enviados ao seminário e, depois, ao ministério, por uma igreja local que confirme seus dons e vocação pastoral e que também lhes dê certa medida de apoio financeiro.

diversificado, permitindo-lhes fazer uma variedade de atividades que edificam a igreja e levam avante o ministério pastoral. Esta posição serve para corrigir a visão especializada do ministério pastoral, ao substituí-la com um modelo mais robusto de maturidade pastoral e espiritual. Em poucas palavras, treina esses jovens a desempenharem qualquer função.

Se o orçamento da sua igreja permitir somente a contratação de um assistente pastoral, isto já é bom. Apresente à igreja a perspectiva promissora, faça-a ver o valor do ministério desse tipo de pastor e do treinamento que ele receberá e tente cultivar um senso unânime da importância de edificar a vida de jovens que aspiram ao pastorado, de modo que o orçamento para isso cresça gradualmente.

2) *Pastores assistentes.* Os pastores assistentes não devem ser confundidos com os assistentes pastorais. Estes podem ser chamados de fora da igreja, não são considerados membros do corpo administrativo e podem ou não ser eleitos para o ofício de presbítero. Os pastores assistentes, na prática de nossa igreja, são chamados somente dentre congregação, são reconhecidos por esta como pessoas dotadas e chamadas para o ministério de tempo integral de pregação e ensino; também são reconhecidos como presbíteros pela virtude de seu caráter e chamado.

Pastores assistentes ajudam o pastor titular ou ao(s) co-pastor(es) no cumprimento de seus deveres e realizam vários outros deveres pertinentes ao ofício de pastor. Embora os pastores assistentes possam receber a incumbência de supervisão geral de certa área do ministério (diferentemente dos assistentes pastorais), eles não são chamados "ministros de" uma área específica, e sua responsabilidade terá um alcance maior do que aquela área específica. Assim, um pastor assistente pode ser encarregado da supervisão do ministério infantil, mas também será chamado para discipular pessoas, pregar, fazer visitação hospitalar, oficiar casamentos ou funerais e atividades desse tipo.

Os pastores assistentes são, deste modo, treinados a ocupar todas as posições pastorais, e isso reduz a probabilidade de fragmentação e briga por domínio, protegendo a igreja de tornar-se dependente de qualquer pessoa do corpo administrativo, inclusive o pastor principal. Esses homens deveriam receber um salário maior do que os assistentes pastorais, principalmente porque são mais qualificados tanto em caráter como em habilidades; e, por isso, recebem mais responsabilidade.

3) *Co-pastores.* Idealmente, à medida que a igreja aumenta suas receitas, seria prudente se empenhar para trazer um co-pastor maduro. Com frequência, pensamos no co-pastor como alguém que tem dons diferentes do pastor principal, de modo que faça a obra para a qual o pastor titular é menos dotado. A princípio, isso parece sábio, mas no final pode se comprovar como um entendimento deficiente.

Como protestantes, desejamos evitar que a igreja dependa excessivamente de uma única pessoa e do ministério do pastor titular. Admitimos que ele ocupa essa função porque tem dons especiais de pregação, ensino e liderança. Mas, se algo lhe acontecesse, ou se o relacionamento dele com a igreja se rompesse, não haveria ninguém que teria dons semelhantes para administrar a obra, se o co-pastor fosse contratado exatamente porque tinha dons diferentes. Sempre é bom ter no barco mais do que uma pessoa que possa conduzi-lo.

Por essa razão, talvez seja prudente contratar um co-pastor cujos dons e vocação sejam similares aos do pastor titular, mas que esteja disposto a sujeitar-se à autoridade deste e servir de maneiras complementares.

RELACIONAMENTO ENTRE O CORPO ADMINISTRATIVO, OS PRESBÍTEROS E OS DIÁCONOS

Queremos encorajar as igrejas a manterem uma distinção saudável entre o papel dos presbíteros e o do corpo administrativo. Frequentemente dizemos que nossa igreja é guiada por presbíteros, mas gerenciada pelo corpo administrativo. Os presbíteros trabalham juntos para determinar a direção espiritual da igreja, e o corpo administrativo, para satisfazer a visão ou direção estabelecida corporativamente pelos presbíteros.

É claro que, na maioria das situações, alguns dos membros do corpo administrativo são presbíteros — no mínimo, o pastor titular é um presbítero, bem como o pastor auxiliar (se houver um). Membros do corpo administrativo que são presbíteros são responsáveis tanto por estabelecer a visão da igreja como por implementar essa visão. Membros do corpo administrativo que não são presbíteros não são responsáveis por estabelecer a visão ou a direção para a igreja. Eles são apenas responsáveis por cumprir sua parte na visão estabelecida pelos presbíteros. Os presbíteros decidem aonde a igreja irá, porque são os homens que a congregação reconheceu como dotados de maturidade espiritual para tomarem esse tipo de decisão. O corpo administrativo dirige as ações para que todos cheguemos lá, porque seus membros são pessoas desimpedidas das atividades seculares para ministrarem de tempo integral e equiparem os santos para a obra do ministério.

Os diáconos asseguram que temos combustível suficiente para chegar aonde estamos indo.[3] Os diáconos, servindo nas questões materiais e financeiras, de um modo que traz unidade entre os membros da igreja, sob a autoridade dos presbíteros (At 6.1-6), desimpedem a estes para que se dediquem à liderança espiritual. Em nossa igreja, estabelecemos diáconos de acordo com a necessidade prática do corpo. No presente, temos um diácono para cada uma destas áreas: orçamento, biblioteca e livraria, som, cuidado das crianças, ministério infantil, ordenanças, cuidado dos membros, hospitalidade, recepção, casamento, alcance da comunidade e duplicação de áudio. Sempre que surge uma necessidade que parece exigir atenção especial, sentimos liberdade para criar uma posição de diácono e procurar um membro cujo caráter e serviço atual são adequados àquela tarefa. No sentido contrário, sempre que uma posição de diácono parece ter perdido sua utilidade, sentimos liberdade para encerrá-la como uma maneira de conservar a energia do corpo e podar os ramos de ministério que não são mais necessários e não produzem mais frutos.[4]

Os presbíteros decidem o destino. O corpo administrativo guia o carro. Os diáconos asseguram que temos combustível suficiente para chegar lá.

CONCLUSÃO

Ter um corpo administrativo numa igreja parece algo mundano. De fato, podemos até ser tentados a pensar que decisões do corpo administrativo fazem parte dos interesses seculares da igreja e não afetam realmente a saúde espiritual do corpo.

---

3 Para mais informações sobre os diáconos, suas qualificações bíblicas e seu relacionamento com o corpo administrativo e o presbitério, veja Matt Smethurst, *Diáconos: Como Eles Servem e Fortalecem a Igreja* (São Paulo: Vida Nova, 2022).

4 Para saber mais sobre esses relacionamentos, ver meu livreto *Refletindo a Glória de Deus: Elementos Básicos da Estrutura da Igreja* (São José dos Campos: Fiel, 2008.).

19 O CORPO ADMINISTRATIVO

Felizmente, vimos que isso está longe da verdade. Um corpo administrativo que promove a saúde da igreja começa com um conceito saudável de ministério pastoral compartilhado. Se começarmos pensando no ministério pastoral compartilhado de uma maneira fragmentada e especializada, disporemos tanto o corpo administrativo como a igreja a se tornarem fragmentados. De modo contrário, decisões sábias feitas durante o processo de estabelecimento do corpo administrativo podem realmente beneficiar a igreja por estimular e fortalecer maneiras que promovem a unidade e o crescimento proporcional do corpo.

Se você está em uma igreja pequena, nas primeiras etapas de uma reforma, pense antes de criar um corpo administrativo! Seja ousado na maneira como você cria sua estrutura de corpo administrativo: *quem* você trará para o seu corpo de pastores-administradores e *por que* atua dessa maneira. Considere séria e biblicamente que implicações a configuração de seu corpo administrativo terá sobre o conceito da equipe pastoral quanto a um ministério saudável e sobre o conceito da igreja quanto à maturidade espiritual.

Essas precauções talvez pareçam constrangedoras agora, porém, à medida que a igreja cresce sob a influência de uma exposição fiel da Palavra de Deus, elas permitirão que tanto os pastores como os membros da igreja se tornem mais abrangentes e diversificados em seus ministérios vocacionais, em seu envolvimento pessoal com a igreja e em seu entendimento da maturidade cristã. Quando a igreja possui e sustenta corporativamente um entendimento de membresia e de ministério maduros, e esse entendimento se torna mais completo com o passar do tempo, o testemunho conjunto da igreja começará a resplandecer mais intensamente na comunidade. A chama não será mantida "debaixo do alqueire" por muito tempo.

LEITURA RECOMENDADA PARA A SEÇÃO 3

- **SOBRE PRESBÍTEROS**

ANYABWILE, Thabiti. *Encontrando Presbíteros e Diáconos Fiéis* (São José dos Campos: Fiel, 2018).

DEVER, Mark. *Understanding Church Leadership* (Nashville: B&H, 2012).

DICKSON, David. *The Elder and His Work* (Phillipsburg: Presbyterian & Reformed, 2004).

NEWTON, Phil A. *Pastoreando a Igreja de Deus: Redescobrindo o Modelo Bíblico de Presbitério na Igreja* (São José dos Campos: Fiel, 2007).

LEEMAN, Jonathan. *The Rule of Love: How the Local Church Should Reflect God's Love and Authority* (Wheaton: Crossway, 2018).

LEEMAN, Jonathan. *Understanding the Congregation's Authority* (Nashville: B&H, 2016).

MENIKOFF, Aaron. *Character Matters* (Chicago: Moody, 2020).

NEWTON, Phil; SCHMUCKER, Matt. *Equipe Pastoral: Fundamento e Implementação* (São José dos Campos: Fiel, 2023).

PIPER, John. *Biblical Eldership* (Mineápolis: Desiring God Ministries, 1999).

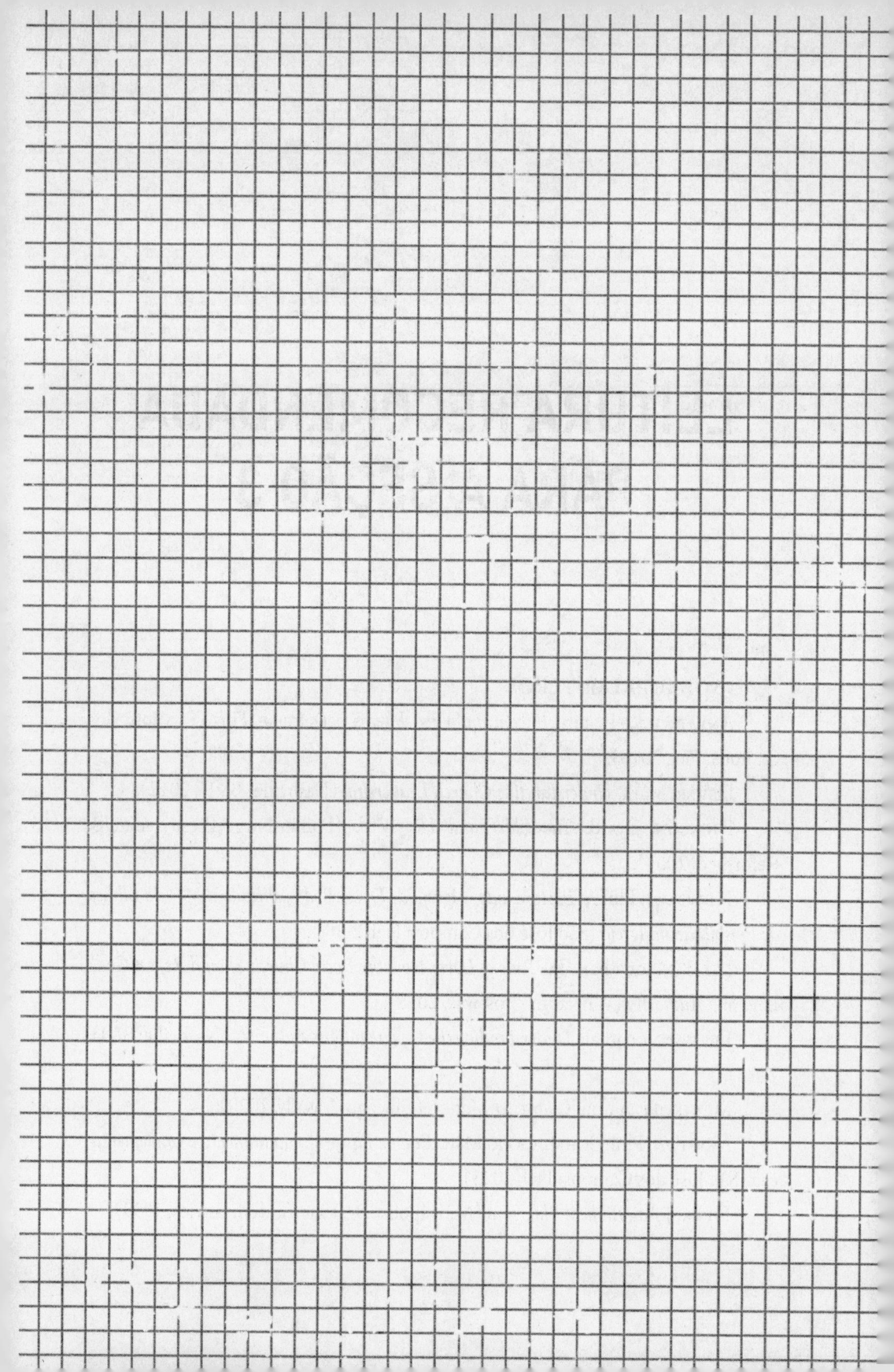

Seção 4:
QUANDO OS PRESBÍTEROS SE REÚNEM

20 A PALAVRA E A ORAÇÃO

Reuniões da liderança. Você as aguarda com ansiedade? Anela presidi-las? Alguns de nós temos passado por experiências tão adversas nas reuniões de liderança da igreja, que nos desagrada a ideia de participarmos dessas reuniões. Atingidos por um tiro verbal ocasionalmente, nem sempre estamos certos de que desejamos retornar à reunião apenas para levar mais um tiro. Outros participam das reuniões da liderança apenas para sentirem-se como se tivessem pulado de cabeça para baixo em um lamaçal de ignorância. Ambas as experiências nos fazem perguntar, às vezes, se existe algo que possa redimir as reuniões de liderança da igreja.

Na última seção, tratamos do processo de reunir os presbíteros. Esse processo pode ajudar-nos a deixar de lado membros potencialmente imaturos que talvez tornem desagradáveis as reuniões da liderança. Nesta seção, consideraremos o que os presbíteros devem fazer quando se reúnem e como realizar isso.

No entanto, por que, para começo de conversa, nós, presbíteros, devemos nos reunir? Afinal, Paulo nunca ordena a Timóteo ou Tito que convoquem reuniões de presbíteros quinzenalmente, e Atos 15 é regional, não apenas local. Ainda assim, o modelo bíblico de um presbiterato plural (At 14.23), somado à natureza do trabalho pastoral — cuidar das ovelhas, aconselhá-las, supervisioná-las, liderá-las, orar por elas, protegê-las —, frequentemente enseja a reunião dos presbíteros como um método prudente de decidir como, em conjunto, podemos guiar e guardar o rebanho da melhor forma possível.

Por óbvio, a maior parte de nossa atividade presbiteral se dá fora de nossas reuniões, enquanto estamos de fato com as ovelhas. É assim que deve ser. Pastores não apenas falam sobre ovelhas; temos o cheiro delas. Contudo, simplesmente não é possível que cada presbítero conheça cada ovelha igualmente bem. Sendo esse o caso, a reunião dos presbíteros é uma forma de compartilhar nosso conhecimento relacional da congregação, a fim de que sejamos capazes de orar mais especificamente, aconselhar mais eficazmente e decidir mais sabiamente. Além disso, nosso contato direto com as ovelhas frequentemente levanta questões para presbíteros individuais que são mais bem discutidas e respondidas em um encontro de oração dos presbíteros.

Assim, embora a reunião de presbíteros não seja ordenada na Escritura, também não é proibida. Para muitas equipes presbiterais, trata-se de uma ferramenta útil, que facilita a supervisão sábia e harmoniosa do rebanho.

Nossos presbíteros se reúnem a cada duas semanas, geralmente às terças-feiras à noite. Vocês podem resolver reunir-se com mais ou com menos frequência. Mas, não importando a frequência com que se reúnam, o mais importante é estabelecer entre os presbíteros unidade em torno da Palavra de Deus. Se desejamos que a unidade de nossa igreja seja edificada na Palavra de Deus, a unidade de nossos presbíteros tem de ser edificada na Palavra.

A PALAVRA

Ler a Bíblia. Uma típica reunião de presbíteros da Capitol Hill Baptist Church começa com a leitura da Bíblia. Começar com a leitura da Bíblia reorienta os presbíteros de si mesmos para Deus e para os outros; das ideias deles mesmos para as de Deus; da filosofia de negócios com a qual administram as empresas nas quais trabalham para os princípios de piedade que governam a igreja. Começar com a leitura da Bíblia insta os presbíteros a renovarem sua mente, juntos, na Escritura, forjando unidade entre eles. Também funciona como um lembrete de que os presbíteros, enquanto exercem certa medida de autoridade, ao tomarem decisões em benefício da igreja, também estão debaixo da autoridade da Palavra. Os presbíteros são chamados a se submeterem à Palavra de Deus, assim como as demais ovelhas do rebanho de Deus. Começar com a leitura da Bíblia lembra aos presbíteros que sua autoridade se deriva da Palavra de Deus, e não deles mesmos. Esta leitura ajuda-os a reconhecer que a Bíblia é digna de primazia nas conversas, e isso, por sua vez, produz humildade — uma qualidade imprescindível para mostrar quando devem conduzir os afazeres espirituais da igreja.

Normalmente, os presbíteros leem a passagem que será pregada no domingo seguinte. À medida que leem, procuram aspectos do caráter e da obra de Deus pelos quais louvam e agradecem a Deus. Isto é importante. Não é uma leitura negligente e desatenta, e sim uma leitura atenciosa que visa achar, no texto, razões pelas quais louvamos e agradecemos a Deus. Esta maneira de ler a Bíblia faz diferença, porque começa a mudar nossas atitudes para com Deus, a Palavra e com os outros. Em vez de nos queixarmos, procuramos louvar a Deus e dar-Lhe graças. Em vez de supormos que tudo que dissermos agradará a Deus, procuramos ser ensinados pelo texto a respeito de como adorar a Deus, de maneira agradável.

Orar a Bíblia. Depois que os presbíteros leem o texto que será pregado no domingo seguinte, oram sobre ele. Escolhendo alguns dos atributos divinos expressos no texto pelos quais louvam a Deus ou selecionando algumas das graças que Deus lhes tem outorgado e que os atraem a adorá-lo, cada presbítero fará uma oração de louvor com uma ou duas sentenças. Isso se inclui entre as atividades que demonstram como os presbíteros estão sendo intencionais em se dedicarem à oração e ao ministério da Palavra (At 6.1-4).

Estudar a Bíblia. Periodicamente, surgirão na igreja assuntos que exigirão estudo das Escrituras por parte dos presbíteros. Não perca essas oportunidades! Podem ser as ocasiões mais ricas e recompensadoras na vida de um presbítero.

Podem ser também as ocasiões estrategicamente mais importantes para a vida da igreja. Visto que as circunstâncias da igreja suscitam questões bíblicas e teológicas, use essas ocasiões para dar aos presbíteros experiência em examinarem, juntos, as Escrituras. Dê-lhes outros materiais de estudo, tais como comentários ou bons livros teológicos sobre o assunto específico. Encorajar os presbíteros nesta direção não somente aumentará o conhecimento bíblico deles, mas também lhes mostrará o que significa pastorear um rebanho do povo de Deus, de modo consciente e biblicamente responsável. Também será benéfico para a congregação, em especial quando os presbíteros mostram à igreja os frutos de seu estudo na forma de um documento resumido que apresenta a posição bíblica que os presbíteros assumiram a respeito do assunto.

Esse tipo de estudo é uma parte importante da liderança espiritual corporativa dos presbíteros sobre o rebanho. Faz parte da maneira como os pastores da igreja conduzem o rebanho aos pastos verdes da teologia aplicada à vida. Frequentemente nos queixamos de que nossa igreja não se interessa por teologia. Mas, por que eles deveriam se interessar, se não são guiados pelos seus presbíteros a esse interesse? O estudo dos presbíteros e a apresentação de suas conclusões bíblicas podem ajudar a desenvolver o apetite teológico da congregação, quando os membros veem os presbíteros tratando a teologia com seriedade e aplicando-a com fidelidade à vida corporativa da igreja. O resultado é que o estudo estratégico da Bíblia realizado entre os presbíteros sobre assuntos da vida da igreja local pode ter o efeito de desenvolver a maturidade teológica e o discernimento dos membros. É a este ponto que desejamos levar o rebanho de Deus — aos pastos verdes da sua Palavra.

PENSANDO JUNTOS

1. Leia 2Reis 22.8-23.14. O que precedeu as reformas instituídas pelo rei Josias? Por que era importante que Josias sustentasse essa opinião, quando realizou sua obra como rei? Qual foi o resultado da desobediência permanente de Judá à Palavra de Deus (ver 23.26-27)?
2. Leia Neemias 8.13-18. O que desencadeou obediência renovada à Lei de Deus entre os líderes? Por que eles foram desobedientes por tanto tempo?
3. Como você dirige a sua reunião de presbíteros ou líderes? Por que você o faz dessa maneira?
4. De que maneira ler a Bíblia e orar sobre ela pode mudar o tom de suas reuniões? Como isso pode mudar a maturidade e a atmosfera espiritual de sua igreja?

A ORAÇÃO

Uns pelos outros. Depois que a Palavra foi lida e orada, os presbíteros compartilham uns com os outros fatos sobre suas vidas — preocupações do lar e do trabalho, lutas espirituais, relacionamentos pessoais, orações respondidas e assim por diante.

Esse tempo de compartilhamento provê certa medida de responsabilidade e encorajamento mútuos que são cruciais à integridade e à longevidade do ministério de um presbítero. Funciona como uma oportunidade regular para os presbíteros expressarem cuidado uns pelos outros, monitorarem a saúde espiritual uns dos outros e reafirmarem a confiança nos relacionamentos entre eles. Fidelidade nesse compartilhar pode combater o isolamento pastoral e cultivar relacionamentos espirituais significativos caracterizados por humildade e amor mútuos. Uma vez que todos tenham a oportunidade de compartilhar pedidos, cada presbítero ora, um em favor do outro. Isso talvez pareça óbvio, mas muitos presbitérios negligenciam a oração e tratam suas reuniões como reuniões de executivos, e não como reuniões dos pastores auxiliares de Deus.

Em favor de cada membro da igreja. A reunião de presbíteros é uma das ocasiões mais estratégicas para que eles orem pelos outros membros da igreja. Talvez você não seja capaz de orar por todos os membros de sua igreja durante esta parte da reunião. Mas você pode criar o hábito de que os presbíteros façam períodos de orações curtas em favor de algumas pessoas de cada página do livro de oração da igreja ou, talvez, de que orem mais completamente por toda uma seção do livro. Ainda que você não conheça bem todos os membros citados em cada página do livro de oração, esta prática o encorajará a conhecê-los pessoalmente, de modo que possa orar de maneira mais específica, e dará aos presbíteros habilidade na oração bíblica e simples, em favor de outros. Orar pelas ovelhas como um grupo reunido de pastores auxiliares é um modo excelente de promover a saúde espiritual da igreja, de guardar uns aos outros como presbíteros responsáveis por fidelidade na oração em favor das ovelhas, de liderar por meio do exemplo.

Em favor da igreja corporativa. Somos tentados a pensar que devemos apenas suplicar que Deus torne nossas igrejas maiores. Mas o que buscamos é saúde, e não tamanho. Igrejas podem ser incrivelmente enfermas, embora sejam enormes. Uma igreja pequena e saudável é melhor do que uma igreja grande e doente. Isto é certo. Uma igreja maior nem sempre é uma igreja melhor. Ela pode nos fazer parecer líderes melhores, mas tamanho nem sempre indica saúde (como muitos outros atestam!). Portanto, é sensato você parar e perguntar a si mesmo: quais são os meus motivos para orar em favor de minha igreja? Quando nos reunimos como um grupo de presbíteros, precisamos pedir a Deus não somente que torne nossa igreja maior, mas também que a torne mais saudável. Memorizar as orações de Paulo em favor das igrejas seria um bom começo para um grupo de presbíteros. Nas semanas vindouras, encoraje os seus presbíteros a memorizarem Efésios 1.15-23; 3.16-19; Filipenses 1.9-11; Colossenses 1.9-14; 1Tessalonicenses 3.11-13 e 2Tessalonicenses 1.11-12. Lidere pelo exemplo e ore a Deus para que essas qualidades e hábitos sejam característicos e crescentes na vida corporativa e no testemunho de sua igreja.

Aqui está uma lista de orações bíblicas gerais que você pode fazer por toda a igreja local, sem nenhuma ordem específica. Você pode considerar colocá-la na frente ou atrás de seu próprio diretório de membros e encorajar tanto os presbíteros quanto a congregação a orar por alguns deles por dia. Também pode ser uma referência útil para os presbíteros durante a oração coletiva nas reuniões de presbíteros.

- Ore para que preservemos nossa unidade mesmo em nossa diversidade como um testemunho do poder unificador do evangelho (Ef 4.2).
- Ore por um avivamento local de quebrantamento piedosa, convicção e interesse espiritual na Bíblia.
- Ore para que Deus crie um novo apetite local pela pregação expositiva da Bíblia.
- Ore por bons frutos da pregação regular da Palavra de Deus na igreja local.
- Ore para que todos os membros cuidem dos interesses uns dos outros (Fp 2.5-7).
- Ore para que os presbíteros equipem os santos para a obra do ministério (Ef 4.11-12).
- Ore para que os membros sejam fiéis em fazer discípulos, para construir uma cultura de discipulado e para ver o discipulado como parte do que significa ser cristão (Mt 28.18-20; 2Tm 2.2).
- Ore pelo crescimento da capacidade da igreja de encorajar e aconselhar uns aos outros com base nas Escrituras.
- Ore para que os membros estabelecidos sejam hospitaleiros com os membros mais novos, visitantes e pessoas diferentes deles.
- Ore para que a congregação acolha a diversidade política, econômica, social e racial como Deus a concede.
- Ore por crescimento em santidade pessoal, amor e fidelidade.

- Ore para que Cristo seja honrado em nosso trabalho e que recomendemos o evangelho a outros em nossas palavras e conduta durante a semana.
- Ore para que a congregação cresça priorizando a frequência às reuniões públicas da igreja.
- Ore por maturidade crescente em dar e receber críticas piedosas e encorajamento.
- Ore para que os filhos dos membros se tornem obedientes a seus pais no Senhor.
- Ore para que o alcance da igreja para o evangelho se expanda para mais pessoas e lugares.
- Ore por crescimento em uma atitude graciosa e paciente para com aqueles que discordam de nós.
- Ore para que Deus dê à congregação mais propósitos bons para espalhar o evangelho e fazer o bem (2Ts 1.11).
- Ore por fidelidade crescente e frutificação na leitura particular da Bíblia.
- Ore por fidelidade crescente nas orações particulares uns pelos outros.
- Ore para que Deus aprofunde os relacionamentos da congregação uns com os outros para centrar-se no encorajamento, confissão e ministério do evangelho.
- Ore por maturidade em ser lento para se ofender e rápido para receber correção.
- Ore para que os presbíteros observem sua vida e doutrina de perto (1Tm 4.16).
- Ore para que a congregação dê frutos em todos os sentidos e cresça no conhecimento de Deus com gratidão (Cl 1.9-12).
- Ore por crescimento em um coração compartilhado para evangelismo pessoal e local (At 8.4).
- Ore por crescimento em um coração compartilhado para missões internacionais e que o Senhor levante mais trabalhadores para sua colheita (Mt 9.38; At 1.8).
- Ore por amizades frutíferas na leitura da Bíblia entre nós e nossos amigos não cristãos.
- Ore para que Deus levante mais presbíteros, pregadores, evangelistas e diáconos qualificados entre nós (At 13.1-3).

- Ore por bons frutos dos ministérios dos presbíteros e diáconos.
- Ore por bons frutos dos relacionamentos de discipulado de homens e mulheres na igreja.

PENSANDO JUNTOS

1. Leia Efésios 3.16-19. O que faz dessa oração um pedido excelente a suplicarmos a Deus em favor da igreja local?
2. Leia Colossenses 1.9-14. Tente memorizar esta passagem recitando-a e orando-a uma vez por dia, durante três semanas. Memorize outra passagem que contenha uma oração, em cada semana, durante um mês. Corrobore-a em sua mente e coração, orando essa passagem diária e repetidamente em favor dos outros líderes e membros de sua igreja.

CONCLUSÃO

Há muitas maneiras de produzir uma grande igreja rapidamente. Contudo, Deus prometeu trazer vida saudável e crescimento à sua igreja por meio de sua Palavra e de seu Espírito. Assumir o compromisso firme de ler a Bíblia e orar nas reuniões de presbíteros é colocar-nos ao dispor das únicas fontes de poder que Deus prometeu, inequivocamente, abençoar. À medida que praticamos este compromisso com a Palavra e com a oração entre os presbíteros reunidos, nós os encorajaremos a confiar não nos programas e em personalidades, não em anúncios ou em deleites físicos, mas sim, pelo contrário, na poderosa Palavra de Deus e na promessa de seu Espírito, o doador da vida eterna.

21 A AGENDA: SOBRE O QUE CONVERSAR?

Ora, depois que os presbíteros leem a Palavra, compartilham os fardos e alegrias uns com os outros e oram uns pelos outros e pela igreja, o que mais deve acontecer quando eles se reúnem? O que presbíteros piedosos devem fazer quando se reúnem?

PREPARAÇÃO

Um dos problemas que precisam ser superados na reunião de presbíteros é a disparidade de conhecimento entre presbíteros do corpo administrativo e presbíteros não administradores. Visto que têm de lidar diariamente com situações pastorais, os presbíteros do corpo administrativo virão regularmente a essas reuniões tendo consigo mais pensamentos sobre assuntos para discussão do que os presbíteros que têm vocações seculares de tempo integral. Os outros presbíteros do corpo administrativo e eu costumávamos vir às reuniões já tendo pensado e conversado, durante várias horas, sobre certas questões pastorais; e os presbíteros não administradores estavam certos em ressaltar que era injusto esperar que formassem opiniões e tomassem decisões sobre as mesmas questões em quinze minutos ou menos!

Por isso, começamos a escrever e distribuir a agenda para esses presbíteros uma semana antes da reunião, anexando explicações sobre os assuntos. Deste modo, os presbíteros que não fazem parte do corpo administrativo tinham tempo para ler os itens da conversa, de meditar sobre eles, de formar sua própria opinião e de orar sobre eles, antes de lhes pedirmos que compartilhassem seus pensamentos. Essa foi uma das mais admiráveis mudanças que tivemos na maneira de proceder, porque os tornou cientes de antemão e mais preparados para se engajarem em um nível de conversa semelhante à dos presbíteros do corpo administrativo. Estreitou a lacuna de conhecimento entre estes e aqueles; fez os presbíteros não administradores sentirem-se mais familiarizados com o assunto, capacitou-os a contribuir com mais sabedoria, obstruiu qualquer possível divisão entre os presbíteros do corpo administrativo e os outros presbíteros, tornando nossas reuniões mais produtivas.

Uma semana antes, prepare e distribua as informações aos presbíteros. Isso exigirá que todos os presbíteros recebam os assuntos e observações escritos na semana anterior à reunião, para que se cumpra sua expectativa quanto à opinião deles. Também exigirá confidência — a última coisa que você deseja é que um assunto potencialmente sensível permaneça em algum lugar da igreja, alguém o apanhe e o leia. Descobrimos que é melhor grampear as folhas com as informações (a agenda, um relatório dos membros, um relatório financeiro e outras observações relevantes), e colocá-las em um envelope selado contendo o nome de cada presbítero.

CATEGORIAS DE ASSUNTO PARA CONVERSA

Ler a Bíblia e orar tomará, frequentemente, entre uma hora e meia e duas horas. Isso talvez pareça muito tempo, mas lembre-se de que essas são as atividades às quais os presbíteros devem consagrar-se (At 6.4). Nessa altura, teremos um intervalo e retornaremos para discutir os assuntos espirituais da igreja. Em seguida apresento as categorias de assuntos que conversamos. É claro que você pode escolher assuntos diferentes ou pode adaptar os que apresento aqui. No entanto, esta é a melhor maneira para nós. As duas categorias abrangentes para nossas conversas com presbíteros são assuntos principiais e assuntos pastorais.

21 A AGENDA: SOBRE O QUE CONVERSAR?

Os assuntos principais têm a ver com princípios teológicos ou éticos — não situações específicas, mas tópicos doutrinários, morais ou ministeriais sobre os quais gostaríamos de chegar a um consenso. São temas como a missão da igreja, qualquer ponto de nossa declaração de fé, casamento e divórcio, complementarismo, questões de gênero, racismo na igreja ou se devemos organizar a congregação de acordo com um sistema paroquial. Em tópicos de ministério em particular, esta é nossa oportunidade de perguntar: "O que devemos pensar sobre esse tipo de situação quando ela surge e como devemos normalmente lidar com ela?"

Normalmente, lemos juntos um bom livro sobre o assunto para facilitar nossas conversas. Muitas vezes, é um livro com o qual concordamos e queremos usar como um bom modelo, mas também lemos livros dos quais sabemos que discordamos de vez em quando, para nos mantermos atualizados com as correntes modernas e atentos à maneira como interagimos com o erro. Essas são conversas que equipam, estabelecem e unificam ainda mais os presbíteros na sã doutrina e prática. É claro que, à medida que uma equipe de anciãos cresce e à medida que determinados anciãos entram e saem, a composição da equipe mudará naturalmente, e as conclusões compartilhadas que chegamos sobre tópicos específicos são revisitadas ou revisadas conforme necessário ao longo do tempo.

Aprendemos por experiência que se não reservarmos algumas de nossas reuniões de presbíteros por ano apenas para esse tipo de conversa principal, todas as nossas reuniões serão dominadas por preocupações situacionais e urgentes entre o rebanho, adiando os assuntos principais e no processo, deixando os próprios presbíteros sem muito treinamento contínuo. Portanto, dedicamos pelo menos meia dúzia de reuniões a cada ano para ler e discutir assuntos teológicos, morais ou ministeriais que nos equiparão ainda mais e conduzirão nossa futura tomada de decisões quando surgirem situações relevantes.

Também aprendemos com a experiência que é importante que nossos presbíteros não remunerados sempre sejam incluídos nessas conversas principais. Como os presbíteros contratados geralmente ficam juntos por uma parte significativa da semana, conversar sobre esses assuntos principais no escritório pode ser fácil e até divertido para eles. Mas se os membros da equipe estão sempre chegando a um acordo sobre princípios doutrinários, morais ou ministeriais separados de seus irmãos presbíteros não remunerados, isso pode dividir a equipe de presbíteros com consequências não intencionais para a unidade do conselho como um todo.

Os *assuntos pastorais* têm a ver com o cuidado dos membros da congregação em suas particularidades. (Dedicamos uma reunião por mês a essas preocupações pastorais particulares. Oito meses do ano temos uma segunda reunião dedicada a tópicos mais teológicos ou principiais. Chamamos isso de "reuniões temáticas".)

A pele é uma parte importante do corpo humano. Quando funciona bem, ela nos guarda de contaminadores perigosos, cobre os músculos e veias, de um modo atraente e confortável, e mantém todos os fluidos no seu lugar. Não pensamos com frequência na pele, exceto quando nos cortamos. Mas, logo que nossa pele é rompida, compreendemos quão facilmente o nosso corpo pode ser infectado por bactérias ou sentir dores por causa do corte na pele. O mesmo acontece com a igreja. Como presbíteros, uma das atividades mais importantes que fazemos é cuidar da pele do corpo local de Cristo. Em outras palavras, estamos constantemente perguntando: quem está chegando? Ou: quem está saindo? Vocês viram o Sr. Oliveira recentemente? Acham que devemos receber este membro potencial? Não queremos permitir a entrada de membros não regenerados prejudiciais e contaminadores. Também não desejamos permitir que o sangue da igreja — os membros verdadeiramente convertidos — se esgote imperceptivelmente.

Quando nos voltamos para o cuidado com os membros em nossas reuniões de presbíteros, procedemos com as perdas; em seguida, os acréscimos; e, por último, a lista de cuidado. Primeiramente, consideramos aqueles membros que perdemos por causa de seu pedido de exclusão, morte ou disciplina eclesiástica. Em seguida, conversamos sobre os membros em perspectiva. Visto que sou o pastor da igreja, apresentarei o testemunho de cada novo membro em perspectiva, com os quais já conversei, e submeterei seus nomes aos outros presbíteros, para que estes os recomendem como novos membros à assembleia da igreja.

Por último, damos atenção à lista de cuidado. Essa lista é apenas uma lista informal de pessoas que foram reconhecidas, pelos presbíteros, como necessitadas de cuidado especial, por várias razões. Periodicamente, uma pessoa é colocada na lista de cuidado por causa de uma provação bastante difícil. É mais frequente que essa lista seja usada para registrar os nomes de pessoas que, segundo a percepção dos presbíteros, estão sendo negligentes em frequentar os cultos durante alguns meses[1] ou estão

---

1 Os membros que não podem frequentar a igreja por causa de incapacidades físicas, estudos ou serviço militar são exceções e colocados na seção do diretório intitulada "Membros na Área, mas Incapazes de Frequentar" ou "Membros fora da Área".

21 A AGENDA: SOBRE O QUE CONVERSAR?

envolvidas em pecado escandaloso que exigem a disciplina por parte da igreja, se não se arrependerem logo. Colocar o nome de alguém na lista de cuidado faz parte da supervisão espiritual dos presbíteros e, como tal, não exige votos da congregação.

Como isso funciona? Comumente, um presbítero já fez contato (ou pelo menos tentou fazer), mais do que uma vez, com o membro em questão, para conversar sobe o assunto. Os demais membros são apenas notificados, na próxima assembleia, a respeito de quem e por que está na lista de cuidado. Isso dá aos membros algumas semanas até à próxima assembleia, para que conversem com aqueles que estão na lista de cuidado e procurem pastoreá-los, trazendo-os de volta ao rebanho. Se eles não reagem como esperado, são removidos da membresia na próxima assembleia (realizada geralmente a cada dois meses). Notificar com antecedência os demais membros sobre os nomes que estão na lista de cuidado permite que todos fiquem cientes da situação, de modo que a exclusão de alguém do rol de membros não seja uma surpresa e cause menos agitação. Também permite o corpo realizar sua obra, porque o primeiro ponto de contato com aquele que está na lista de cuidado é por um membro que tem um relacionamento natural com ele.

Nossa prática é colocar as perdas, os acréscimos e a lista de cuidado em uma única folha, juntamente com uma observação sobre o número total de membros anterior aos acréscimos e a potencial membresia, se todos os acréscimos forem aprovados na assembleia. Esse documento forma o que chamamos de Relatório de Membresia, que está incluso no envelope dado a cada presbítero, sendo esse relatório o assunto central de toda reunião de presbíteros.

Dependendo de como se processa a estatística ou a dinâmica da membresia de sua igreja, pode ser bastante desafiador manter-se atualizado quanto a todas as mudanças que acontecem na vida dos membros. A composição de seu rebanho pode estar mudando drasticamente diante de seus olhos. Mas, se você não conhece bem suas ovelhas, se não é diligente em vigiar a porta, é fácil os lobos se introduzirem e não serem percebidos. No entanto, o pastor prestará contas a Deus pelas almas entregue aos seus cuidados (Hb 13.7).

Essa é razão por que a pluralidade de presbíteros é tão crucial à responsabilidade de pastorear. Outros presbíteros podem ajudar o pastor titular a ficar atento a respeito de quem está sendo assistido fielmente, quem está sendo negligente, quem está mudando de cidade e quem está sendo enviado ao exterior para servir às forças armadas. Uma das maneiras pelas quais nós, presbíteros, tentamos nos manter atualizados sobre os membros da igreja é considerarmos duas ou três letras do alfabeto no rol de membros, durante cada reunião de presbíteros, perguntando uns aos outros sobre a condição espiritual de cada pessoa e se qualquer dos presbíteros tem informações que sejam proveitosas aos propósitos pastorais. No que diz respeito ao ministério pastoral, você precisa pedir aos membros que lhe façam saber quando mudarão ou quando estarão sendo transferidos para servir às forças armadas em outra região, para que você e os outros presbíteros façam as mudanças exigidas no rol de membros.

Também será proveitoso revisar a cada mês o rol de membros da igreja ou, pelo menos, a cada três meses, dependendo de quanto muda a membresia de sua igreja. Entendo quão desgastante pode ser esse compromisso. Todavia, essa é a melhor maneira que conheço para nos mantermos atualizados a respeito de quem está chegando, quem está saindo ou quem está apenas fora da cidade.

PENSANDO JUNTOS

1. Por que é importante os presbíteros conversarem sobre assuntos de membresia, cuidado dos membros e disciplina?
2. Com que frequência você e os outros líderes de sua igreja conversam sobre assuntos de membresia como esses?
3. Quais são algumas medidas práticas que você pode tomar para ser mais diligente a respeito de proteger a saúde e a pureza da membresia de sua igreja?

Além dos assuntos principais e pastorais, os presbíteros lidam com várias outras categorias.

Administração. É tentador pensarmos que os presbíteros devem se dedicar primariamente à supervisão espiritual e que assuntos referentes a finanças e organização são, sempre, "tarefa dos diáconos". Contudo, é importante lembrar que a visão e a direção espiritual estabelecida pelos presbíteros ganham corpo no nível físico e financeiro. Então, embora os presbíteros não devam discutir regularmente assuntos concernentes ao desempenho do zelador da igreja, eles serão bastante sábios ao darem atenção periódica a assuntos de administração geral da igreja, tais como grandes reformas, compra de imóveis ou preocupações referentes ao orçamento. Assim, cada reunião de presbíteros incluirá, pelo menos, um breve exame do orçamento mensal da igreja, o relatório financeiro do ano em curso (que compara os números do orçamento com os números atuais) e um resumo recente do ativo e do passivo. Esse tipo de exame regular mostra aos presbíteros se eles estão no rumo para atingir os alvos espirituais que eles estabeleceram e capacita-os a fazerem ajustes imediatos, se necessário.

Ministério e missões. Este é o ponto em que a obra dos presbíteros garante que a visão espiritual da igreja é realizada e que a direção espiritual da igreja é mantida. Uma grande variedade de pontos pode ser discutida sobre este assunto. Cartas dos missionários são lidas para que todos se regozijem com eles e sejam informados sobre suas lutas e necessidades. Planos para viagens missionárias de curta duração são discutidos. Estratégias para missões globais são idealizadas. Pedidos de sustento aos missionários são aceitos. Propostas dos membros da igreja concernentes a novos ministérios potenciais são avaliadas. Pedidos de benevolência e necessidades especiais são considerados. Mudanças no corpo administrativo são plenamente discutidas. Revisões nos estatutos são feitas. A agenda para a próxima assembleia será ajustada e aprovada. Estratégias e eventos de evangelização local são discutidos. Planos para a implantação de novas igrejas são elaborados e avaliados. Um dos desdobramentos mais importantes que acontece sobre este assunto é que os presbíteros apresentarão, frequentemente, possíveis nomes para as indicações ao diaconato. Essas e muitas outras pautas surgirão durante esta parte da reunião; e essas discussões são onde as sementes de estratégia e eficiência evangelística, plantadas pela congregação, são regadas.

Quando os presbíteros avaliam um pedido de sustento financeiro de um missionário, levamos em consideração quatro fatores: (1) *a natureza estratégica da obra*. Não queremos edificar sobre o fundamento de outra pessoa. Se já existem centenas de missionários no Quênia, mas somente alguns na Índia, é mais provável que sustentemos o missionário que se encaminha à Índia, e não aquele que almeja o Quênia. (2) *o relacionamento com nossa igreja*. A pessoa que está pedindo sustento financeiro tem uma história com a nossa igreja local? Tem sido membro da igreja por muito tempo? Era membro da igreja antes de mudar-se para outro lugar, a fim de receber instrução e treinamento? Ou é uma pessoa que conhecemos somente agora? Tivemos oportunidade de observar frutos do ministério dessa pessoa durante meses ou anos? Preferimos trabalhar com base em relacionamentos com pessoas que comprovaram estar em harmonia com nossa teologia e métodos. (3) *Quantidade de dinheiro que ele já possui*. Quanto dinheiro ele já conseguiu para seu sustento? (4) *Competência.* Quão efetivo imaginamos que esse missionário será no campo que escolheu para seu ministério? Essa pessoa tem revelado aptidão para um ministério que parece indicar uma trajetória vindoura de frutos na área que ele escolheu para propagar o evangelho?

É claro que talvez você não tenha muito o que conversar neste ponto, se não estiver encorajando a igreja a assumir sua responsabilidade na proclamação do evangelho e no bem-estar dos outros membros. Essa é, em parte, a razão por que pregar e disciplinar é tão importante na igreja. Estes são os instrumentos que derramam o combustível do evangelho no motor da igreja. São o óleo que mantém brilhante e intensa a luz do zelo evangelístico da congregação. Pregar e disciplinar é o alimento que prové energia para um corpo saudável trabalhar.

Talvez você esteja numa situação em que os presbíteros ainda discutem sobre a cor do tapete ou o que devem fazer a respeito de uma placa em frente à igreja. Se este é o caso, continue sendo intencional quanto a conduzi-los gradualmente a objetivos mais espirituais e aspirações mais orientadas pelo evangelho. Cada vez que os presbíteros se reunirem, apresente-lhes algumas questões referentes ao cuidado dos membros, planos de evangelização local, estratégias missionárias, futuros presbíteros ou assuntos da saúde corporativa da igreja. Não desista! Continue pregando. Continue disciplinando e desenvolvendo relacionamentos pessoais. Continue ensinando e liderando pelo exemplo. A Palavra é poderosa. E o Espírito de Deus não deixará de abençoá-la. Continue dando a primazia à Palavra, rendendo-se e confiando sua vida e ministério ao Espírito e à Palavra de Deus.

Comunicação. Quando fizemos a mudança do modelo de liderança pastor/diáconos para o modelo presbíteros/diáconos, nossa comunicação ficou bastante prejudicada. Às vezes, nas assembleias alguns membros faziam aos diáconos perguntas sobre assuntos discutidos pelos presbíteros. Visto que não havíamos conversado bem com os diáconos, eles não estavam preparados para responder as perguntas ou davam uma resposta diferente da dos presbíteros. Isso não era bom! Agora, ao final de cada reunião de presbíteros, designamos a cada presbítero a responsabilidade de procurar um ou dois diáconos e informar-lhes qualquer discussão relevante ou decisões que tomamos, especialmente aquelas que diziam respeito de áreas específicas do ministério deles. Os presbíteros também se reúnem com os diáconos nos encontros de líderes que acontecem uma semana antes das assembleias. Deste modo, se um membro faz perguntas a um diácono ou a um presbítero, todos os oficiais da igreja estão unânimes, e cada um deles dará a mesma resposta e mostrará unidade perante a congregação. Ainda não dominamos a arte e falhamos mais frequentemente do que gostaríamos. No entanto, estamos sempre melhorando e procurando meio de aprimorar.

No que diz respeito à comunicação entre os presbíteros durante a reunião, descobrimos ser bastante encorajador os presbíteros escreverem e entregarem de antemão observações (que serão distribuídas) concernentes às pautas que eles querem incluir na agenda para discutirmos. Escrever nossas próprias observações pode contribuir muito para esclarecer nossas ideias; e ler as observações dos outros nos ajuda a entender melhor suas ideias, preparar e refinar nossas respostas, antes de chegarmos à reunião.

Há mais um comentário sobre a comunicação. Se você é o principal pastor de sua igreja, gostaria de encorajá-lo a fazer o que puder para cultivar uma atmosfera em que os presbíteros sejam capazes de receber e ministrar críticas e encorajamento piedosos. Uma vez que você é alguém que possui maior autoridade derivada, por causa da frequência de seu ensino das Escrituras, o seu exemplo estabelecerá o padrão para os outros seguirem. Seja alegre. Tenha senso de humor. Não seja excessivamente sério. Não se torne defensivo quando os outros discordarem de você. Tenha cuidado para não ser autocrático ou severo. Não se sinta como se tivesse de presidir todas as reuniões. Resista ao sentimento de que você sempre deve ter a última palavra ou de que a sua sugestão sempre precisa ser implementada. Confie nos seus colegas presbíteros. Esteja disposto a ser derrotado em votações sobre assuntos que não são centrais ao evangelho. Não se ofenda com facilidade. Ao tomar esse tipo de atitude, você será um exemplo de humildade que eles provavelmente imitarão com o passar do tempo, e você ganhará tanto o respeito como a confiança de que está se comprometendo em ser firme. Seja exemplo de cordialidade no falar, de humor em sua autoestima, de humildade e sensatez quando corrigido. Se fizer isso, você colherá os benefícios de ter uma pluralidade de presbíteros a ajudá-lo na obra.

Tenha sabedoria espiritual: "A sabedoria, porém, lá do alto é, primeiramente, pura; depois, pacífica, indulgente, tratável, plena de misericórdia e de bons frutos, imparcial, sem fingimento. Ora, é em paz que se semeia o fruto da justiça, para os que promovem a paz" (Tg 3.17-18).

Reuniões temáticas. Na Capitol Hill Baptist Church Baptist, temos uma reunião de presbíteros focada na membresia uma vez por mês e uma segunda reunião de presbíteros mensal em nove dos doze meses. Essas segundas reuniões de presbíteros são centralizadas não no cuidado específico dos membros, mas de forma mais geral em cuidar dos membros, pensando em um tema teológico ou metodológico por reunião. O tema é sempre esclarecido pela distribuição de um memorando antes da reunião e, às vezes, por leitura adicional a ser concluída no momento do início da reunião. Um presbítero é, então, responsável por registrar as conclusões do presbitério. Aqui estão alguns exemplos de tópicos que abordamos em reuniões temáticas: traduções da Bíblia, missão da igreja, ideologia de gênero, divórcio e novo casamento, ministério feminino, idade de batismo para crianças, inseminação artificial, consumo de maconha, complementarismo, consciência cristã e questões sobre liberdade, abuso infantil, políticas de proteção à criança, abuso sexual e racismo.

PENSANDO JUNTOS

1. Medite sobre o seu estilo de liderança e de comunicação. Há tendências ímpias?
2. Peça a um cristão maduro que lhe dê uma avaliação sincera da maneira como você lidera — e aceite-a com alegria.
3. Quais são algumas maneiras pelas quais você pode praticar o dar e o receber encorajamento e críticas piedosas dos líderes de sua igreja?

O PROCESSO DO ORÇAMENTO ANUAL

Uma vez por ano, dedicamos toda uma reunião de presbíteros para elaborar o orçamento do próximo ano. Essa é uma das reuniões mais estimulantes que temos durante todo o ano, principalmente porque examinamos a situação financeira atual da igreja e projetamos valores para os meses vindouros. Estou certo de que você aprimorará o processo para o contexto de sua igreja, mas é assim que o fazemos.

Antes da reunião, eu, como pastor titular, me reunirei com o(s) tesoureiro(s) da igreja para rever o orçamento do ano passado e registrar quaisquer mudanças significativas que, como já sabemos, precisarão ser levadas em conta (ou seja, acomodações, impostos, reformas, despesas de saúde com membros do corpo administrativo etc.). Uma vez que isso esteja feito, me encontrarei com o co-pastor para discutirmos a visão e o orçamento para o ministério local e missões mundiais (agimos como uma subcomissão informal de missões para os presbíteros). Depois, farei as projeções do orçamento, anotando quanto elas aumentarão a porcentagem do orçamento.

Durante a reunião de presbíteros dedicada ao orçamento, todos eles citarão, um após o outro, áreas de interesse em que precisamos ver crescimento na igreja. Escreverei isso num quadro e continuarei escrevendo até que todos tenham falado. Depois, todos eles mencionarão, um por um, louvor e encorajamentos que têm visto na igreja. Escreverei isso no quadro, novamente até que todos tenham falado. Esse exercício nos força a parar e observar a obra como um todo. Ajuda-nos a pensar de modo estratégico. Em seguida, todos os presbíteros citam ministérios e aquisições que gostariam de ver incorporados ao novo orçamento. Também os escreverei no quadro. Quando todos houverem apresentado sua parte, peço que todos os presbíteros escolham as suas duas preferências mais elevadas que se encaixam na quantidade de dinheiro da qual dispomos para trabalhar. Conversaremos para chegar a um acordo quanto a mudanças de prioridades em nosso orçamento para o ano vindouro.

Depois de havermos expressado nossas opiniões, os presbíteros enviam a sugestão de orçamento aos diáconos, para que eles desenvolvam os detalhes. Esta é a única ocasião do ano em que todos os diáconos se reúnem. O orçamento é desenvolvido pelos presbíteros e diáconos durante três meses, às vezes indo e retornando entre eles. E, quando os presbíteros se mostram unânimes, apresentam o orçamento à congregação para aprovação. Depois que a congregação teve um mês para considerá-lo e orar sobre ele, uma discussão aberta sobre o orçamento é promovida em assembleia, para que os membros façam perguntas e sugestões. A congregação recebe mais um mês para considerá-lo, orar sobre ele ou fazer outras sugestões. Depois desse mês, realizamos a assembleia em que a igreja vota para aprovar ou rejeitar a proposta de orçamento.

OUTROS NA REUNIÃO

Muitos líderes de igreja acham que as reuniões de presbíteros são fechadas aos membros da igreja. Este pode ser o caso quando estão sendo discutidos assuntos bastante sensíveis. Assim, nossas próprias reuniões de presbíteros geralmente incluem uma sessão executiva com duração de trinta a sessenta minutos, onde somente os presbíteros, conversam sobre assuntos particularmente delicados na vida dos membros ou presbíteros. Esta é também nossa oportunidade de considerar os homens como possíveis futuros presbíteros, conversas que necessariamente envolvem avaliações críticas (mas amorosas) das pessoas e de seu caráter e competência.

Por exemplo, temos regularmente assistentes pastorais e estagiários que participam dessas reuniões, apenas ouvindo o que está sendo discutido e observando como estamos tratando do assunto.[2] A observação é um dos métodos mais subestimados de aprendizado. Muitos jovens que almejam o ministério pastoral nunca foram convidados a assistir a uma reunião de presbíteros antes de terem de presidir tais reuniões. Talvez alguns dos que leem este livro já foram colocados involuntariamente nessa posição. Se este é o seu caso, saiba quão frustrante pode ser a experiência de liderar de uma maneira que nunca observou alguém liderar antes.

Quando você achar rapazes que têm um caráter cristão firme, dons de ensinar em público, que se relacionam com outros cristãos visando promover o bem espiritual destes e são ativos na vida corporativa da igreja, convide-os a assistir à reunião de presbíteros.[3] Diga-lhes que devem permanecer em silêncio. Mostre-lhes que pode ser uma boa oportunidade para verem o que significa um grupo de homens piedosos liderarem espiritualmente e discutirem assuntos que dizem respeito ao rumo e à visão da igreja local. Para um aspirante ao pastorado, ter um bom exemplo a seguir é metade do caminho em direção ao desenvolvimento de uma maneira bíblica e fiel de realizar o ministério. Se quisermos parar a prevalecente tendência de pragmatismo na igreja, uma parte de nosso esforço consiste em prover exemplos biblicamente fiéis para os jovens observarem.

---

2 Se você é um pastor ou líder de igreja, pode vir e assistir a uma de nossas reuniões de presbíteros. Acesse o site www.9marks.org, clique na guia *Events* e, em seguida, na guia *Weekender*, a fim de inscrever-se para o próximo curso de fim de semana do Ministério 9Marks.

3 Se não há nenhum desses homens em sua igreja, peça a Deus que os envie ou desenvolva aqueles que já estão ali.

22 TOMAR DECISÕES: COMO CONVERSAR SOBRE ISSO

Os momentos mais acalorados e desagradáveis para a vida da igreja surgem quando precisamos tomar decisões críticas. Já vi igrejas se dividirem porque o pastor não soube defender com humildade uma convicção ou um método ou porque ele não reagiu com amabilidade quando os outros discordaram dele. Também é comum os líderes que não fazem parte do corpo administrativo ficarem tão entrincheirados em suas opiniões ou posição de influência, que acabam trazendo prejuízo na hora de tomar as decisões. É claro que esse problema está relacionado, em grande parte, ao caráter dos homens. Mas problemas na hora de tomar as decisões também estão relacionados à maneira como os líderes encaram a responsabilidade e o privilégio de liderar.

Já sugerimos que assuntos podem ser tratados nas reuniões de presbíteros. Agora, precisamos ser mais bíblicos no que diz respeito à maneira como falamos sobre esses assuntos e como podemos entender e contribuir no processo de tomar decisões.

O PAPEL DO PASTOR

Alguns pastores se deleitam com o papel de presidir as reuniões de presbíteros, enquanto outros o abominam. A verdade do assunto é que o pastor titular não precisa necessariamente presidir essas reuniões. De fato, será mais saudável fazer rodízio da responsabilidade de presidente, a cada ano ou a cada dois anos.

Um dos resultados mais saudáveis de outros presidirem as reuniões, e não o pastor titular, é que este transmite a todos os demais a ideia de que ele não é um tipo de dominador do poder e de que não vê o pastorado como uma posição de presidente de uma grande empresa. Os pastores que acham que devem sempre presidir todas as reuniões de presbíteros, comunicam algo a respeito do seu caráter e estilo de liderança. Não é bom para os presbíteros como um corpo se o pastor se sente ameaçado, quando permite que outro dentre eles os lidere, ou se crê que as Escrituras ensinam que ele tem de presidir as reuniões, para liderar adequadamente.

A melhor maneira como o pastor deve ver-se a si mesmo na reunião de presbíteros é considerar-se um tipo de primeiro entre os iguais. Ele não precisa se expressar ou declarar sua opinião em cada assunto. O pastor não precisa achar que suas ideias sempre precisam ser implementadas; tampouco deve achar que os outros presbíteros devem obedecer-lhe de modo pessoal. A autoridade do pastor é derivada e declarativa. Em outras palavras, o pastor só tem autoridade enquanto o que ele está dizendo for fiel à mensagem daquele que o enviou.

Portanto, embora eu seja o pastor titular de nossa igreja, não presido todas as reuniões de presbíteros (ou assembleias). Há assuntos sobre os quais não emito qualquer opinião como presbítero. Às vezes, até me abstenho de votar. Por quê? Primariamente porque desejo que os presbíteros que não fazem parte do corpo administrativo compartilhem do ministério, mas também porque quero protegê-los de se tornarem sobremodo dependentes de minhas opiniões ou de formularem seus comentários com base no que acham que eu diria. Não quero obstruir o progresso da pluralidade de nossa liderança. De fato, o que desejo realmente é libertá-los da dependência de mim, tão rápido quanto possível, para que não dependam inapropriadamente de pastores remunerados para exercerem a liderança da igreja. Se algo me acontecer, desejo que eles sejam capazes de continuar liderando a igreja na minha ausência.

A autoridade pastoral é como um sabonete — quanto mais você o usa, menos lhe sobra. O que estou recomendando, então, é uma liderança bíblica forte com uma mão suave. Lidere com a Palavra, por meio da fidelidade bíblica de sua pregação expositiva e do conteúdo bíblico de canções que vocês cantam juntos na adoração coletiva. Quando a Palavra for colocada na frente e no centro, começará a moldar as pessoas, sem que você necessite exercer sua autoridade ou argumentar com vigor em cada decisão tomada.

Sim, você precisa liderar, e não pode ficar em silêncio em todos os assuntos. Mas lidere com a Palavra, não apenas com suas opiniões e vigor da personalidade.

Uma palavra especial àqueles que são pastores principais de igrejas: é um privilégio especial ser um Timóteo em Éfeso, o principal pregador ou mestre (nós o chamamos de *pastor titular*). Mais do que o ensino de qualquer outra pessoa, o meu ensino da Palavra de Deus molda a vida da congregação. O ministério dos outros presbíteros refina, reflete e reproduz este ministério principal de ensino. O ministério deles não obstrui aquilo para o que Deus me chamou a fazer nesta igreja — antes, ajuda.

FALE COM AMABILIDADE

Eis alguns pontos para você considerar, à medida que pensa em como liderar ou participar das reuniões de presbíteros.

Humildade. "Nada façais por partidarismo ou vanglória, mas por humildade, considerando cada um os outros superiores a si mesmo" (Fp 2.3). Esta é a primeira e, talvez, a mais importante regra para desenvolver reuniões de presbíteros saudáveis e frutíferas. Orgulho espiritual e intelectual corrói o presbiterato. A verdadeira humildade é como um absorvedor de choques — anula tanto a ofensividade potencial de algumas ideias positivas como a potencial atitude defensiva que algumas críticas podem engendrar. A ausência de humildade é aquilo que, frequentemente, detona as reuniões de presbíteros. Fale e ouça com humildade.

Base bíblica. "A revelação das tuas palavras esclarece e dá entendimento aos simples" (Sl 119.130). Enquanto for possível, tenha motivos bíblicos para os pontos que você sugere. Não utilize apenas a lógica, a personalidade ou o topete de liderança. Especialmente nos primeiros anos de um presbitério, dê o exemplo e ganhe a confiança dos outros presbíteros em sua liderança, por fundamentar sua sabedoria na sabedoria de Deus. Você mesmo tem de ser um exemplo disso, antes de esperar vê-lo em outros.

Paciência. "Corrige, repreende, exorta com toda a longanimidade e doutrina" (2 Tm 4.2). Apresse-se, mas faça-o devagar. Se você é o pastor, é provável que tenha pensado sobre a organização e estrutura da igreja mais do que qualquer outra pessoa de sua congregação. Embora você esteja bastante correto, precisou de algum tempo para chegar a tais conclusões, não foi? Deus lhe ensinou pacientemente os elementos e as formas de saúde da vida da igreja. Dê à congregação e aos outros líderes tempo para serem convencidos e obterem uma visão bíblica para a igreja. Siga a uma velocidade que a igreja possa acompanhar. Acostume-se a pensar em termos de anos, e não de apenas semanas ou meses. Isso preservará a integridade de seu pastorado — confie em mim.

Disposição para ceder. "A sabedoria, porém, lá do alto é, primeiramente, pura; depois, pacífica, indulgente, tratável, plena de misericórdia e de bons frutos, imparcial, sem fingimento. Ora, é em paz que se semeia o fruto da justiça, para os que promovem a paz" (Tg 3.17-18). Não divida a igreja por causa de assuntos que não são essenciais ao evangelho ou ao ministério da igreja. Não temos outra escolha, exceto a de permanecer firmes quanto à deidade de Cristo, à expiação vicária, à realidade dos milagres comprobatórios de Cristo, à sua ressurreição física, à autoridade, à inspiração e à inerrância das Escrituras. É claro que também há assuntos não pertinentes à salvação que são importantes à vida da igreja. Contudo, mesmo nestes assuntos importantes, mas não pertinentes à salvação, esteja disposto a ceder, se parecer que seu empenho em favor deles causará divisão desnecessária na igreja.

Dar e receber encorajamento e críticas piedosas. Essas são habilidades que poucos pastores têm desenvolvido intencionalmente entre os líderes da igreja local. Aprimorar a mecânica e os fundamentos de sua igreja ocorre somente por meio de críticas e encorajamentos construtivos. Estabeleça um período para que os líderes deem avaliação sincera sobre os cultos semanais, os seus sermões, as orações ou as leituras bíblicas de outros líderes, as assembleias ou mesmo as reuniões do presbitério. Prover esse período — semanal, quinzenal ou mensal — contribuirá para que seus líderes tenham sensos espirituais mais argutos e lhes dará prática em estimulá-lo e torná-lo mais perspicaz; também lhe dará prática em receber encorajamento e críticas piedosas.

Humor. Como pastor, é muito fácil você se tornar excessivamente sério. Resista a essa tentação! Somos pessoas, e todos o sabem. Até os melhores dos homens são homens, no seu melhor. Ria de si mesmo. Ria com os outros. Sorrir é uma das melhores maneiras de construir um relacionamento agradável com as pessoas e faz com que tanto a reunião de presbíteros como as assembleias se tornem mais descontraídas, humildes e agradáveis.

OBSERVE A ORDEM

A discussão numa reunião de presbíteros precisa ser tratada de maneira ordenada. Em nossa experiência, temos descoberto que a melhor maneira de começarmos a discutir um assunto é enviá-lo em um memorando a todos os presbíteros uma semana ou duas antes da reunião, para que eles o considerem. Isso permite que cada presbítero tenha, pelo menos, alguns dias para refletir sobre o assunto, antes de lhe pedirmos que expresse sua opinião.

Um bom memorando inclui uma proposta clara para alguma ação por parte dos presbíteros. Assim, quando a proposta chega ao presbitério, ela não diz apenas: "Proponho que sustentemos missionários estrangeiros", e sim: "Proponho que usemos estes recursos do orçamento para sustentar este grupo específico de missionários estrangeiros com esta quantidade específica de dinheiro, durante este tempo específico". Propostas específicas são mais fáceis de serem votadas pelos presbíteros do que propostas ambíguas, porque o presbitério é um corpo deliberativo — o seu desígnio é tomar decisões colaborativas. Quanto mais esclarecida for a decisão que se espera os presbíteros tomem, tanto mais fácil será para eles tomarem-na. Portanto, antes de apresentar um assunto para discussão, é sábio esclarecer o que exatamente você está pedindo que os presbíteros decidam.

Uma vez que o memorando seja escrito e enviado, o assunto deve ser inserido na agenda da próxima reunião de presbíteros. Mas qualquer proposta tem de ser apoiada por algum presbítero para ser discutida. Então, quando o assunto entra em discussão, o moderador ou presidente da reunião articula a proposta específica e pergunta se outro presbítero gostaria de apoiá-la. Uma vez que seja apoiada, o moderador pergunta: "Alguém gostaria de discutir este assunto?" Em um presbitério pequeno, o moderador pode seguir uma abordagem mais colegial, pedindo a cada presbítero que expresse seus pensamentos. Em um presbitério maior, essa abordagem colegial não é prática; por isso, o moderador geralmente alterna entre pedir a todos os presbíteros opiniões a favor e pedir opiniões contrarias à proposta, até que decida que já houve discussão suficiente e que uma decisão precisa ser tomada. Nessa altura, o moderador terminará a discussão e receberá os votos dos presbíteros.

Observe bem que cada presbítero difere quanto ao tempo de discussão que permitirá para cada assunto. E, se você estabelecer um rodízio de moderadores para as reuniões de presbíteros, cada moderador terá assuntos específicos aos quais desejará oferecer mais (ou menos) tempo de discussão. Nem todos os presbíteros avaliarão os mesmos assuntos com a mesma gravidade; isso implica que nem todo moderador facilitará a discussão da mesma maneira. Essa é uma das razões por que a pluralidade de presbíteros é tão valiosa — ela contribui para o equilíbrio. É também uma das razões por que a pluralidade de presbíteros pressupõe paciência da parte deles. Cada presbítero tem de ser paciente em relação aos demais e tem de saber quando voltar atrás para o bem do grupo.

VOTAÇÃO

As decisões colocadas diante dos presbíteros implicam votação. Em nossa igreja, cada presbítero é um voto, incluindo o pastor titular. As propostas são aprovadas por uma maioria simples. Unanimidade entre os presbíteros é exigida somente quando votamos indicações ao presbiterato; mas essa exigência não consta no estatuto da igreja. É apenas uma questão de prudência. O voto do pastor titular obterá naturalmente mais respeito, uma vez que ele é o homem que mais se afadiga na Palavra, mas não há necessidade de formalizar ou quantificar esse valor — esse voto terá um valor justo quando os outros presbíteros aprenderem quando o pastor titular é bom ou quando precisa de ajuda.

Este é o momento da verdade, o momento em que a humildade do presbítero é testada. Em quase todas as reuniões de presbíteros, um deles perderá a votação sobre algum assunto específico. Eu mesmo posso lembrar que já tive várias de minhas propostas rejeitadas! Como você reagirá se isso lhe acontecer, talvez repetidas vezes? Ficará frustrado e bravo? Ou exercerá paciência e humildade, reconhecendo o valor da sabedoria dos outros colegas e aceitará prudentemente o conselho deles, embora isso o aborreça a princípio? "Quem ama a disciplina ama o conhecimento, mas o que aborrece a repreensão é estúpido" (Pv 12.1; 13.10). Portanto, segure as suas expectativas com mão aberta. Mantenha um grau saudável de separação entre você mesmo e suas ideias. Torne menos problemática a experiência de derrota de sua proposta; isso impedirá conflitos desnecessários e preservará a unidade.

Haverá inevitavelmente votos acirrados, como 4 a 3 ou 11 a 9. Nessas situações, às vezes a moção é aprovada e nunca é trazida para discussão adicional. Outras vezes, porém, quem preside a votação pode decidir pedir um acordo unânime para revisar a questão em um mês, momento em que outra votação pode ser realizada na esperança de aprovar a moção com mais concordância. Tais situações tornam as equipes de presbíteros gratas por um líder sábio que pode ver quando a equipe de presbíteros precisa de mais tempo e quando precisa seguir em frente. Claro, você sempre pode concordar em exigir uma supermaioria em questões como mudanças constitucionais, revisões doutrinárias ou unanimidade com a liberdade de abster-se quando alguns presbíteros não têm conhecimento suficiente de uma pessoa ou situação em uma congregação maior. Todas essas são questões de prudência para as equipes de presbíteros decidirem à luz de suas próprias circunstâncias locais.

LEITURA RECOMENDADA PARA A SEÇÃO 4

- **SOBRE PRESBÍTEROS**

Dever, Mark. *Understanding Church Leadership* (Nashville: B&H, 2014).

Dickson, David. *The Elder and His Work* (Phillipsburg: Presbyerian & Reformed, 2004).

Naselli, Andrew. *Conscience: What It Is, How to Train It, and Loving Those Who Differ* (Wheaton: Crossway, 2016).

Newton, Phil; Schmucker, Matt. *Equipe Pastoral: Fundamento e Implementação* (São José dos Campos: Fiel, 2023).

Piper, John. *Biblical Eldership* (Mineápolis: Desiring God Ministries, 1999).

Rinne, Jeramie. *Pastoreando o Povo de Deus como Jesus* (São Paulo: Vida Nova, 2016).

CONCLUSÃO

Qual o objetivo de tudo isso? Quero dizer: aonde chegaremos com toda essa intencionalidade e deliberação? Qual o nosso alvo? É claro que o nosso alvo é uma igreja saudável. Porém, no que consiste uma igreja saudável? Certamente, consiste de santidade, fé, amor e sã doutrina (Ef 4.114-16; 1Ts 3.12-13; 1Tm 1.5; 6.3-4). Esses têm de ser, sempre, os nossos maiores interesses. Contudo, a saúde de uma igreja local também é discernida pelo objeto para o qual ela olha (2Co 3.18). Para quem nossa igreja local está olhando?

UMA IGREJA QUE OLHA PARA DEUS

"Todos nós, com o rosto desvendado, contemplando, como por espelho, a glória do Senhor, somos transformados, de glória em glória, na sua própria imagem, como pelo Senhor, o Espírito" (2Co 3.18; cf. 1Jo 3.2). A transformação na semelhança do Senhor Jesus acontece quando olhamos para ele juntos. Os distintivos bíblicos da saúde da igreja — santidade, fé, amor, sã doutrina — são cultivados em nós quando somos atraídos por ele.

Isso significa que desejamos edificar nossas igrejas de uma maneira que torne essa atração corporativa por Cristo uma parte normal de nossa vida como igreja. Queremos criar oportunidade de sermos cativados juntos pela beleza do caráter e da obra de Cristo. Pelo menos, era assim que Paulo entendia isso. Em 2Coríntios 4, ele afirmou que, como consequência de haver recebido esse ministério transformador da Palavra de Deus, se recusava a distorcer ou a aumentar a Palavra de Deus na realização de seu ministério. Ao contrário disso, ele recomenda a legitimidade de seu ministério na presença de Deus "pela manifestação da verdade" (2Co 4.2). Isso é totalmente correto. Se as pessoas são transformadas mais perfeitamente à imagem de Cristo por contemplá-lo, a obra de um pastor e evangelista não é produzir métodos espertos e inovadores. Pelo contrário, sua obra consiste em apresentar, com a maior clareza possível, a verdade bíblica às pessoas. Quanto mais claramente apresentarmos à igreja local a pessoa e a obra de Cristo, tanto mais nitidamente refletiremos juntos sua glória, com em um espelho.

Essa é a razão por que é tão importante começar (e continuar!) a obra por meio da pregação expositiva que esclarece o evangelho e atribui grande importância a Deus. Essa é razão por que desejamos apresentar a Deus e a Cristo com clareza e regularidade em nossa evangelização. É a razão por que desejamos manter nossos métodos tão evidentes quanto possível — de modo que não obscureçamos nossa mensagem com os métodos. Também é a razão por que desejamos ser cuidadosos em usar somente formas e elementos prescritos pela Palavra de Deus em nossa adoração corporativa. Ainda, é a razão por que desejamos ter cuidado para que os líderes que indicamos não somente sejam homens que liderem na comunidade, mas também sejam homens cujas vidas tenham sido transformadas para refletir a santidade, o amor e a verdade de Deus. Nada tem o poder de transformar a igreja, exceto a Palavra de Deus exposta com nitidez na pregação e na vida.

A tendência recente no ministério pastoral tem sido a de produzir modelos ou imitações crescentemente inovadores e sagazes para o ministério, modelos que ainda retêm alguma semelhança da maturidade da Palavra de Deus. Grande parte dessa atividade recente teve sua origem na filosofia do movimento de crescimento de igrejas. Maior tem de ser melhor. Assim o objetivo primário da igreja mudou de como nutrir saúde para como se tornar grande. Muitos livros sobre este assunto têm o propósito de fazer a igreja apelar ao mundo nos termos do mundo, e não nos termos de Deus. Mas isto é sabedoria do mundo (1Co 2.1-5). Quando os nossos métodos de ministério se tornam mais complexos, mais dependentes da ingenuidade humana e mais interessados na aprovação do mundo, começamos a obscurecer a imagem de Deus, e a luz do "conhecimento da glória de Deus, na face de Cristo" (2Co 4.6) se manifesta correspondentemente mais ofuscada. O espelho da Palavra de Deus se torna cada vez mais opaco, obscurecido pela excessiva aplicação da técnica humana, e o resultado é uma diminuição gradual do poder transformador que capacita a igreja a refletir o caráter e o conhecimento de Deus.

É nesse contexto que encorajamos as igrejas a se tornarem mais intencionais em apresentar a verdade com clareza. As pessoas são transformadas e renovadas à semelhança de Cristo quando olham para Deus, conforme ele se revela tanto na Palavra escrita como na Palavra encarnada. A tarefa da igreja consiste não em mostrar às pessoas um reflexo delas mesmas. Em vez disso, somos obrigados a erguer o foco delas, redirecionando a sua atenção de si mesmas para o seu Criador. Não há outro segredo para o poder transformador do ministério cristão, exceto o poder da Palavra de Deus e o sopro do Espírito Santo em outorgar vida (Ez 37.1-14). Você não precisa de uma imitação nova e atraente. Não precisa do mais recente programa de evangelização. Não precisa mudar o nome de sua igreja, nem de um pastor que tem um grande esquema para o crescimento, a eficiência e o sucesso, conforme o mundo os define. O que a igreja mais necessita nestes dias é um compromisso de ser ousada no que diz respeito a apresentar a verdade com clareza, porque a verdade, à medida que a contemplamos em Cristo, é o que nos transforma, o que nos edifica e nos liberta (Jo 17.17; At 20.32; Jo 8.36).

Portanto, uma igreja saudável é uma igreja que olha para Deus. Olhamos para ele em dependência quanto à nossa mensagem, ao nosso método e à transformação de nossas igrejas à imagem de Cristo.

UMA IGREJA QUE OLHA PARA O MUNDO

À medida que olhamos para Deus, observamos que ele se deleita em suas próprias perfeições, como esperamos que aconteça com um ser todo-suficiente. Observamos também que ele está olhando para fora de si mesmo, para abençoar seu povo e atrair outros, a fim de que façam parte de sua comunidade redimida — a igreja. Deus é satisfeito em si mesmo — ele não precisa de nós. Ele é supremo em suas próprias afeições. Contudo, Deus não fica absorvido consigo mesmo. Ele quer que seu evangelho alcance as nações e não permaneça confinado em certo espaço geopolítico. O céu será um lugar em que todas as nações, línguas, povos e tribos estarão representadas ao redor do trono de Deus. E esta grande diversidade o glorificará cada vez mais.

Se devemos ser imitadores de Deus (Ef 5.1), nossas igrejas têm de refletir algo desse foco de olhar para fora de si mesma. Parte do que significa ser uma igreja saudável é não se satisfazer em permanecer absorvida consigo mesma. Sim, estamos corretos em manifestar preocupação com a pureza e o testemunho corporativo de nossas igrejas. Mas ser igrejas que olham para fora de si — que procuram oportunidades de ser bênção para outras pessoas, outras igrejas e outros países — constitui uma parte de nossa maturidade corporativa como igreja.

Outras pessoas. É fácil permitir a nós mesmos e aos outros o continuarmos tratando a igreja como se ela existisse apenas para satisfazer nossas necessidades como consumidores espirituais. Em certo sentido, não há nada errado em vir à igreja para satisfazer nossas necessidades. Deus satisfez nossas necessidades mais fundamentais ao perdoar nossos pecados, quando nos arrependemos e cremos em Jesus. Todos necessitamos de comunhão distintivamente cristã e achamos na igreja uma comunidade de crentes. Precisamos ouvir boa pregação, ter conversas encorajadoras, ser desafiados em nossa fé; e algo estaria errado se não estivéssemos vindo à igreja para satisfazer essas necessidades.

No entanto, se frequentamos a igreja tão-somente como consumidores, para suprir nossas necessidades, erramos grandemente em compreender a natureza da igreja. Não somos crentes apenas para satisfazer nossas necessidades. Somos parte do plano de Deus para atrair pessoas a ele mesmo, para encorajar e edificar aqueles que já são filhos de Deus. Cada membro da igreja não foi redimido para ser um consumidor. Deus nos salvou para sermos provedores. Somos cooperadores de Deus na obra do evangelho (1Co 3.9). Alguns de nós talvez sejam introvertidos e menos expressivos. Todavia, nenhum de nós foi salvo tão-somente para ser abençoado pelo ministério, como se a igreja girasse apenas ao redor de nossas necessidades ou desejos sentidos. Todos fomos chamados a estimular uns aos outros "ao amor e às boas obras" (Hb 10.24; Gl 6.2). Pastores e líderes de igreja sábios estimularão os crentes a tomarem uma postura de olhar para fora si mesmos e olhar para os outros membros.

CONCLUSÃO

Olhe ao redor de sua igreja. Quem está sentado sozinho? Que pessoa não tem outra com quem possa conversar? Vá conversar com ela, seja um encorajamento para ela. Há membros idosos que não podem ter uma carona para ir à igreja? Ofereça apanhá-los em casa e levá-los de volta. Exercite hospitalidade para com os solteiros ou jovens recém-casados. Destine uma parte de seu salário para levar um visitante ou novo membro para almoçar em sua casa, uma vez por mês. Planeje encontrar-se com pessoas a fim de almoçar com elas durante a semana, com o propósito de encorajá-las e edificá-las na fé. Leia um bom livro evangélico com outro crente. Destaque evidências da graça de Deus na vida de outras pessoas — ainda que sejam reflexos opacos do caráter de Deus. Procure uma área da vida da igreja em que ela necessita de mais servos e coopere, ainda que não seja necessariamente uma área para qual você não tem dons específicos. O berçário é sempre um bom lugar para começar. As igrejas crescem biblicamente quando cada parte faz a sua obra e contribui de modo proporcional. Se você é membro de uma igreja local, você é parte do plano de Deus para o crescimento dessa igreja (Ef 4.11-16).

Outras igrejas. Quando olhamos para os outros, as nossas responsabilidades não param nos limites agradáveis de nossa própria igreja. As igrejas mostram maturidade corporativa quando demonstram interesse amoroso por outras igrejas locais em sua região. Sempre pensamos no foco voltado para fora, em termos individuais ou globais. Mas uma igreja local madura compreende que há outras igrejas evangélicas firmes em seus arredores, que podem ou não ter obtido tanto progresso como nós. Se não for este o caso, ofereça-lhes recursos que contribuirão para o desenvolvimento prático e teológico — livros, livretos, pregações em CD, bolsas para participação em conferências ou apenas uma oferta coletiva em dinheiro, a fim de que comecem um ministério digno. Temos estado em ambos os lados desses tipos de mudança e podemos atestar o grande estímulo que esses dons de outras igrejas podem ser. Se a sua igreja cresceu, pela graça de Deus, e tem planos de implantar uma nova igreja em uma área na qual residem poucos dos seus membros, ofereça cooperar com essas famílias (com o consentimento deles, é claro!), como uma contribuição madura ao grupo já existente.

Se a igreja é igual à sua ou progrediu mais do que a sua, talvez você possa fomentar um relacionamento com eles e considerar como você pode destacar as evidências da graça que os estimularão e despertarão a maior obediência e fidelidade. Procure ser companheiro deles em favor da causa do evangelho; e, se eles são maduros no aspecto da teologia, procure expor a si mesmo e a igreja em que você serve ao ensino e ao exemplo dos líderes deles.

Uma das maneiras que usamos para encorajar outras igrejas é hospedar um programa de estágio para aspirantes ao pastorado. Esse estágio tem sido uma experiência valiosa de aprendizado para os jovens rapazes que o completaram, e suas igrejas serão beneficiadas pelo tempo, ensino e recursos que lhes transmitimos enquanto estão conosco.

Outra maneira pela qual tentamos encorajar outras igrejas é hospedar o curso de fim de semana chamado *9Marcas*. Este curso é uma oportunidade trimestral de gastar um longo fim de semana contemplando o que ocorre em segundo plano numa igreja saudável. Os alunos do curso têm de participar de uma reunião de presbíteros, aprender como nossa igreja deixou de ser uma igreja enferma e se tornou forte e vibrante, me ouvir (Mark) falar a respeito de como preparo os sermões e planejo os cultos de domingo de manhã, ver como integramos os novos membros por meio da classe de novos membros — e têm de ver tudo acontecendo durante os cultos de domingo, de manhã e à noite.

Há diversas maneiras pelas quais igrejas locais podem ajudar umas às outras. Se Deus abençoar sua igreja com maturidade espiritual e crescimento numérico, desenvolva junto dela uma cultura em que ajudar outras igrejas será prioridade. É bom para igrejas saudáveis oferecerem a pastores e líderes de outras igrejas, oportunidades para que vejam como as práticas dessa igreja saudável são exemplificadas na vida real.

Outros países. Depois de ajudarmos outras igrejas locais, ainda não atingimos o intuito do coração de Deus. Ele olha para todo o mundo. Ele quer que a justiça e o louvor de seu povo se propaguem em todas as nações (Is 61.11). Agora mesmo Deus está arvorando sua bandeira perante todos os povos (Is 49.22). Ele está fazendo isso por meio do envio de pessoas como nós para fazer discípulos de todas as nações (Mt 28.18-20). A realidade presente que enche o céu é o louvor de cada tribo, língua, povo e nação (Ap 7.9-10), e o destino da igreja é a conformação com a imagem de Cristo e a unidade eterna com a multidão diversificada no céu (Rm 8.29; 1Jo 3.2).

Deus está nos chamando para conservar em mente este destino, enquanto procuramos edificar a sua igreja. Ele está procurando adoradores para si mesmo, que o adorarão em espírito e em verdade (Jo 4.21-24). E toda a História se move

CONCLUSÃO

irresistivelmente em direção ao Último Dia, quando toda a colheita da terra será feita pelos anjos de Deus, e o trigo será separado do joio (Mt 13.24-43). Deus planejou que a vida da igreja seja uma manifestação evangelística de sua glória para as comunidades incrédulas e uma evidência poderosa da sabedoria de seu reino já inaugurado para os principados e as potestades nos céus (1Pe 2.9-12; Ef 3.10-11). Na providência de Deus, a igreja local é *o* principal ator na realização dos propósitos dele para a raça humana, e a visão essencial de Deus para a igreja ultrapassa até o palco global. Deus tenciona que nossa influência, por meio de seu Espírito, tenha implicações cósmicas, no sentido literal. E a forma bíblica da igreja foi planejada especificamente para acomodar-se à função que Deus tenciona a que igreja cumpra.

À medida que prosseguimos na edificação da igreja de Deus, cumpre-nos, como líderes, garantir que a igreja local em que servimos seja uma igreja que olha para o mundo, cientes da agenda global e cósmica que Deus estabeleceu para nós. Não estamos advogando que devemos plantar igrejas em Netuno! Pelo contrário, devemos estar cultivando entre as igrejas um interesse profundo de que o nome de Deus se estenda por outras partes do mundo, por meio da pregação de seu evangelho a todas as nações, e um interesse de que o testemunho corporativo de nossa própria igreja local funcione como uma manifestação da sabedoria e do poder de Deus às potestades que exercem domínio na esfera espiritual, sob o controle da soberania divina.

Esses são os pontos pelos quais devemos orar de modo específico como igrejas. São os pontos para os quais devemos criar estratégias, ou nas reuniões ou nos cafezinhos de presbíteros. São os pontos que devemos estar planejando e para os quais devemos fazer orçamento. Precisamos ensinar às pessoas que uma igreja bíblica se focaliza em muito mais do que apenas na satisfação de nossas necessidades essenciais de propósito, significado, comunhão e entendimento mútuo. Uma igreja bíblica se focaliza na glória de Deus, no evangelho de Cristo. Precisamos desiludir os crentes quanto à expectativa de serem servidos ou mesmo entretidos e, em vez disso, treiná-los a se tornarem cooperadores de uma causa corporativa global e cósmica que visa glorificar a Deus entre as nações e as potestades celestiais.

O pastor, visto que ele é o principal responsável pelo ensino e liderança da igreja, deve ser o defensor primordial da causa de missões na igreja local em que ele serve. Com muita frequência, vemos o pastor argumentando em favor de dinheiro para programas que servem apenas aos membros da igreja local. Esta mentalidade pastoral deixa espaço para que líderes de outras igrejas assumam a estranha posição de tentar convencer os membros da igreja local a aumentarem a porcentagem do orçamento dedicada tanto a missões nacionais como a missões internacionais.

Se você é um pastor, quero desafiá-lo a trabalhar em favor do aumento da porcentagem de seu orçamento para missões, na proporção de 1% ou 2% ao ano, nos próximos dez anos. Levando em conta o propósito da igreja, essa é uma estratégia apropriada e mostra aos outros líderes que você está mais preocupado com a glória de Deus do que com seu salário e benefícios ou com o conforto dos membros. Dependendo do tamanho de seu orçamento e da fidelidade dos membros em contribuir, isso pode ser um importante passo de fé. Acima de tudo, honramos a Deus quando investimos recursos na expansão internacional de sua glória.

A mensagem deste livro não diz respeito a gráficos e esboços. Não se refere a novos modelos para a igreja ou a novos gráficos de crescimento. Este livro aborda uma visão de toda a igreja estruturada e guiada de modo intencional para facilitar sua própria edificação e ministério. Administração cuidadosa do tempo produz mais espontaneidade e mais tempo disponível; um orçamento planejado com bastante critério dá ocasião para mais receitas voluntárias. De modo semelhante, uma estrutura e uma liderança de igreja planejada com cuidado tornam a igreja livre para ser aquela manifestação santa e encantadora que Deus planejou que a igreja fosse. Este livro tem o propósito de ajudar a libertar tanto os líderes como os membros da tirania dos modelos e ilusões de crescimento de igreja populares. Imagine... liberdade da tirania do novo, liberdade para se tornar um corpo de crentes em que a membresia tem verdadeiro significado, liberdade para ser uma igreja que é uma manifestação cada vez mais nítida da sabedoria e da glória de Deus aos poderes celestiais e à comunidade circunvizinha. Imagine!

APÊNDICE

FORMULÁRIOS DE ENTREVISTA COM OS MEMBROS DA IGREJA

Data: ____/____/____

Entrevistador
Pastor:
Entrevistador convidado:

Informações sobre o entrevistado
Nome:
Nascimento: ____/____/____
Endereço:
Telefone Residencial:
Celular:
Profissão:
Telefone comercial:
E-mail:
Casado? ( ) Sim ( ) Não
Data de casamento: ____/____/____

Filhos
Nome 1:
Nascimento: ____/____/____

Nome 2:

Nascimento: _____/_____/_____

Nome 3:

Nascimento: _____/_____/_____

Nome 4:

Nascimento: _____/_____/_____

Nome 5:

Nascimento: _____/_____/_____

Nome 5:

Nascimento: _____/_____/_____

Igreja anterior:

Data e lugar de batismo:

Como conheceu a nossa igreja?

Como começou a frequentar nossa Igreja?

Classe de novos membros (data): _____/_____/_____

Comentários?

Recebido como membro por:

( ) Batismo (data) _____/_____/_____

( ) Assembleia

( ) Carta de transferência

Enviado a:

Recebido por:

Outras informações sobre a família:

Divorciado: ( ) Sim ( ) Não

Anotações:

APÊNDICE

Experiência e contexto pessoal:

Interessado em estudos bíblicos de grupos pequenos?

( ) Homens ( ) Mulheres ( ) Casados ( ) Mistos

Interessado em discipulado individual? ( ) Sim ( ) Não

Culto de quarta-feira à noite

Comentários?

Culto de domingo à noite

Comentários?

Culto de domingo de manhã

Comentários?

Sofreu disciplina na igreja anterior? ( ) Sim ( ) Não

Se sofreu, por quê?

Assinou o Pacto de Compromisso da igreja? ( ) Sim ( ) Não

Assinou a Declaração de Fé da igreja? ( ) Sim ( ) Não

Entende o evangelho? ( ) Sim ( ) Não

Comentários?

Recomendado: ( ) Sim ( ) Não

Data: _____ / _____ / _____

OUTROS LIVROS DO MINISTÉRIO 9MARCAS E DE SEUS AUTORES

SÉRIE *NOVE MARCAS*

O que É uma Igreja Saudável?
Mark Dever

O que É um Membro de Igreja Saudável?
Thabiti Anyabwile

O que É o Evangelho?
Greg Gilbert

Por que Confiar na Bíblia?
Greg Gilbert

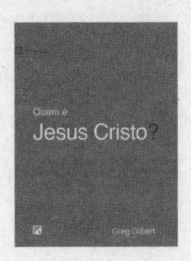

Quem é Jesus Cristo?
Greg Gilbert

SÉRIE *ENTENDENDO A IGREJA*

Entendendo a Autoridade da Congregação
Jonathan Leeman

Entendendo o Batismo
Bobby Jamieson

Entendendo a Disciplina na Igreja
Jonathan Leeman

Entendendo a Grande Comissão
Mark Dever

Entendendo a Liderança na Igreja
Mark Dever

OUTROS LIVROS DO MINISTÉRIO 9MARCAS

A Igreja e a
Surpreendente Ofensa
do Amor de Deus:
Reintroduzindo as
Doutrinas sobre
a Membresia e a
Disciplina da Igreja
Jonathan Leeman

Comunidade Cativante:
Onde o Poder de Deus
Torna uma Igreja
Cativante
Mark Dever e
Jamie Dunlop

Eu Sou Mesmo um
Cristão?
Mike McKinley

Igreja em Lugares
Difíceis: Como a Igreja
Local Traz Vida ao
Pobre e Necessitado
Mez McConnell
e Mike McKinley

O Evangelho e a
Evangelização
Mark Dever

O Pastor e o
Aconselhamento: um
Guia Básico para o
Pastoreio de Membros
em Necessidade
Jeremy Pierre e
Deepak Reju

Plantar Igrejas é
para os Fracos:
Como Deus Usa
Pessoas Confusas
para Plantar
Igrejas Comuns
que Fazem Coisas
Extraordinárias
Mike McKinley

Pregue: Quando a
Teologia Encontra-se
com a Prática
Mark Dever
e Greg Gilbert

Teologia Bíblica na
Prática: um Guia para
a Vida da Igreja
Michael Lawrence

9Marcas

SUA IGREJA É SAUDÁVEL?

O Ministério 9Marks existe para equipar líderes da igreja com uma visão bíblica e recursos práticos para mostrar a glória de Deus às nações por meio de igrejas saudáveis.

Para esse fim, queremos ajudar as igrejas a crescer em nove marcas de saúde que muitas vezes são esquecidas:

1. Pregação expositiva
2. Doutrina do evangelho
3. Um entendimento bíblico da conversão e evangelização
4. Membresia bíblica na igreja
5. Disciplina bíblica na igreja
6. Um interesse bíblico por discipulado e crescimento
7. Liderança bíblica de igreja
8. Um entendimento bíblico da prática da oração
9. Um entendimento bíblico da prática de missões

No Ministério 9Marks, escrevemos artigos, livros, resenhas e uma revista online. Organizamos conferências, gravamos entrevistas e produzimos outros recursos para equipar as igrejas para exibirem a glória de Deus.

Visite nosso site para encontrar conteúdo em mais de 40 idiomas e inscreva-se para receber nossa revista online gratuita. Veja uma lista completa de nosso site em outros idiomas aqui:

9marks.org/about/international-efforts

9marks.org

FIEL
MINISTÉRIO

O Ministério Fiel visa apoiar a igreja de Deus, fornecendo conteúdo fiel às Escrituras através de conferências, cursos teológicos, literatura, ministério Adote um Pastor e conteúdo online gratuito.

Disponibilizamos em nosso site centenas de recursos, como vídeos de pregações e conferências, artigos, e-books, audiolivros, blog e muito mais. Lá também é possível assinar nosso informativo e se tornar parte da comunidade Fiel, recebendo acesso a esses e outros materiais, além de promoções exclusivas.

Visite nosso site

www.ministeriofiel.com.br

Esta obra foi composta em Arno Pro Regular 12, e impressa na Promove Artes Gráficas sobre o papel Pólen Natural 70g/m², para Editora Fiel, em Setembro de 2024.